高职高专经济管理类项目化精品教材

会计基础

——原理与实务

主　编　蒋永华

副主编　王玉华

参　编　李　英　吴宏远　卢　悦

杜志永　董晓秋　徐　丽

上海财经大学出版社

图书在版编目(CIP)数据

会计基础:原理与实务/蒋永华主编.—上海:上海财经大学出版社,2016.9

高职高专经济管理类项目化精品教材

ISBN 978-7-5642-2477-6/F·2477

Ⅰ.①会… Ⅱ.①蒋… Ⅲ.①会计学-高等职业教育-教材 Ⅳ.①F230

中国版本图书馆 CIP 数据核字(2016)第 137195 号

□ 责任编辑 刘光本
□ 责编电邮 lgb55@126.com
□ 封面设计 杨雪婷

KUAIJI JICHU

会计基础

——原理与实务

主　编　蒋永华
副主编　王玉华
参　编　李　英　吴宏远　卢　悦
　　　　杜志永　董晓秋　徐　丽

上海财经大学出版社出版发行
(上海市武东路 321 号乙　邮编 200434)
网　址:http://www.sufep.com
电子邮箱:webmaster @ sufep.com
全国新华书店经销
江苏省句容市排印厂印刷装订
2016 年 9 月第 1 版　2016 年 9 月第 1 次印刷

787mm×1092mm　1/16　16.25 印张　405 千字
印数:0 001—4 000　定价:39.00 元

内容简介

《教育部关于全面提高高等职业教育教学质量的若干意见》指出，高等教育应改革教学方法和手段，融“教、学、做”为一体，将学习内容具体化，明确内容任务，强化学生能力培养。“一体化”模式代表了我国目前高职教学改革的发展方向，而编写“项目化”教材是实施“一体化”教学改革、保障教学基本质量、培养高端技能型人才的重要基础。

本书分为两个大项目、十个任务，要求学生首先对会计账务处理前的准备知识有所把握，对需要掌握的三个任务一一学习，再按照会计工作处理流程完成对七个任务的学习。为了便于学生对每个学习任务有总体把握，本教材设计了教学知识体系、学习目标。为了增强学生的学习兴趣，在每个任务学习前设计了情境导入。为了便于学生学习每个任务后对所学知识进行总结及检查，在每个任务后设计了学习小结、关键词汇，并附有综合练习及参考答案。

本书按照任务驱动方式，每个任务都有明确的学习目标，全书与实际工作过程紧密结合，图文并茂，通俗易懂。同时与会计从业资格考证相融通，既突出会计操作的实践性，又体现会计从业资格考试的要求，达到课、证融通的效果。

本书不仅适合普通全日制高职高专财经类专业学生使用，也适合成人高校、各中职学校及会计培训学校使用。

前 言

为了便于项目化教学，将学习的知识任务化，编写本教材便成为实施一体化教学改革的基础。本书的编者都是具有丰富会计教学、培训经验的双师型教师，因此在编写本书时能很好地将高职教育的教改理念融会贯通到书中。本书根据企业经济活动，挑选典型案例，设计学习情境和学习任务，将理论和实践相结合。本书具有以下特色：

1. 项目化改革。实行项目模块，将内容任务化。

2. 课证融通。阐述基本理论、基本知识和基本操作技术的同时，每章都将考证要求的知识结构、框架、考点加以归纳，配备综合练习，利于学生掌握知识。

3. 校企合作。邀请鼎力置业有限公司淮安分公司财务总监、注册会计师、注册税务师刘建荣参与本书的编写工作。因他具备多年实际工作经验，也请他对教材的编写提出建设性的指导意见。

4. 理实结合，应用为主。本书突出应用为主、理论为应用服务的原则，将内容分为上下两部分，上部分为会计原理部分，下部分为应用实操部分。应用实操部分围绕会计工作流程的环节逐一介绍，使学习者具备动手操作的能力。

5. 体例丰富，突出重点，有针对性。教材以实际经济案例为切入口，重点突出应用性、针对性，每部分内容配套单元过关练习，既满足对理论知识的掌握又能适应考证的需要，既具有理论知识又具备实践操作能力，成功打造会计从业资格人员专业素质，使他们迅速适应会计工作岗位的需要。

本书由淮安信息职业技术学院蒋永华负责编写大纲，并负责全书的总纂及修改定稿工作。本书的编写分工如下：蒋永华负责编写项目一的任务一、任务二、任务三，项目二的任务九；淮安信息职业技术学院李英负责编写项目二的任务四、任务八；淮安信息职业技术学院吴宏远负责编写项目二的任务五、任务六；淮安信息职业技术学院卢悦负责编写项目二的任务七、任务十；淮安信息职业技术学院徐丽、董晓秋、杜志永负责编写部分练习题。全书理论与实务相结合，课程与考证相融通。

在本书编写过程中，我们得到鼎力置业有限公司淮安分公司财务总监、注册会计师、注册税务师刘建荣，淮安新瑞会计师事务所注册会计师许莹的大力支持，他们为本书提供了相关资料和素材。我们在编写过程中还参阅了大量的文献资料，在此向相关作者一并表示衷心感谢！

由于作者水平有限，书中的疏漏和不妥之处再所难免，恳请各位读者批评指正。

编　者

2016年8月

目 录

项目二　会计工作处理流程

项目一

账务处理前的准备

任务一　熟悉会计基本知识

【知识体系】

- 会计基本知识
  - 会计概述
    - 会计的概念
    - 会计的特征
    - 会计基本职能
      - 会计核算
      - 会计监督
    - 会计对象和会计核算内容
  - 会计基本假设
    - 会计主体
    - 持续经营
    - 会计分期
    - 货币计量
  - 会计处理基础
    - 权责发生制
    - 收付实现制
  - 会计核算信息质量要求

【学习目标】

(1)了解会计的产生与发展,理解会计的概念及特征;

(2)理解并掌握会计的基本职能;

(3)理解会计的对象及会计核算的内容;

(4)理解并掌握会计基本假设和会计处理基础;

(5)理解会计信息质量要求。

【情境导入】

结束了高中生活,赵、钱、孙、李四位同学分别收到了大学录取通知书,在开学前的聚会上关于各自专业及未来学习畅谈了很多。会计专业的赵同学说:我是学会计专业的,以后我做会计工作,你们得叫我赵会计了。钱同学说:这样看来会计是指一项工作。孙同学说:不一定,你是学会计专业的,会计应该是一门专业。李同学说:不对,任何一个单位都设有会计部门,会计应该是一个机构。几位同学各抒己见,心中期盼新学期的到来,也充满对新知识的渴望。究竟什么是会计?

1.1 会计概述

1.1.1 会计的产生与发展

随着社会的发展，对会计含义的界定在不同时期有所不同，以上几位同学的理解包含其中的部分内容，但还不够全面。要正确理解会计的含义，还得从会计的产生与发展入手。

1. 会计的产生

在人类社会的发展历史上，会计很早就产生了。在原始社会，人们为了具体掌握生产成果和安排生活需要，逐步产生了计数和计算的要求。最早用"结绳记事，刻石记数"，或是凭头脑的记忆来进行，从那时起就标志着会计的萌芽。有了成熟的文字后，人们对物质资料的生产与耗费开始有了专门的记载。这种数字和文字结合的专门记载，就是最初形态的会计。但由于当时社会的生产力十分低下，物质资料非常匮乏，生产的规模也很小，因此，用来计算生产和耗费的会计也是极为简单和粗糙的，它只是生产者在从事生产活动中的一项附带工作。当时的会计虽然只是一种极其粗略的计算和记录，但是从它的目的和作用来看，已经是生产者反映和控制生产与耗费的一种管理工作了。因此，会计从产生时起就作为一种管理活动而存在。

2. 会计的发展

随着社会生产力的发展，生产规模不断扩大，社会产品逐渐增多，经济管理日趋复杂，会计的重要性也越来越明显。在原始社会末期，生产力有了发展，剩余产品出现了，劳动过程中需要计量和记录的内容多起来，生产者忙于生产，无暇兼顾会计工作。并且随着生产的发展，人们对经济管理的要求也越来越高，作为经济管理活动的会计工作已经不是生产者所能胜任的一项附带工作了。于是，会计从生产职能中分离出来，成为特殊的、独立的职能。

企业为了提高自己在竞争中的地位，需要不断加强内部管理，努力使经济管理科学化，使企业的全部经济活动都能按照正确的决策和最优的方案来进行，以保证实现原定的经济目标，获得预期的经济效益。因此，会计对于经济活动的监督，不再仅仅侧重于对财产物资和财务收支的监督，而是要深入经济活动的每一个具体环节中去，实行全面的监督，借以控制整个经济活动。经济越是发展，管理越是加强，会计的这种发展趋势越是明显。会计的这种发展和变化，使它日益和整个经济活动紧密结合在一起，成为经济管理中一个不可缺少的重要组成部分。

可见，会计是人类社会生产发展到一定历史阶段的产物，是为了适应生产活动发展需要而产生的。随着社会生产的日益发展和生产规模的不断扩大，生产、分配、交换和消费日益频繁，使会计经历了由简单到复杂、由低级到高级的完善过程，从时间及会计的发展特点来看，整个会计发展可分为三大阶段、两个里程碑。

(1)古代会计阶段

会计产生的历史悠久，一般将会计的产生到复式记账的应用这一阶段称为古代会计阶段。古代会计经历了漫长的岁月，其时间跨度标志是旧石器时代的中晚期至封建社会末期。这一阶段会计使用的主要技术方法包括原始计量记录法、单式簿记法和初创形态的复式记账法等。在国外，古巴比伦、古希腊和古罗马保存有商业合同、农庄的不动产项目等有关的会计记录。13世纪以后，意大利佛罗伦萨采用的记账方法是复式记账的萌芽阶段。

在我国，“会计”一词最早的文字记载出现在西周。《周礼》一书多处提到会计。如《周礼·天官》篇有：“会计，以参互考日成，以月要考月成，以岁会考岁成。“日成”为十日成事之文书，相当于旬报。“月要”为一月成事之文书，相当于月报。“岁会”则是一年成事之文书，相当于年报。当时，西周为保护王朝财产，还设置会计官职（司会和单独会计部门），掌管王朝的钱粮赋税和财务收支，定期对王朝的收入和支出实行“月要”“岁会”，并实施会计监督。

唐朝出现了“四柱结算法”。所谓“四柱”，即“旧管”或“元管”（相当于上期结存）、“新收”（相当于本期收入或增加）、“开除”或“已支”（相当于本期支出或减少）、“实在”或“见在”（相当于本期结存）。“四柱”之间体现出数量上的平衡关系，公式为“旧管＋新收－开除＝实在”。按照这种平衡关系编制的报告称为“四柱清册”。宋朝同样把财产收支分为四部分，分别为“元管”“新收”“已支”“现在”，并存在“元管＋新收－已支＝现在”的数量平衡关系。唐末的“四柱结算法”将我国会计技术提高到一个新的水平，并逐渐由官方传入民间。

明末清初，我国商业和手工业有了较大规模的发展。为适应生产管理的需要，出现了以“四柱”为基础的“龙门账”和“四脚账”，已显现出复式簿记的雏形。“龙门账”把全部经济活动反映的账项划分为“进、缴、存、该”四大类。“进”是指全部收入，“缴”是指全部支出，“存”是指全部资产，“该”是指全部负债。四者之间的关系为“进－缴＝存－该”。运用这一公式计算盈亏，分别编制“进缴表”（相当于利润表）、“存该表”（相当于资产负债表），两个表上计算的盈亏数应当相等，就是“合龙门”。“四脚账”又称“天地和”，这种账要求对日常发生的一切账项，既要登记它的来账方面，又要登记它的去账方面，借以全面反映经济业务的来龙去脉。这表明中国的会计已由单式记账法向复式记账法过渡。我国古代官厅会计所用的记账方法是单式记账法。

(2)近代会计阶段

近代会计阶段一般认为从 15 世纪末至 20 世纪中期。1494 年，意大利数学家卢卡·帕乔利(Luca Pacioli)发表了《算术、几何、比及比例概要》一书，其中的“计算与记录要论”部分系统地介绍了“威尼斯簿记法”，并结合数学原理从理论上加以概括，被公认为复式簿记最早的文字记载。书中以商业会计核算为例，就复式记账法的核算目的、核算程序、财产盘存制度、计价标准、序时记录和分类记录等，做了比较系统的介绍。该书的出版是复式借贷记账法产生的标志，是会计发展史上的第一个里程碑，标志着近代会计的最终形成。

随后，借贷复式记账法相继传至世界各国，并在实践中不断发展和完善，对后世会计理论和实务产生了重大而深远的影响。1890 年大陆式会计理论奠基人雪尔的《簿记理论》，以及 1900 年前后英国皮克斯利的《会计学》和狄克西的《高级会计学》等著作，标志着会计理论有了很大的发展。1854 年，英国成立了第一个特许会计师协会——爱丁堡会计师协会，它的成立是近代会计发展史上的第二个里程碑，具有划时代的意义，也标志着会计的服务对象、核算内容得到了扩展。

进入 20 世纪特别是第一次世界大战后，美国经济迅速发展，世界经济和科学技术、管理理论和会计理论中心也随之从欧洲移至美国。20 世纪 30 年代以后，美国等西方国家先后拟定和颁布了会计准则，使会计核算工作更加规范化。这时，会计的理论和方法达到了新的水平。综上所述，在近代会计发展阶段实现了由单式簿记向复式簿记的转变。

(3)现代会计阶段

现代会计阶段是指 20 世纪 50 年代以后的时间段。20 世纪 50 年代至今，一方面科学技术日益进步，生产力得到巨大发展，企业规模不断扩大，出现了很多跨国公司；另一方面，市场竞争也更加激烈。在这种情况下，为了提高经济效益，加强对经济活动过程的控制，企业管理当局对会计提出了更高的要求，不仅要求会计对经济业务进行核算和监督，更重要的是要求对经济业务进行事前预测、决策、成本计算和分析，从而实现对经营过程的全面控制。这时，会计分化为两个领域，即财务会计和管理会计。1952 年，世界会计学会年会正式通过了“管理会计”这一名词。管理会计的形成与发展丰富了会计的内容，使会计发展进入一个高级阶段，这是现代会计开端的重要标志。

20 世纪 40 年代，随着电子计算机的出现，迎来了会计领域应用电子计算机的新时代。电子计算机在会计上的应用，使会计由传统的手工操作逐渐发展为电子数据处理，提高了会计工作的及时性和准确性，为充分发挥会计的作用创造了有利条件。电子计算机在会计上的普遍应用，是会计发展史上的又一次飞跃。

1978 年以后，我国实行改革开放政策，国民经济得到了飞速发展，现代会计的新理论与方法也被引进和利用。1981 年我国建立了注册会计师制度。1985 年颁布和实施了《中华人民共和国会计法》，标志着我国会计工作进入法制化的新时期。为了适应我国市场经济的需要，1992 年我国颁布了《企业会计准则——基本准则》和《企业财务通则》，并于 1993 年 7 月 1 日开始实施，这是我国会计工作与国际接轨的一个重大举措，标志着我国会计工作逐步走向国际化。

1997 年以来，我国加快了会计法制建设的步伐，相继颁布和实施了《企业会计准则——××具体准则》《企业财务会计报告条例》《企业会计制度》等会计法律、法规，先后两次修订和完善《中华人民共和国会计法》。2006 年财政部颁布了修改和新制定的 1 项基本准则和 38 项具体准则，并于 2007 年 1 月 1 日率先在上市公司中实施，标志着我国会计准则实现了国际趋同。会计法规和制度建设对规范会计行为、提高会计信息质量、发挥会计作用都具有十分重要的意义，标志着我国社会主义事业正进入一个崭新的发展阶段。

这一期间会计方法、技术和内容的发展有两个重要标志：一是在会计核算手段方面产生了质的飞跃，即利用现代电子技术与会计融合产生的“会计电算化”。二是会计随着生产和管理科学的发展分化为财务会计和管理会计两大分支。

综上所述，会计是随着社会生产力的发展和管理经济的需要而产生的；会计的发展以社会生产的发展为背景基础，以当时的科学技术水平为条件；会计的发展对社会生产的发展具有明显的反馈作用，即社会越发展，会计就越重要。会计产生于生产管理实践中，又在社会生产管理实践中得到发展。

1.1.2　会计的概念

会计从简单地计算和记录财务收支，逐步发展为由会计实务、会计方法、会计理论与会计组织制度有机结合、相互作用的科学体系，成为一门经久不衰、不断进步与完善的科学。从会计的产生和发展历程来看，会计是在社会生产实践中产生的，是为了满足社会经济管理的需要而发展起来的。所处的社会阶段和社会发展环境不同，人们认识事物的角度和方法不同，对会计的描述也就不同。另外，会计本身是一个不断发展的概念，在不同时期会计的内涵和外延也不尽相同，会计的概念应在实践中不断充实和完善。

重要知识 会计的含义

会计是以货币为主要计量单位，运用专门方法对一定单位的经济活动进行全面、综合、连续、系统的核算和监督，提供会计信息，并在此基础上以提高经济效益为目标进行预测、决策、控制和分析的一种经济管理活动。

1.1.3 会计的特征

1. 会计以货币为主要计量单位，从数量上综合反映经济活动

任何单位的经济活动，如资金的取得、劳动的耗费、产品的生产和销售，都可以从数量方面进行确认、计量、记录和报告，求得一定的数量指标，以便在一定程度上说明经济活动的效果。在现实经济活动中，常用的计量方式主要有：实物量度（如件、台、米、千克等），劳动量度（如工作日、工作小时等），货币量度（如元、角、分等）。在商品货币经济不发达的环境下，会计主要采用实物计量和劳动计量对经营活动和财务收支进行记录，这两种计量方式具有具体、直观的优点，但缺乏综合性、可比性。随着社会化生产的日益发展，要求会计能对再生产过程进行全面的记录、计算、分析和比较，把各种性质的经济业务活动加以综合，求得各种综合性指标，反映经济业务的发生和结果。在上述三种计量方式中只有货币计量具有这种综合性，它可以把各种性质相同或不同的经济活动进行综合和汇总，求得各种综合的价值指标。因为货币是特殊的商品，具有价值尺度的功能，以货币方式提供的信息具有可比性，有利于企业外部关系人进行经济决策时使用。因此，现代会计以货币作为主要计量单位。但是现代会计并不排除其他两种计量方式，而是将其他计量方式作为货币计量方式的补充。在会计核算过程中辅以实物计量和劳动计量，以提供详细、具体的会计信息，有利于企业内部的经济管理。

2. 会计核算以真实、合法的会计凭证为依据

会计活动的目的是及时向各有关方面提供企业真实、准确的财务状况和经营成果，为会计信息使用者进行筹资、投资等财务活动做出正确的决策提供依据。真实，就是要如实反映各单位的经济活动情况。只有会计记录反映的数字和情况是真实的，才能保证记账、算账和报账是真实的，才能给会计信息使用者提供有用的会计信息资料。准确，就是要求会计事项的处理是合法、合理的，有关数字计算是正确的。及时，就是随着经济业务的发生，按时得到会计处理和记录、计算，并按规定向会计信息使用者提供会计信息。要保证会计提供的经济信息对经济决策有用，就要求在会计核算过程中，必须取得或填制凭证，并按有关规定对凭证进行严格的审核，审核无误后才能作为进行会计核算的依据。会计核算与监督的主要依据在于会计凭证，根据真实、正确的凭证进行账簿登记是会计的基本要求。没有凭证，会计将成为无源之水、无本之木。

3. 会计对经济活动要进行综合、连续、系统、全面的核算和监督

会计所提供的信息具有全面性、连续性、系统性和综合性的特点，因此经济越发展，会计的管理作用越重要。所谓全面性，就是对各项经济活动的来龙去脉必须进行全面记录、计量，不得遗漏。事实上，会计以资金运动为对象，确保了会计核算与会计监督的全面性；以特定的专门方法处理会计信息，保证了其所提供会计资料的连续性和系统性。连续性就是要求对经济活动过程中发生的具体事项，按照它发生的时间顺序，不间断地加以记录，以反映出经济业务的连续过程。系统性表现在对各项经济活动既要进行相互联系的记录，又要进行必要的、科学的分类，只有这样才能提供经济管理所需要的会计信息。所谓综合性，表现在由于以货币为统一计量单位，所以能够提供总括反映各项经济活动的价值指标，以货币为主要计量单位，使会计所提供的信息具有了高度的综合性。

4. 会计以财务会计报告为最终成果

会计的账户和账簿不能充分反映单位经济业务的全貌，也不便于会计信息使用者的使用。因此，必须通过编制财务会计报告，借以综合反映与监督经济业务，为企业经营管理提供总括的会计核算资料。财务会计报告是会计核算的载体，它以会计账簿资料为主要依据，以货币为计量单位，全面总结反映会计主体在一定时期的财务状况、经营成果和现金流量。它是会计主体对经济活动进行事前预测、决策、日常控制以及事后检查、分析的重要依据。

1.1.4 会计的基本职能

会计的基本职能是指会计工作所发挥的基本功能。《中华人民共和国会计法》(简称《会计法》)明确规定："会计机构、会计人员依照本法规定进行会计核算，实行会计监督。"可见，我国已将核算和监督作为法律赋予会计的基本职能。

1. 核算职能

会计核算贯穿经济活动的全过程，是会计的最基本职能，也称反映职能。它是指会计以货币为主要计量单位，通过确认、计量、记录、报告等环节，从价值量上反映企事业单位各项经济活动及其结果，为有关信息使用者提供会计信息。所述的确认是指通过一套专门方法，以专业的标准确定会计事项是否发生，并以此衡量经济信息能否进入会计核算系统。确认分为初始确认和后续确认。计量是指以货币为计量单位确定应计入会计核算系统的金额。记录是指将会计事项以会计采用的专门技术方法在会计特有的载体上登记的过程。报告是指将会计确认、计量、记录的真实资料进行汇总、加工，编制出能反映企业财务状况和经营成果的报告文件，提供给使用者。因此，我们可以认为确认、计量、记录、报告是执行会计核算职能的具体形式。

2. 监督职能

监督职能主要是指对资金运动的控制，是把利用会计核算所提供的各种会计信息，依据一定监督标准，通过专门的方法，对企事业单位的经济活动过程进行的指导、控制和检查，使之达到预期经营目标的功能。会计监督的标准包括合法性和合理性两个方面。合法性是指以国家颁布的法规、制度等为标准监督经济活动，保证企事业单位的各项经济活动符合国家的有关法律法规，杜绝违法乱纪行为。合理性是指依照客观经济规律及经营管理的要求进行监督，如检查各项财务收支是否符合特定主体的财务收支计划，是否有违背内部控制制度等现象，为提高经济效益把关。

按照监督主体，会计监督可分为单位内部监督、社会监督和国家监督，三位一体。

单位内部监督是指一个单位为了保护其财产的安全和完整，保证其经营活动符合国家法律、法规和内部规章制度的要求，防止舞弊，控制风险，而在单位内部采取的一系列相互联系、相互制约的会计制度和方法。社会监督是指通过社会中介机构依法对受托单位的经济活动进行审计，并做出客观评价的一种监督形式。国家监督是指政府有关部门依据法律、行政法规的规定和部门的职权，对有关单位的会计行为、会计资料所进行的监督检查。

会计监督职能具有以下特点：

第一，会计监督主要是利用价值指标。会计核算通过价值指标综合反映经济活动过程及其结果。实现会计监督职能，要依据会计核算所提供的价值指标，对经济活动进行控制、考核和检查。

第二，会计监督贯穿于经济活动的全过程，做到事前监督、事中监督、事后监督相结合。事前监督，是指在经济活动开始以前进行的监督，即审查未来经济活动的合法性、合理性和效益性。事中监督，是指对正在进行的经济活动过程的监督，即对所取得的核算资料进行审查，从中发现对实现预期目标不利的因素，并采取措施加以控制，以便使经济活动按规定的要求正常进行。事后监督，是指在经济活动之后进行的监督，即对已取得的会计核算资料进行考核和分析，以便总结经验，更好地组织经济活动，提高经济效益。

3. 核算职能与监督职能的关系

会计的核算职能和监督职能是密切结合、相辅相成的。会计核算是最基本的职能，是会计监督的基础。没有会计核算，会计监督就失去了监督的依据。会计监督是在会计核算的过程中进行的，是会计核算的质量保证。没有会计监督，就难以保证会计核算所提供信息的真实性、可靠性。

另外，会计除了核算和监督两个基本职能外，还有预测经济前景、参与经济决策、控制经济运行、分析评价经济业绩等职能。

重要知识　会计的职能

通常认为，会计的基本职能是对经济管理活动进行会计核算与会计监督。在社会发展过程中，还赋予会计预测、决策、控制、分析等职能。

1.1.5　会计对象和会计核算内容

1. 会计对象

会计对象就是会计所要反映和监督的内容，即会计所要反映和监督的客体。一般来说，会计工作的客体是指能够用货币表现的客观经济活动。客观经济活动是人类社会最基本的活动，总是遵循一定的经济规律运行着。会计对象作为会计工作的客体，抽象而言是指可以用货币表现的经济活动。经济活动可以从不同的角度去观察并且描述，例如，从劳动时间或者劳动量上去记录并且描述这几个人劳动了多少天、工作了多少个小时；从取得的劳动成果的角度去记录，并且描述工作的成果，如加工多少工件等。能够从价值量的角度观察和描述经济活动只是全部经济活动的一部分，会计的对象仅限于能够用货币表现的这一部分经济活动。这一点是会计核算区别于其他核算形式的重要特点。人类社会试图通过自己的主观活动将客观经济活动映射出来，这些经济活动就成为会计活动的客体。

会计核算和监督的客体是社会再生产过程中的价值运动，这种运动是能用货币连续、系统、全面、综合地表现的，也叫资金运动。在市场经济条件下，会计对象是社会再生产过程中的资金运动。

由于不同单位经济内容不同,其资金运动形式也有差异。本教材主要阐述制造业企业的资金运动。企业在进行生产经营活动时,首先要用筹集的货币资金购买材料物资,为生产过程做准备。生产产品时,再到仓库领取材料物资;生产出产品对外销售,销售后收回已售商品的货款。制造企业的资金经过了供应过程、生产过程和销售过程。资金的形态也在发生变化,用货币购买材料物资时,企业的资金由货币资金形态转化为储备资金形态;用货币购建厂房、机器设备时,企业的资金由货币形态转化为固定资金。进入生产过程后,车间生产产品领用材料物资时,储备资金又转化为生产资金;使用机器设备,其磨损价值将以折旧的形式逐渐转移到产品成本中,即固定资金以折旧的形式逐渐转化为生产资金。另外,货币资金以支付职工薪酬的形式转化为生产资金。产品生产完工后,生产资金又转化为成品资金。将产成品出售后,成品资金又转化为货币资金。资金从货币形态开始,依次经过储备资金、固定资金、生产资金、成品资金,最后又回到货币资金,这一运动过程称为资金循环。周而复始的资金循环称为资金周转。上述的制造业资金运动过程如图1－1所示。

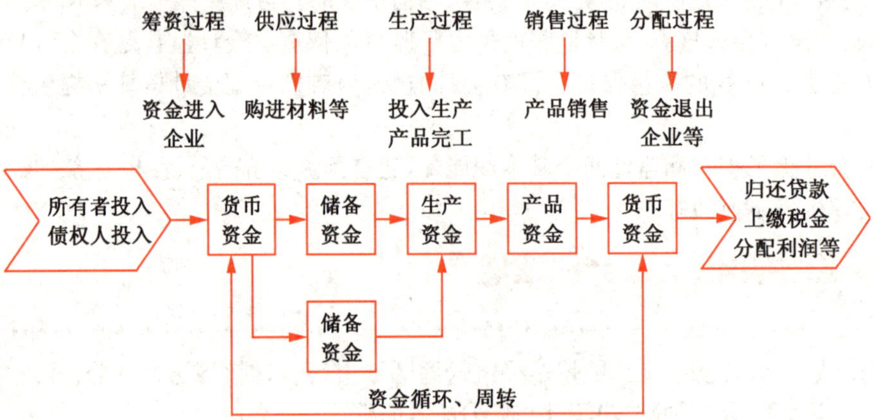

图1－1　制造业企业资金循环图

重要知识　会计的对象

会计的对象是会计核算和会计监督的内容,是社会生产过程中可以用货币表现的经济活动,也就是资金运动。

2. 会计核算内容

会计核算的内容,是指应当及时办理会计手续、进行会计核算的会计事项。《会计法》对会计核算的基本内容做过规定。《会计工作行为规范》第三十七条重申了《会计法》的这一规定,即要求对下列会计事项必须及时办理会计手续、进行会计核算:

(1)款项和有价证券的收付

款项是作为支付手段的货币资金。可以作为款项收付的货币资金,包括现金、银行存款和其他货币资金,如外埠存款、银行汇票存款、银行本票存款、在途货币资金、信用证存款、保函押金和各种备用金等。有价证券是具有一定财产权利或者支配权利的票证,如股票、国库券、其他企业债券等。

款项的收付是经常发生的，在有的单位其发生额还很大。有价证券收付的频繁程度在多数单位要低一些，但发生额一般比较大。款项和有价证券收付的业务涉及较易受损的资产，绝大部分业务本身又直接造成一个单位货币资金的增减变化，影响单位的资金调度能力，所以通常要求进行严密、及时和准确的核算。在实际工作中存在的突出问题是，有的单位款项收付未纳入单位的统一核算，而是转入了“小金库”；或者单位资金管理失控，被非法挪用，甚至发生贪污、抽逃等问题。因此，必须加强对款项、有价证券的管理，建立健全内部控制等管理制度。

(2)财物的收发、增减和使用

财物是一个单位用来进行或维持经营管理活动的具有实物形态的经济资源，包括原材料、燃料、包装物、低值易耗品、在产品、自制半成品、产成品、商品等流动资产和机器、机械、设备、设施、运输工具、家具等固定资产。

财产物资在许多单位构成资产的主体，并在资产总额中占有很大比重。财物的收发、增减和使用业务是会计核算中的经常性业务，有关的核算资料往往是单位内部进行业务成果考核以及控制和降低成本费用的重要依据。此外，财物会计核算还对各种财产物资的安全、完整有重要作用。对国有企业、行政事业单位来说，这也是保护国家财产的一个重要关口。但在有的国有单位，这个关口的职能被大大削弱，国家财产被毁损、浪费，或者被不法分子侵吞，造成了国有资产严重流失。作为会计人员，应当加强对财产物资的核算和管理。

(3)债权债务的发生和结算

债权是一个单位收取款项的权利，包括各种应收和预付的款项。债务则是一个单位需要以其货币资金等资产或者劳务清偿的义务，包括各项借款、应付和预收款项以及应交款项等。

债权和债务都是一个单位在自己的经营活动中必然发生的事项。对债权债务发生和结算的会计核算，涉及单位与其他单位以及单位与其他有关方面的经济利益，关系到单位自身的资金周转。从法律上讲，债务还决定一个企业的生存问题，因而债权债务是会计核算的一项重要内容。会计基础工作薄弱的单位往往不能正确、及时办理债权债务的会计核算，使单位的信誉和经济利益蒙受损失。有的单位利用应收应付款项账目隐藏、转移资金、利润或费用，涉嫌违法乱纪。对此类问题，会计人员必须进行制止和纠正。

(4)资本、基金的增减

资本一般是指企业的所有者对企业净资产的所有权，也称所有者权益，具体包括实收资本、资本公积、盈余公积和未分配利润。基金主要是指机关、事业单位某些特定用途的资金，如事业发展基金、集体福利基金、后备基金等。

资本、基金的利益关系人比较明确，用途也基本确定。办理资本、基金增减的会计核算，政策性很强，一般应以具有法律效力的合同、协议、董事会决议或政府部门的有关文件等为依据，切忌盲从单位领导人个人或其他指示人未经法定程序认可或未办理法定手续的处置意见。

(5)收支与成本费用的计算

收入是指一个单位在经营活动中由于销售产品、商品，提供劳务、服务或提供资产的使用权等取得的款项或收取款项的权利。从狭义上理解，支出仅指行政事业单位和社会团体在履行法定职能或发挥特定的功能时所发生的各项开支，以及企业和企业化的事业单位在正常经营活动以外的支出或损失；从广义上理解，支出是一个单位实际发生的各项开支或损失。费用的含义比支出窄，通常使用范围也小一些，仅指企业和企业化的事业单位因生产、经营和管理活动而发生的各项耗费和支出。成本一般仅限于企业和企业化的事业单位在生产产品、购置商品和提供劳务或服务中所发生的各项直接耗费，如直接材料、直接工资、直接费用、商品进价以及燃料、动力等其他直接费用。

收入、支出、费用、成本都是重要的会计要素，体现着对一个单位的经营管理水平和效率从不同角度进行的度量，是计算一个单位经营成果及其盈亏情况的主要依据。对这些要素进行会计核算的特点是连续、系统、全面和综合。在实际工作中，问题突出的有虚报收入（人为压低或拔高）、虚列支出和乱挤乱摊成本、费用等。这已成为严重影响会计信息质量的根源之一。会计人员有责任制止和纠正这种现象的发生。

(6)财务成果的计算和处理

财务成果主要是指企业和企业化的事业单位在一定时期从事经营活动而在财务上所取得的结果，具体表现为盈利或是亏损。

财务成果的计算和处理，包括利润的计算、所得税的计算和利润的分配（或亏损的弥补）等，这个环节上的会计核算主要涉及所有者和国家的利益。在实际工作中存在的问题主要是“虚盈实亏”和“虚亏实盈”，一般视单位的性质而异，呈典型的利益驱动倾向，其共同特点是损害国家或社会公众利益，是一种严重的违法行为。

(7)其他会计事项

其他会计事项是指在上述六项会计核算内容中未能包括的、按有关法律法规或会计制度的规定或根据单位的具体情况需要办理会计手续和进行会计核算的事项。单位在有这类事项时，应当按照各有关法律、法规或者会计制度的规定，认真、严格办理有关会计手续，进行会计核算。

1.2 会计的基本假设

会计的基本假设又称会计核算的基本前提，是指对会计核算所处的时间、空间环境所做的合理假设，是为了保证会计工作的正常进行和会计信息的质量，对会计核算的范围、内容、基本程序和方法所做的假定，并在此基础上建立会计原则。国内外会计界公认的会计核算的基本前提有以下四个：

1.2.1 会计主体

会计主体是指会计信息所反映的特定单位，也称会计实体、会计个体。会计所要反映的总是特定的对象，只有明确规定会计核算的对象，将会计所要反映的对象与其他经济实体区别开来，才能保证会计核算工作的正常开展，实现会计的目标。

会计主体作为会计工作的基本前提之一，为日常的会计处理提供了空间依据。

首先，明确会计主体才能划定会计所要处理的经济业务事项的范围和立场。如把A公司作为会计主体的话，只有影响A公司经济利益的经济业务事项才能加以确认和计量。与A公司经济业务无关的经济业务事项，A公司都不予以反映。

其次，明确将会计主体的经济活动与会计主体所有者的经济活动区分开来。无论是会计主体的经济活动还是会计主体所有者的经济活动，都最终影响所有者的经济利益，但是，为了真实反映会计主体的财务状况、经营成果和现金流量，必须将会计主体的经济活动与会计主体所有者的经济活动区别开来。

会计主体不同于法律主体。一般来说，法律主体往往是一个会计主体，如一个企业作为一个法律主体，应当建立会计核算体系，独立反映其财务状况、经营成果和现金流量。但是，会计主体不一定是法律主体，比如在企业集团里，一个母公司拥有若干个子公司，在母公司的统一领导下开展经营活动。为了全面反映这个企业集团的财务状况、经营成果和现金流量，就有必要将这个企业集团的财务状况、经营成果和现金流量予以综合反映。有时，为了内部管理需要，也对企业内部的部门单独加以核算，并编制内部会计报表。企业内部划出的核算单位也可以视为一个会计主体，但它不是一个法律主体。

1.2.2 持续经营

持续经营是指会计主体的生产经营活动将无限期地延续下去，在可以预见的将来，企业不会面临清算、解散、倒闭而不复存在。

企业是否持续经营对会计政策的选择，对正确确定和计量财产计价、收益影响很大。例如，采用历史成本计价，是设定企业在正常情况下运用它所拥有的各种经济资源和依照原来的偿还条件偿付其所负担的各种债务，否则，就不能继续采用历史成本计价。如在持续经营的前提下，企业取得机器设备时能确定这项资产在未来的生产加工活动中可以给企业带来经济利益，因此可以按支付的所有价款作为固定资产的账面成本，其磨损的价值在使用期内按一定折旧方法计提折旧，并将其磨损的价值计入成本费用。如果企业面临清算，固定资产只能按当时的公允价值计价，抵偿债务。

由于持续经营是根据企业发展的一般情况所做的设定，企业在生产经营过程中缩减经营规模乃至停业的可能性总是存在的，因此，往往要求定期对企业持续经营这一前提做出分析和判断。一旦判定企业不符合持续经营前提，就应当改变会计核算的方法。

1.2.3 会计分期

会计分期这一前提是从持续经营引申出来的，是持续经营的客观要求。会计分期是指将一个企业持续经营的生产经营活动划分为若干个等间距、首尾相连的时间段，每一个时间段称为一个会计期间。

会计分期的目的是，将持续经营的生产活动划分为连续、相等的期间，据以结算盈亏，按期编报财务报告，从而及时向各方面提供有关企业财务状况、经营成果和现金流量的信息。

根据持续经营前提，企业要按当前的规模和状况继续经营下去，最终确定企业的经营成果，只能等到企业在若干年后歇业的时候核算一次盈亏。但是，经营活动和财务经营决策要求及时得到有关信息，不能等到歇业时一次性地核算盈亏。为此，就要将持续不断的经营活动划分为若干相等的期间，分期核算和反映。会计分期对会计原则和会计政策的选择有着重要影响。由于会计分期，产生了当期与其他期间的差别，从而产生权责发生制和收付实现制的区别，进而出现了应收、应付、递延、预提、待摊这样的会计方法。

会计期间一般按照日历时间划分。会计准则明确规定，采取公历年度，自每年 1 月 1 日至 12 月 31 日。此外，国际上会计期间还可以按实际的经济活动周期来划分，其周期或长(短)于公历年度。

会计期间划分的长短会影响损益的确定。一般来说，会计期间划分得越短，反映经济活动的会计信息质量就越不可靠。当然，会计期间的划分也不能太长，太长会影响会计信息使用者及时使用会计信息，因此必须恰当地划分会计期间。

1.2.4 货币计量

货币计量是指采用货币作为计量单位，记录和反映企业的生产经营活动。

企业的资产、负债和所有者权益，尤其是资产可以采取不同的计量属性，如数量计量以个、张、根、吨等作为单位，人工计量以工时作为计量单位。这些单位不能全面反映经济活动的状况和成果，而货币可以对企业财务状况和经营成果做全面、系统的反映，是一个统一的量度单位。企业经济活动中凡是能够用货币这一尺度计量的，就可以进行会计反映；凡是不能用这一尺度计量的，则不必进行会计反映。当然，统一采用货币尺度也有不利之处，许多影响企业财务状况和经营成果的因素并不是都能用货币计量的，比如企业经营战略、在消费者心目中的信誉度、企业的地理位置、企业的技术开发能力等。为了弥补货币量度的局限性，要求企业采用一些非货币指标作为会计报表的补充。

在我国，要求采用人民币作为记账本位币，是对货币计量这一会计前提的具体化。考虑到一些企业的经营活动更多地涉及外币，因此规定业务收支以人民币以外的货币为主的单位，可以选定其中一种货币为记账本位币。当然，提供给境内使用者的财务会计报告应当折算为人民币。

小思考

> 如果没有会计假设，会计职能能否正常执行？它会给经济管理活动带来哪些不利影响？

1.3 会计处理基础

会计处理基础是指在确认和处理一定会计期间的收入和费用时选择的处理原则和标准，其目的是对收入和支出进行合理配比，进而作为确认当期损益的依据。运用的会计处理基础不同，对同一企业同一期间的收入、费用和财务成果，会计核算的结果也不同。

在经济活动过程中，会频繁地发生各种各样的会计事项。在这些会计事项中，有属于本期的，有不属于本期而属于跨期的。例如，企业在一定会计期间为进行生产经营活动而发生的费用和收入有以下几种情况：可能在本期付出了费用，收到了货币资金；也可能付出了费用，未收到货币资金；也可能未付出费用，收到了货币资金，这就使本期实际得到的收入可能与本期支付的费用有关，也可能与本期支付的费用无关。同样，本期支付的费用可能与本期收入有关，也可能与本期收入无关。如何把收入和费用在时间上加以配合呢？这就是处理会计业务的出发点，即会计处理基础。只有确定了这种出发点，才能正确计算本期盈亏。

会计处理基础有两种：一种叫收付实现制，另一种叫权责发生制。

1. 收付实现制

收付实现制以本期款项的实际收付作为确定本期收入、费用的基础，不论款项是否属于本期，只要在本期实际发生，即作为本期的收入和费用。例如，201×年 3 月某企业销售产品一批，收到货款 20 000 元；支付下季度房屋租金 1 200 元。根据收付实现制的处理要求，3 月份该企业收到货款 20 000 元作为本月收入处理，支付下季度房屋租金 1 200 元作为本月费用处理。

2. 权责发生制

权责发生制以应收、应付作为计算收入、费用的依据。凡属本期的收入和费用，不论其是否发生，均要计入本期；凡不属本期的收入、费用，尽管发生了，也不计入本期，故又叫应计制。例如，201×年 3 月某企业销售一批产品 20 000 元，货款尚未收到；支付下季度房屋租金 1 200 元。根据权责发生制的处理要求，3 月份即使企业尚未收到货款 20 000 元，也应该作为 3 月收入处理；而即使支付下季度房屋租金 1 200 元，也不应该作为 3 月费用处理。

收付实现制和权责发生制是对收入和费用而言的，都是会计核算中确定本期收入和本期费用的会计处理方法。但是，收付实现制强调款项的收付，权责发生制强调应计的收入和为取得收入而发生的费用相配合。采用收付实现制处理经济业务，对反映财务成果欠缺真实性、准确性；采用权责发生制比较科学、合理，被大多数经营性企业普遍采用，成为成本计算的会计处理基础。

重要知识　收付实现制和权责发生制

收付实现制是以款项实际收付作为确定本期收入、费用的依据，凡是款项没有实际收付，即使收入实现或费用发生，也不作为当期的收入和费用处理。

权责发生制是指凡是当期已经实现的收入和已经发生或应当负担的费用，不论款项是否收付，都应当作为当期的收入或费用处理；凡是不属于当期的收入和费用，即使款项已经在当期收付，也不作为当期收入和费用处理。

1.4　会计核算的信息质量要求

《企业会计准则——基本准则》对会计信息质量要求的规定包括客观性、相关性、明晰性、可比性、实质重于形式、重要性、谨慎性、及时性。这些规定都是为了保证会计信息的质量而提出，是会计确认、计量和报告质量的保证。

1. 客观性原则

客观性原则也称真实性原则，是指企业应当以实际发生的经济业务及证明经济业务发生的合法凭证为依据，如实反映财务状况、经营成果，做到内容真实，数字准确，资料可靠。这一原则是对会计工作的基本要求。这一原则包括两个内容：

一是会计必须根据审核无误的原始凭证，采用特定的专门方法进行记账、算账、报账，保证所提供的会计信息内容完整、真实可靠。如果会计核算不是以实际发生的交易或事项为依据，为使用者提供虚假的会计信息，会误导信息使用者，使之做出错误的决策。

二是会计人员在进行会计处理时应保持客观，运用正确的会计原则和方法，得出具有可检验性的会计信息。如果会计人员进行会计处理时不客观，同样不能为会计信息使用者提供真实的会计信息，也会导致信息使用者做出错误决策。

2. 相关性原则

相关性原则是指企业所提供的会计信息应与财务会计报告使用者的经济决策相关，有助于财务会计报告使用者对企业过去、现在或者未来的情况做出评价或预测。这里所说的相关性，是指与决策相关，有助于决策。如果会计信息提供后不能帮助会计信息使用者进行经济决策，就不具有相关性，因此，会计工作就不能完成会计所需达到的会计目标。

根据相关性原则，要求在收集、记录、处理和提供会计信息过程中能充分考虑各方面会计信息使用者决策的需要，满足各方面具有共性的信息需求。对于特定用途的信息，不一定通过财务会计报告来提供，也可以采取其他形式加以提供。

3. 明晰性原则

明晰性原则是指企业提供的会计信息应当清晰明了，便于财务会计报告使用者理解和使用。明晰性原则要求会计信息简明、易懂，能够简单明了地反映企业的财务状况、经营成果和现金流量，从而有助于会计信息使用者正确理解、掌握企业的情况。

根据明晰性原则，会计记录应当准确、清晰；填制会计凭证、登记会计账簿，必须做到依据合法、账户对应关系清楚、文字摘要完整；在编制会计报表时，项目勾稽关系清楚、项目完整、数字准确。

4. 可比性原则

可比性原则是指企业提供的会计信息应当具有可比性。这包括两个方面的质量要求：

一是信息的横向可比，即企业之间的会计信息口径一致，相互可比。企业可能处于不同行业、不同地区，经济业务发生于不同地点。为了保证会计信息能够满足经济决策的需要，便于比较不同企业的财务状况和经营成果，不同企业发生相同或者相似的交易或事项，应当采用国家统一规定的相关会计方法和程序。

二是信息的纵向可比，即同一企业不同时期发生的相同或相似的交易或事项应当采用一致的会计政策，不得随意改变，便于对不同时期的各项指标进行纵向比较。在此规定要求下，企业不得随意改变目前所使用的会计方法和程序 。一旦做出变更，也要在财务会计报告附注中做出说明，如存货的实际成本计算方法有先进先出法、加权平均法等。如果确有必要变更，应当将变更情况、变更原因及其对企业财务状况和经营成果的影响在财务会计报告附注中说明。

5. 实质重于形式原则

这是指企业应当以交易或事项的经济实质为依据进行会计确认、计量和报告，而不应仅以交易或事项的法律形式作为依据。这里所讲的形式是指法律形式，实质是指经济实质。有时，经济业务的外在法律形式并不能真实反映其实质内容。为了真实反映企业的财务状况和经营成果，就不能仅仅根据经济业务的外在表现形式来进行核算，而要反映其经济实质。比如，法律可能写明商品的所有权已经转移给买方，但事实上卖方仍享有该资产的未来经济利益。如果不考虑经济实质，仅看其法律形式，就不能真实反映这笔业务对企业的影响。

6. 重要性原则

这是指企业提供的会计信息应当反映与企业财务状况、经营成果和现金流量等有关的所有重要交易或事项。在此原则下，企业在选择会计方法和程序时，要考虑经济业务本身的性质和规模，根据特定的经济业务对决策影响的大小来选择合适的会计方法和程序。如果一笔经济业务的性质比较特殊，不单独反映就有可能遗漏一个重要事实，不利于所有者以及其他方面全面掌握这个企业的情况,就应当严格核算,单独反映,提请注意;反之,如果一笔经济业务与通常发生的经济业务没有特殊之处,不单独反映,也不至于隐瞒什么事实,就不需要单独反映和提示。如果一笔经济业务的金额在收入、费用或资产总额中所占的比重很小,就可以采用较为简单的方法和程序进行核算,甚至不一定严格采用规定的会计方法和程序;反之,如果金额在收入、费用或资产总额中所占的比重较大,就应当严格按照规定的会计方法和程序进行核算。

重要性原则与会计信息成本效益直接相关。坚持重要性原则,就能使提供会计信息的收益大于成本。对于那些不重要的项目,如果采用严格的会计程序,分别核算,分项反映,就会导致会计信息成本高于收益。

在评价某些项目的重要性时,很大程度上取决于会计人员的职业判断。一般来说,应当从质和量两个方面进行分析。从性质来说,当某一事项有可能对决策产生一定影响时,就属于重要项目;从数量来说,当某一项目的数量达到一定规模时,就可能对决策产生影响。

7. 谨慎性原则

谨慎性原则又称稳健性原则,是指企业对交易或事项进行确认、计量和报告应当保持应有的谨慎,即在存在不确定因素的情况下做出判断时,不应高估资产或者收益、低估负债或者费用。对于可能发生的损失和费用,应当加以合理估计。企业经营存在风险,实施谨慎性原则,对存在的风险加以合理估计,就能在风险实际发生之前化解并防范风险,有利于企业做出正确的经营决策,有利于保护所有者和债权人的利益,有利于提高企业在市场上的竞争力。比如,在存货、有价证券等资产的市价低于成本时,相应减记资产的账面价值,并将减记金额计入当期损益,体现了谨慎性原则对历史成本原则的修正。当然,谨慎性原则并不意味着可以任意提取各种准备;否则,就属于谨慎性原则的滥用。

8. 及时性原则

及时性原则是指企业对于已经发生的交易或事项,应当及时进行会计确认、计量和报告,不得提前或延后。会计信息具有时效性,才能满足经济决策的及时需要,信息才有价值。为了实现会计目标,就必须遵循会计信息的及时性原则。

根据及时性原则,要求及时收集会计数据:在经济业务发生后,应及时取得有关凭证;对会计数据及时进行处理,及时编制财务会计报告;将会计信息及时传递,按规定的时限提供给有关方面。

学习小结

会计是社会发展的产物,是向企业的外部利害关系人提供与其相关的会计信息,同时又是一种经济管理活动。会计的基本职能是核算和监督。会计的对象是社会再生产过程中的资金运动。会计核算的基本前提或会计假设有:会计主体、持续经营、会计分期、货币计量。会计核算的信息质量要求有:真实性、相关性、明晰性、可比性、实质重于形式、重要性、谨慎性、及时性。

【关键词汇】

会计　会计的基本职能　会计对象　会计假设　权责发生制　收付实现制　会计信息质量要求

【综合练习】

一、单项选择题

1. 下列各项中，(　　)属于会计的基础工作。

A. 会计预测　　B. 会计核算　　C. 会计监督　　D. 会计决策

2. 企业用现金购买办公用品，会计人员认为办公用品是用于总经理日常办公，故将该项支出作为管理费用处理，对上述过程表述正确的是(　　)。

A. 该项处理属于会计确认　　B. 该项处理属于会计计量

C. 该项处理属于会计记录　　D. 该项处理属于会计报告

3. 会计核算与监督的内容是(　　)。

A. 会计职能　　B. 会计对象　　C. 会计方法　　D. 会计本质

4. 下列各项中，(　　)属于会计的基本职能。

A. 会计预测与决策　　B. 会计核算与决策　　C. 会计监督与分析　　D. 会计核算与监督

5. 下列各项中，不属于会计核算具体内容的是(　　)。

A. 会计计划的制定　　B. 收入的核算　　C. 资产的增减　　D. 财务成果的计算

6. 下列各项中，(　　)能对会计工作质量起保证作用。

A. 会计核算　　B. 会计监督　　C. 会计计划　　D. 会计记账

7. 下列各项中，(　　)属于会计在其核算中对特定主体经济活动的合法性和合理性进行审查。

A. 会计核算　　B. 会计监督　　C. 会计控制　　D. 会计分析

8. 会计核算的主要计量单位是(　　)。

A. 实物计量单位　　B. 货币计量单位　　C. 工时计量单位　　D. 劳动计量单位

9. 除法律、行政法规和国家统一的会计制度另有规定外，企业不得自行调整其账面价值，这符合(　　)。

A. 重要性原则　　B. 实质重于形式原则

C. 客观性原则　　D. 历史成本原则

10. 规范会计工作空间范围的会计前提是(　　)。

A. 会计主体　　B. 会计分期　　C. 持续经营　　D. 货币计量

11. 导致权责发生制的产生以及摊销、折旧等会计处理方法应用的基本前提和核算原则是(　　)。

A. 会计主体　　B. 持续经营　　C. 会计分期　　D. 货币计量

12. 下列各项中，(　　)确定了单位内部监督、社会监督、政府监督三位一体的会计监督体系。

A. 企业会计准则　　B. 会计制度　　C. 会计法　　D. 全国人大

13. 会计核算的(　　)，是指对发生的会计经济业务事项要采用科学的核算方法，分门别类地进行确认、记录、计量和报告，提供系统的会计信息的核算方法。

A. 系统性　　B. 完整性　　C. 连续性　　D. 科学性

14. 下列各项中，不属于会计核算原则的是(　　)。

A. 划分资本性支出和收益性支出　　B. 权责发生制

C. 历史成本法　　D. 货币计量

15. 会计的一般对象可以概括为(　　)。

A. 经济活动　　B. 能以货币表现资金运动

C. 生产活动　　D. 管理活动

16. 下列各项中，属于企业财物的是(　　)

A. 库存现金　　B. 银行存款　　C. 原材料　　D. 专利技术

17. 下列关于会计核算具体内容的表述中，不正确的是(　　)。

A. 款项和有价证券的收付　　B. 财物的收发增减和使用

C. 债权与债务的发生和结算　　D. 债权是收付款项的权利

18. (　　)属于会计核算的最终环节。

A. 确认　　B. 记录　　C. 计量　　D. 报告

19. 下列各项中，(　　)属于资金运动起点。

A. 资金的筹集　　B. 资金的使用　　C. 资金的分配　　D. 资金的退出

20. 下列各项中，不属于资金周转环节的是(　　)。

A. 供应过程　　B. 生产过程　　C. 销售过程　　D. 分配过程

21. 年末，企业内部财务部门对会计部门编制的会计报表进行审查，下列说法中正确的是(　　)。

A. 该审查属于单位内部监督和事中监督　　B. 该审查属于单位内部监督和事后监督

C. 该审查属于社会监督和事中监督　　D. 该审查属于社会监督和事后监督

22. 甲公司于201×年5月1日销售商品一批，增值税专用发票注明价款200 000元，货款于201×年6月30日收到并存入银行；201×年5月10日预收客户销货款300 000元并存入银行，该批货物于201×年6月20日发出；201×年5月20日收到上月销货款40 000元。根据权责发生制原则，该企业201×年5月份应确认的收入为(　　)元。

A. 500 000　　B. 200 000　　C. 340 000　　D. 300 000

23. 某企业201×年6月发生以下经济业务：①本月支付上季度水电费5 600元；②本月购入办公用品3 000元，款项尚未支付；③支付本季度短期借款利息共12 000元，其中4月份4 000元，5月份4 000元。按照收付实现制，应确认本月的费用为(　　)元。

A. 12 600　　B. 9 600　　C. 7 000　　D. 5 600

24. 提出权责发生制，是因为有了(　　)这个前提。

A. 会计主体　　B. 持续经营　　C. 会计分期　　D. 货币计量

25. 企业提取坏账准备金，是依据(　　)原则。

A. 权责发生制　　B. 配比　　C. 谨慎性　　D. 重要性

26. (　　)适用于划分各期收入和费用。

A. 配比　　B. 权责发生制

C. 历史成本　　D. 划分收益性支出与资本性支出

27. 不同企业之间进行横向比较的会计核算的一般原则是(　　)。

A. 客观性　　B. 相关性　　C. 重要性　　D. 可比性

28. 凡支出的效益属于一个会计年度的，属于(　　)。

A. 营业性支出　　B. 营业外支出　　C. 收益性支出　　D. 资本性支出

29. 下列支出中，属于资本性支出的有(　　)。

A. 支付职工工资　B. 支付当月水电费　C. 支付本季度房租　D. 支付固定资产买价

30.（　）通常被誉为会计发展史上的第二个里程碑。

A. 复式簿记系统的产生　B. 财务报表的产生和发展

C. 爱丁堡会计师协会的成立　D. 公认会计原则的出现

31. 下列各项中，不属于款项的是（　）。

A. 现金　B. 银行汇票存款　C. 信用证存款　D. 国库券

32. 资金以货币资金为起点，经过供、产、销，最后又转化为货币资金的过程，称为（　）。

A. 资金的流动　B. 资金的循环　C. 资金的运动　D. 资金的退出

33. 下列关于会计主体的表述中，不正确的是（　）。

A. 会计主体是指会计所核算和监督的特定单位或组织

B. 会计主体就是法律主体

C. 由若干具有法人资格的企业组成的企业集团也是会计主体

D. 会计主体界定了从事会计工作和提供会计信息的空间范围

二、多项选择题

1. 下列说法中，正确的有（　）。

A. 企业的经济业务事项包括经济业务和经济事项

B. 款项是作为支付手段的货币资金，包括库存现金、银行存款和其他货币资金，其中其他货币资金包括银行汇票存款、银行本票存款、信用卡存款、信用证保证金存款、外埠存款和存出投资款

C. 我国证券法规定的有价证券仅指资本证券，包括股票和债券

D. 款项和有价证券是流动性最强的资产

2. 下列关于会计核算和监督两者关系的表述中，正确的有（　）。

A. 核算和监督是会计的基本职能　B. 核算职能是会计首要的职能

C. 会计核算是会计监督的保证　D. 核算和监督相辅相成，辩证统一

3. 下列各项中，属于有价证券的有（　）。

A. 国债　B. 股票　C. 银行汇票　D. 企业债券

4. 下列各项中，属于企业会计核算具体内容的有（　）。

A. 款项以货币资金收付　B. 财产物资的增减和使用

C. 债权债务的发生和结算　D. 财务成果的计算和处理

5. 下列各项中，属于成本的有（　）。

A. 产品生产所发生的燃料费用　B. 人工费用

C. 车间管理人员工资　D. 预计的产品质量保证费

6. 下列关于会计监督的表述中，正确的有（　）。

A. 会计监督职能也称控制职能

B. 会计监督包括事前、事中和事后监督

C. 会计监督主要利用核算职能所提供的各种价值指标进行货币和实物资产的监督

D. 会计监督是对特定对象经济业务的合法性、合理性进行的审查

7. 产品的制造成本包括（　）。

A. 为制造产品发生的材料费用　B. 为制造产品发生的人工费用
C. 为制造产品发生的固定资产折旧费　D. 自然灾害造成的材料毁损

8. 下列各项中，属于会计基本职能的有(　　)。
A. 判断经营规模　B. 进行会计核算　C. 评价经营业绩　D. 实施会计监督

9. 财务会计侧重向企业外部关系人提供有关企业(　　)的信息。
A. 财务状况　B. 经营成果　C. 现金流量　D. 预测决策

10. 下列业务中，属于资金退出的有(　　)。
A. 偿还银行借款　B. 缴纳所得税　C. 分配利润　D. 购买材料

11. (　　)确立了会计核算的时间长度。
A. 会计主体　B. 持续经营　C. 会计分期　D. 货币计量

12. 下列各项中，属于会计核算基本前提的有(　　)。
A. 会计主体　B. 持续经营　C. 会计分期　D. 货币计量

13. 下列各项中，属于会计基本假设中会计主体的有(　　)。
A. 独立法人　B. 非法人企业
C. 单一企业　D. 多个企业组成的企业集团

14. 下列会计期间中，属于会计期间中期的有(　　)。
A. 年度　B. 半年度　C. 季度　D. 月度

15. 根据权责发生制原则，应计入本期收入和费用的有(　　)。
A. 前期提供劳务未收款，本期收款　B. 本期销售商品一批，尚未收款
C. 本期耗用的水电费，尚未支付　D. 预付下一年的报刊费

16. 下列各项中，属于会计核算基础的有(　　)。
A. 收付实现制　B. 收入费用制　C. 权责发生制　D. 实现利润制

17. 在会计核算中，谨慎性原则的典型运用有(　　)。
A. 计提坏账准备　B. 加速折旧
C. 先进先出法的采用　D. 历史成本计价

18. 可比性强调的一致性是指(　　)。
A. 会计处理方法一致　B. 企业前后一致
C. 会计指标计算口径一致　D. 收入和费用一致

19. 会计核算可以采用多种量度，如(　　)。
A. 货币量度　B. 实物量度　C. 劳动量度　D. 空间量度
E. 时间量度

20. 能使损益的计量建立在正确基础上的是(　　)原则。
A. 配比　B. 权责发生制　C. 谨慎性　D. 相关性
E. 划分资本支出与收益支出

三、判断题

1. 债务一般包括各种应付和预付款项等。　(　　)

2. 会计方法是会计的基本方法，包括设置账户、复式记账、填制和审核会计凭证、登记账簿、成本计算、财产清查和编制会计报表。　(　　)

3. 会计核算的各种方法是互相独立的，一般按会计部门的分工，由不同的会计人员独立处理。（ ）

4. 会计的核算职能是会计最基本的职能，会计核算是会计监督的基础，会计监督是会计核算的质量保证。（ ）

5. 企业会计的对象就是企业的资金运动。（ ）

6. 能够以数量表现的经济活动，都是会计核算和监督的内容，也就是会计的对象。（ ）

7. 会计是以货币为主要计量单位，反映和监督一个单位经济活动的一项经济管理工作。（ ）

8. 法律主体都是会计主体，但是会计主体不一定都有法人资格。（ ）

9. 会计主体假设确立了会计核算的空间范围，持续经营假设与会计分期假设确立了会计核算的时间长度，而货币计量假设则为会计核算提供了必要手段。（ ）

10. 会计分期是指将一个会计主体持续经营的生产经营活动划分为一个个连续的、长短相同的期间，以便与公历年度保持一致。（ ）

11. 在持续经营前提下，会计确认、计量和报告应当以企业持续、正常的生产经营活动为前提。（ ）

12. 会计期间分为年度和半年度。（ ）

13. 由于有了持续经营这个会计核算的基本前提，才产生了当期与其他期间的区别，从而出现了权责发生制与收付实现制的区别。（ ）

14. 我国的行政单位会计和事业单位会计均应以收付实现制为会计核算基础。（ ）

15. 按照权责发生制原则的要求，凡是本期实际收到款项的收入和付出款项的费用，不论是否归属于本期，都应当作为本期的收入和费用处理。（ ）

四、计算分析题

［资料］ 某公司201×年3月发生下列经济业务事项：

(1)销售商品一批，售价60 000元，本月已收回50 000元。

(2)赊购办公用品价款100 000元。

(3)收到上月份销售商品的货款42 000元。

(4)本月支付季度借款利息4 500元。

(5)支付上月份的水电费1 800元。

(6)赊销商品一批，货款30 000元，预计下月收回。

［要求］ 分别按权责发生制和收付实现制计算本月的收入、费用和利润。

参考答案

一、单项选择题

1. B　2. A　3. B　4. D　5. A　6. B　7. B　8. B　9. D　10. A
11. C　12. C　13. A　14. D　15. B　16. C　17. D　18. D　19. A　20. D
21. B　22. B　23. B　24. C　25. C　26. A　27. D　28. C　29. D　30. C
31. D　32. B　33. B

二、多项选择题

1. ABD 2. ABD 3. ABD 4. ABCD 5. ABC 6. ABD 7. ABC 8. BD
9. ABC 10. ABC 11. BC 12. ABCD 13. ABCD 14. BCD 15. BC 16. AC
17. AB 18. AC 19. ABC 20. ABE

三、判断题

1. × 2. × 3. × 4. √ 5. √ 6. × 7. √ 8. √ 9. √ 10. ×
11. √ 12. × 13. × 14. × 15. ×

四、计算分析题

在权责发生制下：
本月收入=60 000+30 000=90 000(元)
本月费用=100 000+1 500=101 500(元)
本月利润=90 000−101 500=−11 500(元)
在收付实现制下：
本月收入=5 0 000+42 000=92 000(元)
本月费用=4 500+1 800=6 300(元)
本月利润 92 000−6 300=85 700(元)

任务二　分析会计要素与会计等式

【知识体系】

- 会计要素
  - 会计要素的概念
  - 会计要素的计量属性
  - 会计要素的内容
    - 静态要素
    - 动态要素
- 会计等式
  - 会计等式的概念
  - 会计等式的内容
    - 静态等式
    - 动态等式

【学习目标】

(1)理解并掌握会计要素的概念;
(2)理解会计要素的计量属性;
(3)掌握会计要素的内容;
(4)理解会计等式的概念;
(5)掌握会计等式的内容。

【情境导入】

赵同学在会计基础课程学习期间,对会计对象理解后,深深陷入思考:企业在运营过程中,从收到投资者投资的现金、实物、无形资产开始,购建厂房、办公楼、生产线,购买各种材料、组织生产,并计算发放工资、奖金、福利,销售产品收到现金和票据或者赊销未收到货款,从金融机构借款并归还本金和利息,上缴税金,分配利润等资金运动,这些资金在会计核算中如何进行分类?需要分哪几类才能满足会计核算的需要?

2.1　会计要素

2.1.1　会计要素的概念

会计的对象是企业的资金运动。但是,这只是对会计对象的一般描述,比较抽象,而且无法从整体上把握会计的内容。所以,泛泛地说能够用货币表现的经济活动是会计客体是不够的,为了能更加全面、深入地反映客观经济活动,必须引入会计要素的概念。

会计要素就是对会计对象的具体分类，是会计对象的具体化，是反映会计主体的财务状况和经营成果的基本单位。为了做好会计核算工作，正确地进行会计确认、计量、记录和报告，就需要将会计对象的具体内容按其经济特征进行基本项目的划分，划分为不同的会计要素。合理地划分会计要素，不仅有利于依据各个要素的性质和特点分别制定对其进行确认、计量、记录和报告的标准和方法，而且可以为合理建立账户体系和设计会计报表提供理论依据。我国《企业会计准则》将会计要素划分为资产、负债、所有者权益、收入、费用和利润六项。

重要知识　会计要素的概念

> 会计要素就是对会计对象的具体分类，是会计对象的具体化，是反映会计主体的财务状况和经营成果的基本单位。

2.1.2　会计要素的计量

会计计量是在一定的计量尺度下，运用特定的计量单位，选择合理的计量属性，确定应予记录的经济事项金额的会计记录过程。会计计量包括计量尺度、计量单位、计量对象和计量属性。其中，计量属性是指计量客体的特征或外在表现形式。不同的计量属性，会使相同的会计要素表现为不同的货币数量，从而使会计信息反映的财务成果和经营状况建立在不同的计量基础上，即建立在选用不同的会计目标上。会计计量在会计确认和报告之间起着十分重要的作用。

从会计的角度，计量属性反映的是会计要素金额的确定基础。根据我国《企业会计准则》的规定，会计的计量属性主要包括历史成本、重置成本、可变现净值、现值、公允价值。

1. 历史成本

历史成本又称实际成本。在历史成本计量下，资产按照购置时支付的现金或其他等价物的金额，或者按照购置资产时所付出的对价的公允价值计量；负债按照其因承担现时义务而实际收到的款项或者资产的金额，或者承担现时义务的合同金额，或者按照日常活动中为偿还负债预期需要支付的现金或者现金等价物的金额计量。

2. 重置成本

重置成本又称现行成本，是指按照当前市场条件重新取得同样一项资产所需支付的现金或现金等价物的金额。在重置成本计量下，资产按照现在购买相同或者相似资产所需支付的现金或者现金等价物的金额计量；负债按照现在偿付该项债务所需支付的现金或者现金等价物的金额计量。在实务中，重置成本多应用于盘盈固定资产的计量等。

3、可变现净值

可变现净值，是指在正常生产经营过程中，预计售价减去进一步加工成本和预计销售费用以及相关税费后的净值。在可变现净值计量下，资产按照其正常对外销售所能收到现金或者现金等价物的金额扣减该资产至完工时估计将要发生的成本、估计的销售费用以及相关税费后的金额计量。可变现净值通常应用于存货资产减值情况下的后续计量。

4. 现值

现值是指对未来现金流量以恰当的折现率进行折现后的价值，是考虑货币时间价值的一种计量属性。在现值计量下，资产按照预计从其持续使用和最终处置中所产生的未来净现金流入量的折现金额计量；负债按照预计期限内需要偿还的未来净现金流出量的折现金额计量。现值通常用于非流动资产可收回金额和以摊余成本计量的金融资产价值的确定等。例如，在确定固定资产、无形资产等可收回金额时，通常需要计算资产预计未来现金流量的现值；对于持有至到期投资、贷款等以摊余成本计量的金融资产，通常需要使用实际利率法将这些资产在预期存续期间或适用的更短期间内的未来现金流量折现，再通过相应的调整确定其摊余成本。

5. 公允价值

公允价值，是指在公平交易中，熟悉情况的交易双方自愿进行资产交换或者债务清偿的金额。在公允价值计量下，资产和负债按照在公平交易中熟悉情况的交易双方自愿进行资产交换或者债务清偿的金额计量。公允价值主要应用于交易性金融资产、可供出售金融资产的计量等。

小思考

在什么情况下适合使用不同的会计计量属性进行计量？试举例说明。

2.1.3 会计要素的内容

会计要素可以划分为两大类：

(1)反映财务状况的会计要素（静态会计要素）又称资产负债表要素，是构成资产负债表的基本单位，包括资产、负债和所有者权益。

(2)反映经营成果的会计要素（动态会计要素）又称利润表要素，是构成利润表的基本单位，包括收入、费用和利润。

2.1.3.1 资产

1. 资产的特征

资产是指过去的交易、事项形成并由企业拥有或者控制的、预期会给企业带来经济利益的资源。根据定义，资产具有以下基本特征：

(1)资产是由过去的交易、事项所形成的

资产是由以往事项导致的现时权利，资产的成因是资产存在和计价的基础。未来的、尚未发生的事项，后果不能确认为资产，由于没有可靠的计量依据，例如，企业有购买某种存货的意愿或者计划，但是购买行为尚未发生，就不符合资产的定义，不能任意确认为资产。

(2)企业拥有所有权或者控制权

资产作为一项资源，应当由企业拥有或者控制，具体是指享有某项资源的所有权，或者虽然不能享有某项资源的所有权，但该资源能被企业所控制。对于大部分资产，企业应当拥有所有权；而拥有控制权的资产一般仅指企业以融资租赁方式租入的固定资产等。例如，某企业以融资租赁方式租入一项固定资产，尽管企业并不拥有其所有权，但是租赁合同规定的租赁期较长，接近于该资产的使用寿命，表明企业控制了该资产的使用及其所能带来的经济利益，应当将其作为企业的资产予以确认、计量、记录和报告。

(3)预期能够为企业带来经济收益

企业通过对其所拥有和控制的资产的利用，从中获得收益，这是资产的一个重要属性和特征。预期能够为企业带来经济收益，是指资产直接或者间接导致现金或现金等价物流入企业的潜力。这种潜力可以来自企业日常的生产经营活动，也可来自非日常活动；带来经济利益的形式可以是现金或现金等价物的形式，也可以是能转化为现金或现金等价物的形式，还可以是减少现金或现金等价物流出的形式。

资产的确认必须满足以下两个条件：一是与该资源有关的经济利益很可能流入企业，二是该资源的成本或者价值能够可靠地计量。

2. 资产的构成

资产按流动性不同，可以划分为流动资产和非流动资产。

流动资产，是指可以在 1 年或者超过 1 年的一个营业周期内变现、出售或者耗用，或者主要为交易目的而持有，或者预计自资产负债表日起 1 年内（含 1 年）变现的资产以及自资产负债表日起 1 年内交换其他资产或清偿债务的能力不受限制的现金或现金等价物。流动资产主要包括库存现金和银行存款、交易性金融资产、应收及预付款、存货等。

非流动资产，是指除流动资产以外的资产，主要包括持有至到期投资、长期应收款、长期股权投资、投资性房地产、固定资产、在建工程、无形资产、长期待摊费用、可供出售金融资产等。

2.1.3.2　负债

1. 负债的特征

负债是指企业过去的交易或事项形成的、预期会导致经济利益流出企业的现时义务。根据定义，负债具有以下基本特征：

（1）负债是由过去的交易、事项形成的现时义务

只有过去的交易或事项才形成负债，企业将在未来发生的承诺、签订的合同等交易或事项不形成负债。

（2）负债是企业承担的现时义务

现时义务是指企业在现行条件下已承担的义务。未来发生的交易或者事项形成的义务，不属于现时义务，不应当确认为负债。

（3）负债的清偿预期会导致经济利益流出企业

只有企业在履行义务时会导致经济利益流出企业的，才符合负债的定义；如果不会导致企业经济利益流出，就不符合负债的定义。在履行现时义务、清偿债务时，导致经济利益流出企业的形式多种多样，例如用现金偿还或以实物资产形式偿还，以提供劳务形式偿还，以部分转移资产、部分提供劳务形式偿还，将负债转为资本等。

负债的确认必须满足以下两个条件：一是与该义务有关的经济利益很可能流出企业，二是未来流出的经济利益的金额能够可靠地计量。

2. 负债的构成

负债按流动性不同，可以划分为流动负债和非流动负债。

流动负债，是指预计在一个正常营业周期中清偿，或者主要为交易目的而持有，或者自资产负债表日起 1 年内（含 1 年）到期应予以清偿，或者企业无权自主地将清偿推迟至资产负债表日后 1 年以上的负债。流动负债主要包括短期借款、应付及预收款、应付职工薪酬、应付股利、应付利息、应交税费等。

非流动负债，是指除流动负债以外的各种负债，主要包括长期借款、应付债券和长期应付

款等。

2.1.3.3 所有者权益

1. 所有者权益的特征

所有者权益是指企业资产扣除负债后，由所有者享有的剩余权益。公司的所有者权益又称股东权益。所有者权益是所有者对企业资产的剩余索取权，它是企业资产中扣除债权人权益后应由所有者享有的部分，既可反映所有者投入资本的保值增值情况，又体现了保护债权人权益的理念。根据定义，所有者权益具有以下基本特征：

(1)它是一项永久性投资。除非发生减资或清算，所有者权益一般不需要返还给投资者。

(2)所有者仅对企业的净资产享有所有权，净资产是资产减去负债后的余额。

(3)所有者权益不是一个独立的要素，其非独立性表现在所有者权益金额的确认、计量需要依赖于资产和负债。

所有者权益体现的是所有者在企业中的剩余权益，因此，所有者权益的确认主要依赖于其他会计要素，尤其是资产和负债的确认；所有者权益金额的确定也主要取决于资产和负债的计量。例如，企业接受投资者投入的资产，在该资产符合企业资产确认条件时，就相应地符合了所有者权益的确认条件；当该资产的价值能够可靠计量时，所有者权益的金额也就可以确定。

2. 所有者权益的构成

所有者权益的来源包括所有者投入的资本、直接计入所有者权益的利得和损失、留存收益等，通常由实收资本(或股本)、资本公积(含资本溢价或股本溢价、其他资本公积)、盈余公积和未分配利润构成。

所有者投入的资本是指所有者投入企业的资本部分，它既包括构成企业注册资本或者股本部分的金额，也包括投入资本超过注册资本或者股本部分的金额，即资本溢价或者股本溢价。

直接计入所有者权益的利得和损失，是指不应计入当期损益、会导致所有者权益发生增减变动的、与所有者投入资本或者向所有者分配利润无关的利得或者损失。其中，利得是指由企业非日常活动所形成的、会导致所有者权益增加的、与所有者投入资本无关的经济利益的流入，包括直接计入所有者权益的利得和直接计入当期利润的利得；损失是指由企业非日常活动所发生的、会导致所有者权益减少的、与向所有者分配利润无关的经济利益的流出，包括直接计入所有者权益的损失和直接计入当期利润的损失。

实收资本(或股本)，是指投资者按照企业章程或合同、协议的约定，实际投入企业的资本。它是企业注册登记的法定资本总额的来源，表明所有者对企业的基本产权关系。

资本公积，是指所有者投入但不构成实收资本，以及直接计入的所有者权益的利得和损失。资本公积主要用于转增资本和弥补亏损。

盈余公积，是指企业按照规定从净利润中提取的各种留存收益。

未分配利润，是指企业未做分配的利润。它在以后年度可继续进行分配，在未进行分配之前，属于所有者权益的组成部分。

2.1.3.4 收入

1. 收入的特征

收入是指企业在日常活动中形成的、会导致所有者权益增加的、与所有者投入资本无关的经济利益的总流入。根据收入的定义，收入具有以下特征：

(1)收入是企业在日常活动中形成的

日常活动是指企业为完成其经营目标所从事的经常性活动以及与之相关的活动。例如，工业企业制造并销售产品、商业企业销售商品、保险公司签发保单、咨询公司提供咨询服务、软件企业为客户开发软件、安装公司提供安装服务、商业银行对外贷款、租赁公司出租资产等，均属于企业的日常活动。明确界定日常活动是为了将收入与利得相区分，因为企业非日常活动所形成的经济利益的流入不能确认为收入，而应当计入利得。

(2)收入会导致所有者权益的增加

与收入相关的经济利益的流入应当会导致所有者权益的增加；不会导致所有者权益增加的经济利益的流入不符合收入的定义，不应确认为收入。例如，企业向银行借入款项，尽管也导致了企业经济利益的流入，但该流入并不导致所有者权益的增加，反而使企业承担了一项现时义务。企业对于因借入款项所导致的经济利益的增加，不应将其确认为收入，而应当确认为负债。

(3)收入是与所有者投入资本无关的经济利益的总流入

收入应当导致经济利益的流入，从而导致资产的增加。例如，企业销售商品，应当收到现金或者在未来有权收到现金，才表明该交易符合收入的定义。但是，经济利益的流入有时是所有者投入资本的增加所导致的，所有者投入资本的增加不应当确认为收入，而应当将其直接确认为所有者权益。

收入的确认应当符合以下条件：一是与收入相关的经济利益应当很可能流入企业，二是经济利益流入企业的结果会导致资产的增加或者负债的减少，三是经济利益的流入金额能够可靠计量。

2. 收入的构成

收入主要包括主营业务收入、其他业务收入和投资收益。

主营业务收入，是指企业经常性的、主要业务所产生的基本收入，如制造业的销售产品、提供劳务作业的收入，商品流通企业的销售商品收入，旅游服务业的门票收入、餐饮收入等。

其他业务收入，是指企业主营业务收入以外的非主要业务活动所获得的收入，如材料物资及包装物销售、无形资产转让、固定资产出租、包装物出租、运输、废旧物资出售收入等。

投资收益，是指对外投资所取得的利润、股利和债券利息等收入减去投资损失后的净收益。

需要强调的是，以上所说的收入是指狭义的收入，即营业收入的同义词。广义的收入还包括直接计入当期利润的利得，即营业外收入。营业外收入是指企业发生的与其生产经营活动无直接关系的各项收入，包括处置固定资产净收益和罚款收入等。

2.1.3.5　费用

1. 费用的特征

费用是指企业在日常活动中发生的、会导致所有者权益减少的、与向所有者分配利润无关的经济利益的总流出。根据费用的定义，费用应具有以下特征：

(1)费用是企业在日常活动中形成的

费用必须是企业在其日常活动中所形成的，这些日常活动的界定与收入定义中涉及的日常活动的界定相一致。因日常活动所产生的费用通常包括销售成本(营业成本)、管理费用等。将费用界定为日常活动所形成的，目的是为了将其与损失相区分，企业非日常活动所形成的经济利益的流出不能确认为费用，而应当计入损失。

(2)费用会导致所有者权益的减少

与费用相关的经济利益的流出会导致所有者权益的减少，不会导致所有者权益减少的经济利益的流出不符合费用的定义，不应确认为费用。

(3)费用是与向所有者分配利润无关的经济利益的总流出

费用的发生会导致经济利益的流出，从而导致资产的减少或者负债的增加(最终也会导致资产的减少)。其表现形式包括现金或者现金等价物的流出，存货、固定资产和无形资产等的流出或者消耗。鉴于企业向所有者分配利润也会导致经济利益的流出，而该经济利益的流出显然属于所有者权益的抵减项目，不应确认为费用，应当将其排除在费用的定义之外。

费用的确认应当符合以下条件：一是与费用相关的经济利益应当很可能流出企业，二是经济利益流出企业的结果会导致资产的减少或者负债的增加，三是经济利益的流出额能够可靠计量。

2. 费用的构成

费用包括两方面的内容，即成本和费用。

(1)成本，是指企业为生产产品、提供劳务而发生的各种耗费，包括为生产产品、提供劳务而发生的直接材料费用、直接人工费用和各种间接费用。

(2)费用，是指企业在日常活动中发生的营业税费、期间费用和资产减值损失等。

营业税费也称销售税金，是指企业营业活动中根据销售收入确定的应当负担的各种税费，如消费税、城市维护建设税和教育费附加等，会计上把这部分内容核算在“营业税金及附加”科目中。

期间费用，是指企业本期发生的、不能直接或间接归入营业成本，而是直接计入当期损益的各项费用，包括销售费用、管理费用和财务费用等。

销售费用，是指企业在销售商品和提供劳务等过程中发生的费用，包括由企业负担的包装费、运输费、广告费、装卸费、保险费、委托代销手续费、展览费、销售部门人员工资、职工福利费、差旅费、办公费、折旧费、修理费、物料消耗、低值易耗品摊销以及其他经营费用等。

管理费用，是指企业行政管理部门为组织和管理生产经营活动而发生的各项费用，包括工会经费、职工教育经费、业务招待费、税金、技术转让费、无形资产摊销、咨询费、诉讼费、开办费摊销、公司经费、上缴上级管理费、劳动保险费、待业保险费、董事会会费以及其他管理费用。

财务费用，是指企业在生产经营过程中为筹集资金而发生的各项费用，包括企业生产经营期间发生的利息支出(减利息收入)、汇兑净损失、金融机构手续费，以及筹资发生的其他财务费用，如债券印刷费、国外借款担保费等。但在企业筹建期间发生的利息支出，应计入开办费；与购建固定资产或者无形资产有关的，在资产尚未交付使用或者虽已交付使用但尚未办理竣工决算之前的利息支出，计入购建资产的价值；清算期间发生的利息支出，计入清算损益。

资产减值损失，是指企业计提的坏账准备、存货跌价准备和固定资产减值准备等所形成的损失。

费用与成本既有联系又有区别。费用是与期间联系在一起的，而成本是与产品相联系的；成本一般有实物承担者，而费用一般没有实物承担者。但两者都反映资金耗费，都意味着企业经济利益的减少，也都是由过去发生的经济活动引起或形成的。

上面所定义的费用只是狭义的概念。广义的费用还包括直接计入当期利润的损失和所得税费用。直接计入当期利润的损失即为营业外支出，是指企业发生的与其生产经营活动无直接关系的各项支出，包括固定资产盘亏、处置固定资产净损失、罚款支出、捐赠支出和非常损失等。所得税费用是指企业按《企业所得税法》的规定向国家缴纳的所得税。

2.1.3.6 利润

1. 利润的特征

利润是指企业在一定会计期间的经营成果。通常情况下，如果企业实现了利润，表明企业的所有者权益将增加，业绩得到提升；反之，如果企业发生了亏损（即利润为负数），表明企业的所有者权益将减少，业绩下滑。利润往往是评价企业管理层业绩的一项重要指标，也是投资者等财务会计报告使用者进行决策时的重要参考。利润的实现会相应地表现为资产的增加或负债的减少，其结果是所有者权益的增值。

利润反映的是收入减去费用、利得减去损失后的净额。因此，利润的确认主要依赖于收入和费用以及利得和损失的确认，其金额的确定也主要取决于收入、费用、利得、损失金额的计量。

2. 利润的构成

利润具体是指营业利润、利润总额和净利润。

营业利润，是指企业在销售商品、提供劳务等日常活动中所产生的利润，其内容为主营业务利润和其他业务利润扣除期间费用之后的余额。其中，主营业务利润等于主营业务收入减去主营业务成本和主营业务应负担的流转税，通常称为毛利。其他业务利润是其他业务收入减去其他业务支出后的差额。

利润总额，是指营业利润加上营业外收入、减去营业外支出后的金额。

净利润，是指在利润总额中按规定缴纳了所得税后公司的利润留成，一般称为税后利润或净收入。

重要知识 会计六要素

资产是指过去的交易、事项形成并由企业拥有或者控制的、预期会给企业带来经济利益的资源。

负债是指企业过去的交易或事项形成的、预期会导致经济利益流出企业的现时义务。

所有者权益是指企业资产扣除负债后由所有者享有的剩余权益。

收入是指企业在日常活动中形成的、会导致所有者权益增加的、与所有者投入资本无关的经济利益的总流入。

费用是指企业在日常活动中发生的、会导致所有者权益减少的、与向所有者分配利润无关的经济利益的总流出。

利润是指企业在一定会计期间的经营成果。

2.2 会计等式

会计等式也叫会计平衡公式，是指表明各会计要素之间基本关系的恒等式。会计对象可以概括为资金运动，具体表现为每发生一笔经济业务，都是资金运动的一个过程。每一个资金运动过程必然涉及相应的会计要素，从而使资金运动中涉及的会计要素之间存在一定的相互联系。会计要素之间的这种内在关系，可以通过会计平衡等式表现出来，这种平衡等式就是会计等式。

2.2.1 基本会计等式

企业经营需要一定的资金。一方面，企业从不同渠道获得资金，将资金运用于经营所需的各种经济资源上，这些经济资源在会计上表现为资产；另一方面，作为资金的提供者拥有对这些经济资源的要求权，即权益。资产和权益分别从运用和来源两个角度描述了企业经营需用的资金，所以企业在某一特定日期的资产总额一定等于权益总额，即：

资产＝权益

企业一般从两个渠道获得经营所用的资金：企业所有者的投入资金和企业举债所得的资金。前者形成所有者对企业的要求权，即所有者权益；后者形成债权人对企业的要求权，即债权人权益，在会计上称为负债。所以，权益由所有者权益和债权人权益(负债)构成。在某一特定日期的资产总额就等于负债总额与所有者权益之和，即：

资产＝负债＋所有者权益

由于在各个时点上等式都成立，所以会计等式是恒等式。这一等式是最基本的会计等式，也称静态会计等式、存量会计等式，既表明某一会计主体在某一特定时点所拥有的资产，同时也表明这些资产的归属关系。它是设置账户、复式记账以及编制资产负债表等会计方法的理论依据，在会计核算体系中有着举足轻重的地位。

重要知识　基本会计等式

资产＝权益

资产＝负债＋所有者权益

2.2.2 经济业务对会计等式的影响

［**例2—1**］　假设大华公司在201×年3月31日有关资产总计为4 000万元，其中负债为363万元，所有者权益为3 637万元，见表2—1。

表2—1　　**资产负债表(简表)**

编制单位：大华公司　　单位：元

资　产	金　额	负债及所有者权益	金　额
库存现金	2 000	短期借款	1 000 000
银行存款	200 000	应付账款	500 000
应收票据	100 000	应交税费	100 000
应收账款	650 000	应付职工薪酬	30 000

续表

资　产	金　额	负债及所有者权益	金　额
原材料	160 000	长期借款	2 000 000
库存商品	400 000	实收资本	27 870 000
长期股权投资	18 488 000	资本公积	8 000 000
固定资产	20 000 000	盈余公积	500 000
合　计	40 000 000	合　计	40 000 000

大华公司在201×年4月份发生如下经济业务，试分析经济业务对会计等式的影响：

(1)4月5日，接受所有者追加投入资本100 000元，款项已存入银行。

这项经济业务，所有者追加投入资本100 000元，使所有者权益中的实收资本增加100 000元；同时款项存入银行，又使资产中的银行存款增加100 000元，导致会计等式左右两边以相等的金额增加，因而不改变会计等式的平衡关系。

(2)4月5日，以存款100 000元归还供应单位的货款。

这项经济业务，一方面资产中的银行存款减少了100 000元，另一方面使企业承担的负债中的应付账款也减少了100 000元。以资产偿还债务，导致资产和负债以同等金额减少。会计等式左右两边以相等金额减少，因此不改变会计等式的平衡关系。

(3)4月8日，购入设备一台，价款50 000元，以银行存款支付，设备已交付使用。

这项经济业务，一方面资产中的银行存款减少了50 000元，另一方面使资产中的固定资产增加了50 000元。这说明以存款购买设备，会使资产内部一个增加、一个减少。由于资产内部项目此增彼减，增减金额相等，资产总额不变，因此不改变会计等式的平衡关系。

(4)4月10日，收回应收账款30 000元，存入银行。

这项经济业务，一方面资产中的银行存款增加了30 000元，另一方面使资产中的应收账款减少30 000元。这说明收回债权，会使资产内部一个增加、一个减少。由于资产内部项目此增彼减，增减金额相等，资产总额不变，因此不改变会计等式的平衡关系。

(5)4月15日，大华公司应付给新新公司的购料款100 000元，经双方协商同意转作新新公司对大华公司的投资。

这项经济业务，一方面负债中的应付账款减少了100 000元，另一方面使所有者权益中的实收资本增加了100 000元。由于负债减少，所有者权益增加，增减金额相等，负债与所有者权益总额不变，因此不改变会计等式的平衡关系。

(6)4月25日，向银行借入短期款项200 000元，款项已存入银行。

这项经济业务，一方面资产中的银行存款增加了200 000元，另一方面使负债中的短期借款增加了200 000元。由于会计等式左右两边的资产和负债增加相同金额，因此不改变会计等式的平衡关系。

(7)4月30日，大华公司将1 000 000元的资本公积转增资本。

这项经济业务，一方面使所有者权益中的实收资本增加了1 000 000元，另一方面使所有者权益中的资本公积减少了1 000 000元，导致所有者权益内部项目此增彼减，增减金额相等，所有者权益金额不变，负债和所有者权益总额也不变，因此不改变会计等式的平衡关系。

这些经济业务发生以后，引起了资产、负债和所有者权益的增减变化，出现了新的平衡关系，如表2—2所示。

表2—2 **资产负债表(简表)**

编制单位:大华公司 单位:元

资　产	金　额	负债及所有者权益	金　额
库存现金	2 000	短期借款	1 200 000
银行存款	380 000	应付账款	300 000
应收票据	100 000	应交税费	100 000
应收账款	620 000	应付职工薪酬	30 000
原材料	160 000	长期借款	2 000 000
库存商品	400 000	实收资本	29 070 000
长期股权投资	18 488 000	资本公积	7 000 000
固定资产	20 050 000	盈余公积	500 000
合　计	40 200 000	合　计	40 200 000

由上可知，企业发生的经济业务会引起有关会计要素发生增减变动，或者是会计等式左右两边同时增加，或者是会计等式左右两边同时减少，或者是会计等式左边(资产)内部项目发生增减变动，或者是会计等式右边(负债和所有者权益)内部项目发生增减变动。这些变化最终都不会改变会计等式的平衡关系。

企业发生多种多样的经济业务，归纳起来，不外乎以下四种类型：

类型Ⅰ:经济业务的发生引起会计等式左右两边金额同时增加，由于两边增加金额相同，故变动后的左右两边仍保持平衡关系。

类型Ⅱ:经济业务的发生引起会计等式左右两边金额同时减少，由于两边减少金额相同，故变动后的左右两边仍保持平衡关系。

类型Ⅲ:经济业务的发生引起会计等式左边即资产内部项目此增彼减，由于增减金额相同，变动后资产总额不变，故左右两边仍保持平衡关系。

类型Ⅳ:经济业务的发生引起会计等式右边即负债和所有者权益内部项目此增彼减，由于增减金额相同，变动后负债和所有者权益总额不变，故左右两边仍保持平衡关系。

还可以将以上四种类型的经济业务进一步具体化，分为九种典型情况，通过表2—3进行归纳。

表2—3 **经济业务与会计等式的关系**

经济业务	典型情况	资产 =	负债 +	所有者权益
类型Ⅰ	1	增加	增加	
	2	增加		增加
类型Ⅱ	3	减少	减少	
	4	减少		减少

续表

经济业务	典型情况	资产 =	负债 +	所有者权益
类型Ⅲ	5	增加　减少		
类型Ⅳ	6		增加　减少	
	7			增加　减少
	8		增加	减少
	9		减少	增加

2.2.3　扩展会计等式

企业的目标是从生产经营活动中获取收入，实现盈利。企业在取得收入的同时，必定发生相应的费用。将一定期间的收入与费用相比较，收入大于费用的差额为利润，反之为亏损。因此，收入、费用和利润三个会计要素之间的关系可以用公式表示为：

收入－费用＝利润

这一等式称为增量会计等式，反映了企业某一时期收入、费用和利润的恒等关系，表明了企业在某一会计期间所取得的经营成果，是编制利润表的理论依据。

随着企业生产经营活动的进行，在某一会计期间，一方面企业取得收入，导致企业资产的增加或者负债的减少，最终导致所有者权益的增加；另一方面企业发生费用，导致企业资产的减少或负债的增加，最终导致所有者权益的减少。收入和费用其实就是所有者权益的组成部分。如果考虑收入、费用和利润这三个会计要素，则基本会计等式演变为：

资产＝负债＋所有者权益＋(收入－费用)

＝负债＋所有者权益＋利润

这一等式被称为扩展会计等式。下面考察企业会计事项的发生对会计等式的影响：

(1)企业收入的取得，或者表现为资产要素和收入要素同时、同等金额的增加，或者表现为收入要素的增加和负债要素同等金额的减少，结果是等式仍然保持平衡。

(2)企业发生的费用，或者表现为负债要素和费用要素同时、同等金额的增加，或者表现为费用要素的增加和资产要素同等金额的减少，结果是等式仍然保持平衡。

(3)在会计期末，将收入与费用相减，得出企业的利润。利润在按规定程序进行分配以后，留存企业的部分转化为所有者权益的增加(或减少)，同时，要么是资产要素相应增加(或减少)，要么是负债要素相应减少(或增加)，结果是等式仍然保持平衡。

以上分析说明，资产、负债、所有者权益、收入、费用和利润这六大会计要素之间存在一种恒等关系。会计等式反映了这种恒等关系，因此它始终成立。任何会计事项的发生都不会破坏会计等式的平衡关系。

小思考

经济业务发生影响会计等式各要素变化，其变化后最终得出什么结论？

学习小结

会计对象界定了会计核算范围,但还不具体,在会计对象基础上按经济活动的内容分为资产、负债、所有者权益、收入、费用和利润六大会计要素。前三个要素反映了企业一定时点的财务状况,同时也构成了会计静态等式,是编制资产负债表的基础;后三个要素反映了企业一定会计期间的经营成果,同时也构成了会计动态等式,是编制利润表的基础。通过会计等式判断不同的经济业务对会计等式的影响,为学习复式记账打下基础。

【关键词汇】

会计要素　资产　负债　所有者权益　收入　费用　利润　会计等式

【综合练习】

一、单项选择题

1. 企业月初资产总额为 300 万元,本月发生下列业务:(1)赊购材料 10 万元;(2)用银行存款偿还短期借款 20 万元;(3)收到购货单位偿还的欠款 15 万元并存入银行。该企业月末资产总额为(　　)万元。

A. 310　　B. 290　　C. 295　　D. 305

2. 反映企业经营成果的会计要素是(　　)。

A. 资产　　B. 利润　　C. 负债　　D. 所有者权益

3. 下列项目中,属于所有者权益的是(　　)。

A. 股票投资　　B. 债券投资　　C. 盈余公积　　D. 应付债券

4. 企业向银行借款 500 万元,直接用于偿还前欠外单位货款,这项业务引起本企业(　　)。

A. 资产增加 500 万元　　B. 负债增加 500 万元

C. 资产与负债同时增加 500 万元　　D. 负债总额保持不变

5. 下列项目中,引起资产和负债同时减少的经济业务是(　　)。

A. 以银行存款偿还前欠外单位货款

B. 购买一批材料,货款尚未支付

C. 收到投资者投入的资本,存入银行

D. 向银行借入长期借款,偿还应付账款

6. 某企业资产月初总额是 120 万元,本月发生 4 笔经济业务:

业务 1:向银行借入 10 万元,存入银行存款户;

业务 2:购进原材料 1 万元,以银行存款支付;

业务 3:收回应收账款 3 万元,存入银行;

业务 4:用银行存款偿还应付账款 4 万元。

其资产总额月末为(　　)万元。

A. 128　　B. 130　　C. 126　　D. 132

7. 下列各项中,属于负债项目的是(　　)。

A. 投资收益　　B. 预付账款　　C. 盈余公积　　D. 预收账款

8. 下列各项中,不属于期间费用的是(　　)。

A. 制造费用　　B. 管理费用　　C. 财务费用　　D. 销售费用

9. 某企业资产总额为 100 万元,当发生下列经济业务后:(1)向银行借入 10 万元存入银行;(2)用银行存款偿还应付账款 5 万元;(3)收回应收账款 2 万元存入银行,其权益总计为(　　)万元。

A. 107　　B. 105　　C. 117　　D. 103

10. 银行将短期借款 100 000 元转为对本公司的投资,则本公司的(　　)。

A. 负债减少,资产增加　　B. 资产减少,所有者权益增加

C. 负债减少,所有者权益增加　　D. 所有者权益内部一增一减

11. 假如某企业固定资产本期期初余额为 5 600 元,本期期末余额为 5 700 元,本期减少发生额为 800 元,则该企业固定资产本期增加发生额为(　　)元。

A. 700　　B. 10 500　　C. 900　　D. 12 100

12. 下列经济业务中,不会引起资产总额发生增减变化的是(　　)。

A. 接受投资者投资,款项存入银行　　B. 用银行借款偿还应付账款

C. 用银行存款偿还应付账款　　D. 采购材料入库

13. 下列各项中,反映企业财务状况的会计要素是(　　)。

A. 收入　　B. 利润　　C. 负债　　D. 费用

14. 收入主要包括主营业务收入和(　　)。

A. 其他业务收入　　B. 投资收益　　C. 营业外收入　　D. 补贴收入

15. 下列各项中,不属于收入要素内容的是(　　)。

A. 销售商品取得的收入　　B. 提供劳务取得的收入

C. 出租固定资产取得的收入　　D. 职工罚款收入

16. 期末对库存材料应采用(　　)进行会计计量。

A. 历史成本　　B. 可变现净值　　C. 公允价值　　D. 重置成本

17. 某企业月初权益总额为 80 万元,假定本月仅发生一笔以银行存款 10 万元偿还银行借款的经济业务,则该企业月末资产总额为(　　)万元。

A. 80　　B. 90　　C. 100　　D. 70

18. 下列各项中,属于固定资产的是(　　)。

A. 为生产产品所使用的机床　　B. 正在生产中的机床

C. 已生产完工验收入库的机床　　D. 已购入但尚未安装完毕的机床

19. 下列等式中,是会计基本等式的是(　　)。

A. 资产=负债+所有者权益

B. 收入-费用=利润

C. 资产=负债+所有者权益+收入-费用

D. 资产+费用=负债+所有者权益+收入

20. 下列科目中,属于损益类的是(　　)。

A. 制造费用　　B. 本年利润　　C. 利润分配　　D. 营业税金及附加

二、多项选择题

1. 下列各项中，属于企业流动负债的有(　　)。

A. 短期借款　　B. 应付职工薪酬　　C. 应付债券　　D. 应交税费

2. 企业购进材料200万元，以银行存款支付100万元，其余100万元暂欠。这项业务引起(　　)。

A. 资产增加200万元　　B. 负债增加100万元

C. 资产增加100万元　　D. 负债增加200万元

3. 在借贷记账法下，经济业务无论怎样复杂，均可概括为以下几类(　　)。

A. 权益内部有增有减，总额不变　　B. 资产与权益同时增加，总额不变

C. 资产内部有增有减，总额不变　　D. 资产与权益同时减少，总额不变

4. 下列关于“短期借款”账户的说法中，正确的有(　　)。

A. 属于负债类账户

B. 借方登记偿还借款的本金数额

C. 贷方登记取得借款的本金数额

D. 期末借方余额表示尚未偿还的借款本金数额

5. 下列各项中，属于所有者权益项目的有(　　)。

A. 盈余公积　　B. 未分配利润　　C. 所得税费用　　D. 资本公积

6. 下列关于会计等式的选项中，正确的有(　　)。

A. 本期借方发生额合计=本期贷方发生额合计

B. 本期借方余额合计=本期贷方余额合计

C. 资产=负债+所有者权益

D. 收入-费用=利润

7. 下列经济业务中，引起会计等式左边会计要素变动的有(　　)。

A. 购买材料800元，款项尚未支付

B. 购买机器一台，以银行存款支付100 000元货款

C. 从银行提取现金500元

D. 接收投资200 000元，款项存入银行

8. 下列各项经济业务中，会使企业资产总额和负债总额同时减少的有(　　)。

A. 用现金支付职工工资

B. 从某企业购买材料一批，货款未付

C. 将资本公积转增资本

D. 用银行存款偿还所欠货款

9. 下列各项中，影响利润金额计算的有(　　)。

A. 收入　　B. 费用

C. 资产　　D. 直接计入当期损益的利得和损失

10. 下列各项经济业务中，能引起资产和所有者权益同时增加的有(　　)。

A. 收到国家投资存入银行　　B. 提取盈余公积

C. 收到外单位投入设备一台　　D. 将资本公积转增资本

三、判断题

1. 资产是企业拥有或控制的具有实物形态的经济资源，该资源预期会给企业带来经济利益。（ ）

2. 所有者权益是企业投资者对企业资产的所有权。（ ）

3. 会计基本等式所体现的平衡关系是设置账户、进行复式记账和编制会计报表的理论依据。（ ）

4. 商品销售收入和营业外收入均属于收入要素的内容。（ ）

5. 收入、费用和利润三项会计要素表现相对静止状态的资金运动，即反映企业的财务状况。（ ）

6. 权益就是所有者权益。（ ）

7. 企业在经营过程中产生的所有经济利益来源都可以称为收入。（ ）

8. 企业采用权责发生制和收付实现制计算的损益是相同的。（ ）

9. 应付账款和预收账款都是企业负债要素。（ ）

10. 会计要素中既有反映财务状况的要素，又有反映经营成果的要素。（ ）

四、业务题

(一)练习对静态会计要素的确认，对下表中的经济内容进行判断并归类

序号	经济业务	资产	负债	所有者权益
1	从银行取得的短期借款			
2	办公大楼			
3	机器设备			
4	前欠供货方货款			
5	库存的材料			
6	尚未发放的职工工资			
7	本月实现的利润			
8	银行所存款项			
9	对外长期投资			
10	所有者投入资本			
11	应收买方的货款			
12	尚未缴纳的税费			
13	委托加工的材料			
14	尚未完工的在产品			
15	房屋及建筑物			

(二)说明下列经济业务对会计等式的影响

1. 从银行提取现金 1 000 元。

2. 收到投资者投入的设备，估价40 000元。
3. 从银行借入款项10万元并存入银行。
4. 用存款20 000元购买材料。
5. 用资本公积10 000元转增资本。
6. 到期无法支付的商业票据30 000元转为应付款。

参考答案

一、单项选择题

1. B　2. B　3. C　4. D　5. A　6. C　7. D　8. A　9. B　10. C
11. C　12. B　13. C　14. A　15. D　16. B　17. D　18. A　19. A　20. D

二、多项选择题

1. ABD　2. BC　3. ABCD　4. ABC　5. ABD　6. CD
7. AD　8. AD　9. ABD　10. AC

三、判断题

1. ×　2. ×　3. √　4. ×　5. ×　6. ×　7. ×　8. ×　9. √　10. √

四、业务题（略）

任务三　认知会计科目、账户及复式记账原理

【知识体系】

会计科目 {会计科目的含义；会计科目的分类}

账户 {账户的含义；账户的简易结构}

复式记账法 {复式记账法的含义；复式记账法的种类}

借贷记账法 {借贷记账法的含义；借贷记账法的记账规则；借贷记账法下的账户结构；会计分录的编制；借贷记账法的试算平衡}

【学习目标】

(1)理解会计科目的含义,掌握会计科目的分类;

(2)理解账户的含义及其结构;

(3)掌握复式记账法的含义及种类;

(4)理解借贷记账法的含义;

(5)掌握借贷记账法的记账规则;

(6)掌握借贷记账法下的账户结构;

(7)学会编制会计分录;

(8)学会编制试算平衡表;

【情境导入】

赵同学在学习了会计要素后,思考以下问题:企业在运营过程中涉及资金运动,在会计核算时是否可以只按照会计六大要素进行核算,比如购买材料涉及银行存款减少和原材料增加,都是资产类,在核算时是否只计资产一增一减? 这样记账能否满足会计信息使用者的需要? 会计要素是否需要进一步细化? 会计各要素变化通过什么途径反映? 其变化结果如何体现?

3.1 会计科目

3.1.1 会计科目的含义

由于会计要素反映的经济内容有很大不同，在经营管理中当然也会有不同的要求，在会计核算中除了要按照各个会计要素的不同特点，还应根据经济管理的要求进行分类别、分项目的核算。因此，为了系统、全面、连续、分类地核算和监督企业的经济活动，为了正确反映各会计要素的增减变动进而确认、计量、记录和报告全部经济业务，必须对会计要素的具体内容做进一步细分。

按照经济业务的内容和经济管理的要求，对会计要素的具体内容进行分类核算的项目，称为会计科目。

如任务二所述，经济业务的发生会引起会计要素发生增减变动，而在实际工作中核算会计要素的增减变动情况，是通过设置会计科目和账户的方法进行的。例如，为了核算和监督各项资产的增减变动，需设置“库存现金”“银行存款” “应收账款”“原材料”“固定资产”等科目；为了核算和监督负债的增减变动，需设置“短期借款”“应付账款” “应交税费” “应付职工薪酬”“应付债券”等科目；为了核算和监督所有者权益的增减变动，需设置“实收资本”“资本公积”“盈余公积”等科目；为了核算和监督收入的增减变动，需设置“主营业务收入” “其他业务收入” “投资收益”等科目；为了核算和监督费用的增减变动，需设置“主营业务成本”“其他业务成本”“管理费用”“财务费用”等科目；为了核算和监督利润的增减变动，需设置“本年利润”“利润分配”等科目。

每一个会计科目都有一定的名称，反映特定的经济内容。例如，把企业因销售商品、提供劳务等经营活动应收取的款项归为一类，设置“应收账款”科目；把企业的机器设备、房屋、建筑物等使用时间较长、价值较大的劳动资料归为一类，设置“固定资产”科目。

在会计核算的各方法中，设置会计科目占有重要位置。它决定着账户开设、报表结构设计，是一种基本的会计核算方法。通过设置会计科目，可以对错综复杂的经济业务进行科学的分类，能够为正确组织会计核算提供条件，把价值形式的综合核算和财产物资的实物核算有机结合起来，从而有效地细化会计要素。

重要知识　会计科目的含义

会计科目就是按照经济业务的内容和经济管理的要求，对会计要素的具体内容进行分类核算的项目。

3.1.2 会计科目的设置原则

在实际工作中，会计科目是通过会计制度预先规定的，它是设置账户、处理账务所必须遵循的规则和依据，是正确组织会计核算的依据。在设置会计科目时应遵循以下原则：

1. 全面性原则

会计科目作为对会计要素具体内容进行分类核算的项目，其设置应能保证对各会计要素进行全面的反映，形成一个完整、科学的体系。具体来说，应该包括资产、负债、所有者权益、收入、费用和利润的若干会计科目，不能有任何漏洞，要覆盖全部核算内容。而且，每一个会计科目都应有特定的核算内容，要有明确的含义和界限。各个会计科目之间既要有一定的联系，又要各自独立，不能交叉重叠，不能含糊不清，共同构成一个完整的体系。另外，会计科目的设置，除了设置各行各业通用的会计科目外，还必须反映会计对象的特点，根据会计对象具体内容的特点设置相应的会计科目，不能千篇一律。例如，工业企业的主要经济活动是制造工业产品，故应设置反映生产耗费和生产成果的会计科目，如“生产成本”“制造费用”等科目。

2. 简要性原则

会计核算的目标就是向各方使用者提供有用的会计信息，以满足他们的判断、决策需要。

一方面，会计科目的名称要明了，能代表经济业务的主要特点，使人易懂；另一方面，不同的信息使用者(如国家宏观调控部门、企业内部管理部门、投资者、债权人、公众等)对会计信息的需求不尽相同，会计科目设置还要兼顾不同信息使用者的需要。也就是说，会计科目设置应简单明了、通俗易懂，要突出重点，对不重要的信息要合并或删减，要尽量使报表阅读者一目了然，易于理解。同时，要考虑会计信息化的要求，对会计科目进行分类、编号，方便计算机操作。

3. 稳定性原则

为了保证会计信息的连贯性、可比性，便于不同时期、不同行业间会计核算指标的分析和比较，提高会计信息的有效性，会计科目的设置应在一定时期内保持稳定，不宜经常变更。值得注意的是，强调会计科目的稳定性，并非要求会计科目绝对不能变更，当会计环境发生变化时，会计科目也应随之做相应的调整，以及时、全面地反映经济活动。

4. 统一性和灵活性兼顾原则

为了适应国家宏观管理的需要，保证对外提供会计信息指标口径的一致性和可比性，财政部根据《企业会计准则》制定了统一的《企业会计制度》。会计制度中相应规定了统一的会计科目名称，并对每一会计科目的使用做了详细的说明。统一性就是要求企业设置会计科目时，应根据提供会计信息的要求，对一些主要会计科目的设置及核算内容应保证与《企业会计制度》的规定相一致。灵活性是指在不影响会计核算要求和会计报表指标汇总以及对外提供统一的财务会计报告的前提下，企业可以根据本单位的具体情况、行业特征和业务特点，对统一规定的会计科目做必要的增设、删减或合并，有针对性地设置会计科目。设置会计科目时将统一性与灵活性相结合，实际上就是使企业提供的会计信息更加符合会计信息使用者的需要，即保证会计信息的有用性。

5. 符合经济管理的要求

企业设置会计科目时，首先，要符合国家宏观经济管理的要求，据此来划分经济业务的类别，设定分类的标志；其次，应考虑包括投资者在内的其他有关方面对企业经营情况了解的要求；再次，还应符合企业自身经济管理的要求，为企业经营预测、决策及管理提供所需信息。

3.1.3 会计科目表

会计科目是会计制度的重要组成部分，它是对会计要素的内容按照经济管理的要求进行具体分类核算和监督的项目，是编制会计凭证、设置账簿、编制财务报表的依据。

会计科目表(见表3—1)和会计科目使用说明是会计科目设计的最终成果。会计科目表的作用是帮助会计人员全面掌握和正确运用会计科目,规范账户的开设和会计分录的编制。

表3—1 **会计科目表**

编号	会计科目	编号	会计科目
	一、资产类	2203	预收账款
1001	库存现金	2211	应付职工薪酬
1002	银行存款	2221	应交税费
1012	其他货币资金	2231	应付利息
1101	交易性金融资产	2232	应付股利
1121	应收票据	2241	其他应付款
1122	应收账款	2501	长期借款
1123	预付账款	2502	应付债券
1131	应收股利	2801	预计负债
1132	应收利息	2901	递延所得税负债
1221	其他应收款		三、共同类
1231	坏账准备	3001	清算资金往来
1401	材料采购	3002	外汇买卖
1402	在途物资	3101	衍生工具
1403	原材料	3201	套期工具
1404	材料成本差异	3202	被套期项目
1405	库存商品		四、所有者权益类
1408	委托加工物资	4001	实收资本
1411	周转材料	4002	资本公积
1471	存货跌价准备	4101	盈余公积
1501	持有至到期投资	4103	本年利润
1502	持有至到期投资减值准备	4104	利润分配
1503	可供出售金融资产		五、成本类
1511	长期股权投资	5001	生产成本
1512	长期股权投资减值准备	5101	制造费用
1521	投资性房地产	5201	劳务成本
1601	固定资产		六、损益类
1602	累计折旧	6001	主营业务收入
1603	固定资产减值准备	6051	其他业务收入

续表

编号	会计科目	编号	会计科目
1604	在建工程	6101	公允价值变动损益
1605	工程物资	6111	投资收益
1606	固定资产清理	6301	营业外收入
1701	无形资产	6401	主营业务成本
1702	累计摊销	6402	其他业务成本
1703	无形资产减值准备	6403	营业税金及附加
1711	商誉	6601	销售费用
1801	长期待摊费用	6602	管理费用
1901	待处理财产损溢	6603	财务费用
	二、负债类	6701	资产减值损失
2001	短期借款	6711	营业外支出
2201	应付票据	6801	所得税费用
2202	应付账款	6901	以前年度损益调整

会计科目表的设计主要是解决会计科目的名称确定、分类排列、科目编号的问题。资产类科目基本上是按照其流动性快慢排列的，负债类科目基本上是按照其偿还期限的短长排列的，所有者权益类科目是按照其永久性程度高低排列的，成本及损益类科目是按照类别及重要性程度大小排列的。

3.1.4 会计科目的分类

1. 会计科目按其反映的经济内容分类

我国《企业会计准则》将会计科目按其反映的经济内容不同，分为资产类、负债类、共同类、所有者权益类、成本类和损益类六大类(见表 3—1)。

(1)资产类科目

资产类科目按照资产的流动性和经营管理的需要，又分为反映流动资产的科目和反映非流动资产的科目。流动资产科目包括“库存现金”“原材料”“应收账款”等；非流动资产科目包括“固定资产”“无形资产”等。

(2)负债类科目

负债类科目按照负债偿还的期限划分，又分为反映流动负债的科目和反映非流动负债的科目。流动负债的科目包括“短期借款”“应交税费”“应付账款”等；非流动负债的科目包括“长期借款”“应付债券”等。

(3)共同类科目

共同类科目多为金融、保险、投资、基金等公司使用。目前《企业会计准则》规定的“共同类”有五个科目：“清算资金往来”“外汇买卖”“衍生工具”“套期工具”和“被套期项目”。

(4)所有者权益科目

所有者权益科目按照所有者权益的来源划分，又分为反映投入资本的科目、反映从利润中提取资金的科目和反映未分配利润的科目。反映投入资本的科目包括“实收资本”“资本公积”，反映从利润中提取资金的科目包括“盈余公积”，反映未分配利润的科目包括“利润分配”。

(5)成本类科目

成本类科目是对企业生产产品、提供劳务的成本进行归集的科目，包括“生产成本”“劳务成本”“制造费用”等。

(6)损益类科目

按照利润的形成来源或者构成情况，将损益类科目分为反映经营损益的科目、反映期间费用的科目、反映利得和损失的科目。反映经营损益的科目包括“主营业务收入”“主营业务成本”“其他业务收入”“其他业务成本”等；反映期间费用的科目包括“管理费用”“销售费用”“财务费用”等；反映利得和损失的科目包括“营业外收入”“营业外支出”等。

2. 会计科目按其提供核算指标的详细程度分类

会计科目按其提供核算指标的详细程度，可以分为总分类科目和明细分类科目。

(1)总分类科目

总分类科目又称一级科目，是指对会计要素的具体内容进行总括分类的项目，包括“应收账款”“应付账款”“原材料”“固定资产”“实收资本”等。

(2)明细分类科目

明细分类科目是指根据核算与管理的需要对某些会计科目所做的进一步分类的项目，它是对总分类科目做进一步分类、提供更详细更具体会计信息的科目，是对总分类科目的具体化和详细说明，如“管理费用”下可设差旅费、办公费、招待费、工会经费等明细科目。

明细科目按照其分类的详细程度不同，又可分为子目和细目。子目又称二级科目，是介于总分类科目和明细科目之间的科目，它提供的核算资料比总分类科目详细，但比细目提供的资料简略；细目又称三级科目，是对某些二级科目做进一步的分类，详见表3－2。

表3－2　会计科目按提供指标详细程度不同的分类

总分类科目(一级科目)	明细分类科目	
	二级科目(子目)	明细科目(细目、三级科目)
原材料	原料及主要材料	圆钢
		生铁
	辅助材料	润滑油
		防锈剂
	燃料	汽油
		柴油
生产成本	第一车间	甲产品
		乙产品
	第二车间	丙产品
		丁产品

(3)总分类科目与明细科目的关系

总分类科目概括反映会计对象的具体内容,明细分类科目详细反映会计对象的具体内容;总分类科目对明细分类科目具有控制作用,明细分类科目是对总分类科目的补充和说明。

3.2　账　户

3.2.1　设置账户的意义

设置会计科目、对会计对象进一步划分类别并规定名称是必要的,但要全面、连续、系统地记录和反映各项经济业务引起的会计要素的增减变动情况,提供各种信息,还必须在分类的基础上借助于具体的形式和方法,这就是开设和运用账户。

账户是根据会计科目设置的。账户是对各种经济业务进行分类和系统、连续的记录,反映会计要素增减变动及其结果的记账实体。账户依据会计科目来开设,具有一定的结构和格式。会计科目的名称就是账户的名称,会计科目规定的核算内容就是账户应记录、反映的经济内容。

但是,会计科目与账户在理论上是有区别的。两者的共同点是:都是对会计要素具体内容所做的分类,都是分门别类地反映某一项经济业务内容,而且反映的口径一致。会计科目与账户的不同点是:会计科目只是对会计对象具体内容进行分类的标志,本身没有结构,只是某个类别的名称。而账户除了表明相同的经济内容外,还有一定的格式和结构,用于连续、系统地反映会计要素具体内容的增减变动及其结果。账户根据会计科目设置,并按照会计科目命名,以会计科目作为它的名称(见表3—3)。

表3—3　　会计科目与账户的关系

联系	会计科目和账户都是对会计要素具体内容所做的分类,反映经济内容的口径一致、性质相同。账户是根据会计科目设置的。没有会计科目,账户便失去了设置的依据;没有账户,就无法发挥会计科目的作用。
区别	会计科目仅仅是名称,不存在结构与记账方向的问题,而账户是既有名称又有结构的,即具有一定的格式,能连续、系统地记录交易或事项引起某会计要素具体项目的增减变动情况及其结果。

重要知识　账户的含义

账户是根据会计科目设置的。账户是对各种经济业务进行分类和系统、连续的记录,反映会计要素增减变动及其结果的记账实体。

在实际工作中,设置账户也与设置会计科目一样,分总分类账户和明细分类账户。总分类账户是按总分类科目开设的,提供的是总括核算指标,对明细分类账户起控制和统驭作用,一般只用货币计量;明细分类账户是按明细分类科目开设的,提供的是明细核算指标,对总分类账户起补充说明作用,除采用货币度量外,有时采用实物度量作为其辅助计量。

小思考

因为会计科目和账户反映的内容一致，是否可以将两者不加区别使用？

3.2.2 账户的简易结构

账户除了名称(会计科目)外，还应有一定的结构。企业的各项经济业务引起会计要素的变化虽然多种多样，但是从性质上来看，无非是增加和减少两种情况。因此，账户的基本结构也相应地划分为左右两方，一方用来反映增加额，另一方用来反映减少额。至于到底哪一方登记增加，哪一方登记减少，则由其所采用的记账方法和所记录的经济内容决定。账户的左右结构一般用T形来表示，如图3—1所示。

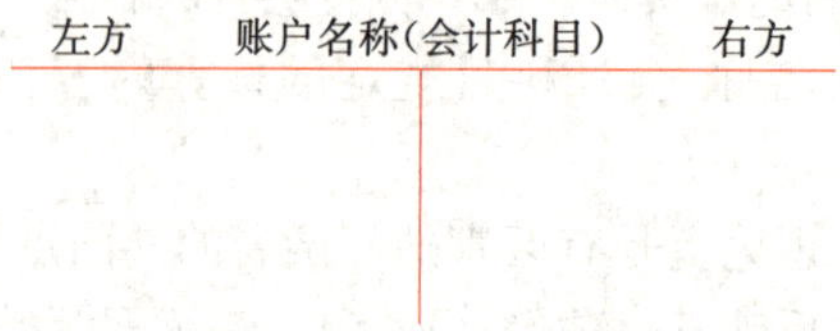

图3—1　账户的基本结构

账户的左右两方是按相反方向来记录增加额和减少额的。也就是说，如果规定在左方记录增加额，就应该在右方记录减少额；反之，如果在右方记录增加额，就应该在左方记录减少额。对于一个完整的账户而言，除了必须反映增加数和减少数外，还包括其他栏目。账户的格式设计一般包括以下内容：

(1)账户的名称，即会计科目；

(2)日期和内容摘要，即经济业务发生的时间和内容；

(3)凭证号数，即账户记录的依据及凭证号数；

(4)增加和减少的金额，记录交易或事项引起的该账户的本期增加发生额和本期减少发生额。

(5)余额，记录增减变动的结果。

我国实际工作中采用手工记账时经常使用的账户基本格式(通常称为“三栏式”账户)如表3—4所示。

表3—4　　账户名称(会计科目)

年		凭证		摘要	借方	贷方	借或贷	余额
月	日	种类	号数					

每个账户一般涉及四个金额要素：期初余额、本期增加额、本期减少额及期末余额。本期增加额和减少额是指在一定的会计期间内在账户左右两方分别登记的增加金额合计数和减少金额合计数，又可以将其称为本期增加发生额和本期减少发生额。本期增加发生额和本期减少发生额相抵后的差额就是本期的期末余额，一般与记录增加额的方向相同。如果将本期的期末余额转入下一期，就是下一期的期初余额。上述四项金额的关系可以用下列公式来表示：

账户期末余额＝账户期初余额＋本期增加发生额－本期减少发生额

3.2.3　账户的分类

账户按其反映的经济内容的不同，一般可分为资产类、负债类、共同类、所有者权益类、成本类和损益类六大类。

账户按其提供指标详细程度分类的不同，可分为总分类账户和明细分类账户。

账户按用途和结构的不同，可分为盘存账户、结算账户、集合分配账户、跨期摊配账户、成本计算账户、收入账户、费用账户、财务成果账户、调整账户、计价对比账户。

小思考

按用途和结构不同分类，账户分别有哪些？

3.3　复式记账法

3.3.1　记账方法及其分类

为了对会计要素进行核算与监督，在按一定原则设置会计科目并以会计科目为名称设置账户后，就需要采用一定的记账方法将会计要素的增减变动登记在账户中。

记账方法是根据单位所发生的经济业务，采用特定的记账符号并运用一定的记账程序，在账簿中进行登记的技术方法。会计上最初采用的记账方法是单式记账法。随着社会经济的发展，人们逐渐对记账方法加以改进，从而演变为复式记账法。

1. 单式记账法

单式记账法是对所发生的经济业务只在一个账户进行登记的方法。它是一种不完整的简易记账方法。这种记账方法一般只记录现金、银行存款收付和债权债务结算业务。例如，以银行存款购买材料的业务，只在账户中记录银行存款的支付业务，对材料的取得业务却不在账户中记录。再如，企业赊购一台设备，其所增加的固定资产不予登记，只记录企业应付账款的增加。

单式记账法在运用中虽然手续简便，但存在严重的缺陷，主要表现在：单式记账法不能全面、完整地反映经济活动过程；单式记账法下账户记录的数字之间缺乏必然的联系。单式记账法只能反映经济业务的一个侧面，会计记录之间不存在相互勾稽关系，不能全面、系统地反映经济业务的来龙去脉，也不便于检查账簿记录的正确性和完整性。因此，这种方法只适用于经济业务非常简单的单位，目前已很少采用。随着社会经济活动的发展，经济活动越来越复杂，单式记账法已不能适应社会经济发展的需要，逐渐被复式记账法取代。

2. 复式记账法

复式记账法是从单式记账法发展起来的一种比较完善的记账方法。与单式记账法相比，其主要特点是：对每项经济业务都以相等的金额在两个或两个以上相互联系的账户中进行记录（即做双重记录，这也是这一记账法被称为“复式”的由来）。例如，用银行存款购买 5 000 元材料，一方面在“银行存款”账户中记录银行存款减少 5 000 元，另一方面在“原材料”账户中记录材料增加 5 000 元。这样，两个账户之间就形成了一种对应关系。从会计所反映的信息，我们既可以了解银行存款的减少是由于购入了材料，反过来也可以知道原材料的增加是企业付出银行存款购买而来的。再如，企业赊购一台设备，一方面要记录“固定资产”的增加，另一方面要记录“应付账款”的增加，于是在“固定资产”和“应付账款”账户之间形成了一种对应关系。

复式记账法下，各账户之间客观上存在对应关系，对账户记录的结果可以进行试算平衡。复式记账法较好地体现了资金运动的内在规律，能够全面、系统地反映资金增减变动的来龙去脉及经营成果，并有助于检查账户处理和保证账簿记录结果的正确性。复式记账法曾有借贷记账法、增减记账法、收付记账法三种，其中，借贷记账法是世界上最早产生也是目前世界各国普遍采用的一种记账方法。它同样也是我国应用最广泛的一种记账方法。我国《企业会计准则》明确规定企业统一采用借贷记账法。

重要知识　复式记账法的概念

复式记账就是对发生的任何一项经济业务都以相等的金额在两个或两个以上相互联系的账户中进行登记的记账方法。

3.3.2　借贷记账法

1. 借贷记账法的产生与演进

借贷记账法是以“借”和“贷”作为记账符号的一种复式记账方法。这种记账方法起源于13～14 世纪的意大利。当时意大利沿海城市的商品经济特别是海上贸易已有很大的发展，在商品交换中，为了适应借贷资本和商业资本经营者管理的需要，逐步形成了这种记账方法。

借贷记账法中“借”“贷”二字，最初是以其本来含义记账的，反映的是“债权”和“债务”的关系。借贷资本家以经营货币资金为主要业务，对于收进来的存款，记在贷主的名下，表示自身的债务即“欠人”的增加；对于付出去的放款，则记在借主的名下，表示自身的债权即“人欠”的增加。这样，“借”“贷”二字分别表示借贷资本家的债权（人欠）、债务（欠人）及其增减变化。

随着商品经济的发展，借贷记账法也在不断发展和完善，“借”“贷”二字逐渐失去其本来含义，变成了纯粹的记账符号。到 15 世纪，借贷记账法已逐渐完备，用来反映资本的存在形态和所有者权益的增减变化。与此同时，西方国家的会计学者提出了借贷记账法的理论依据，即“资产＝负债＋资本”的平衡公式。1494 年，意大利数学家卢卡・帕乔利的《算术、几何、比与比例概要》一书问世，标志着借贷记账法正式成为大家公认的复式记账法，也标志着近代会计的开始。卢卡・帕乔利被称为“近代会计之父”。

中华人民共和国成立以前，借贷记账法就已传入我国，为一部分企业所采用。中华人民共和国成立以后，我国会计工作者在借贷记账法的基础上，提出了一些新的记账方法，如增减记账法、资金收付记账法等，并将其运用于会计工作实践中。但是，记账方法不统一会给企业间横向经济联系和国际经济交往带来很多不便，也不利于经济管理中对会计信息的加工、汇总和利用。因此，我国于 1993 年实施的基本会计准则明确规定，境内所有企业在进行会计核算时，必须统一采用借贷记账法。目前，企业、行政事业单位均采用借贷记账法。

2. 借贷记账法的符号

借贷记账法是以“借”和“贷”作为记账符号，用于指明记账的增减方向、账户之间的对应关系和账户余额的性质等。这两个字的含义与其在会计史上的最初含义无关，不可望文生义。“借”和“贷”是会计的专门术语，已经成为通用的国际商业语言。

“借”和“贷”作为记账符号，具有增加和减少的双重含义。“借”“贷”两方，一方登记经济业务的增加，另一方登记经济业务的减少。如果账户借方登记增加，账户贷方必定登记减少；反之亦然。“借”和“贷”何时为增加、何时为减少，必须结合账户的具体性质才能准确说明。例如，与资产类账户结合在一起，“借”一般表示资产增加，“贷”一般表示资产减少；与负债类账户结合在一起，“借”一般表示负债减少，而“贷”一般表示负债增加。

“借”“贷”成为一对记账符号，在会计中具有特定的含义和作用：

第一，它们可以指明记账的方向(即借方或贷方)。一切账户均有两个方向——借方和贷方，用于记录经济业务发生而引起的会计要素的增减数额。

第二，它们可以表示已登记在账户“借方”或“贷方”的数字所涉及的资金数量是增加还是减少。具体来说，对于资产和费用类账户，登记在借方的数字表示增加，登记在贷方的数字表示减少；对于负债、所有者权益、收入和利润账户，登记在借方的数字表示减少，登记在贷方的数字表示增加。

第三，它们可以指明账户余额的性质。在一般情况下，余额方向在借方的账户视为资产类账户，余额方向在贷方的账户视为负债和所有者权益类账户。

3. 借贷记账法的账户结构

借贷记账法下的账户基本结构分左、右两方，左方称为借方，右方称为贷方。一般在账户借方记录的经济业务称为“借记某账户”，在账户贷方记录的经济业务称为“贷记某账户”。借方和贷方究竟哪一方用来记录金额的增加，哪一方用来记录金额的减少，则要根据账户的性质来决定。不同性质的账户，其结构是不同的。

下面分别说明借贷记账法下各类账户的结构：

(1)资产、成本类账户的结构

资产类账户的结构是：借方登记资产的增加额，贷方登记资产的减少额。在一定会计期间内，借方登记的增加数额的合计数称为借方发生额，贷方登记的减少数额的合计数称为贷方发生额。在每一会计期末，将借、贷方数额相比较，其差额称为期末余额，本期的期末余额结转下期，即为下期的期初余额。

由于成本类账户的期末余额反映的是企业某种资产的结余状况，因此，成本类账户的记账方向与资产类账户一致，借方记录成本的增加额，贷方记录成本的减少额，期初余额、期末余额一般在借方。

资产、成本类账户的简化结构如图 3－2 所示。

借方	资产、成本类账户		贷方
期初余额	×××		
本期增加额	×××	本期减少额	×××
本期发生额	×××	本期发生额	×××
期末余额	×××		

图 3—2 资产、成本类账户的结构

资产、成本类账户的期末余额一般在借方，其计算公式如下：

资产、成本类账户期末余额＝借方期初余额＋借方本期发生额－贷方本期发生额

(2)负债、所有者权益类账户的结构

负债及所有者权益类账户的结构与资产类账户正好相反，即贷方一般登记负债及所有者权益的增加额，借方一般登记负债及所有者权益的减少额。在一定会计期间，贷方登记的增加数额的合计数称为贷方发生额，借方登记的减少数额的合计数称为借方发生额。在每一会计期末，将贷方、借方数额相比，其差额称为期末余额，本期的期末余额结转到下期，即为下期的期初余额。

负债及所有者权益类账户的简化结构如图 3—3 所示。

借方	负债、所有者权益		贷方
		期初余额	×××
本期减少额	×××	本期增加额	×××
本期发生额	×××	本期发生额	×××
		期末余额	×××

图 3—3 负债、所有者权益类账户的结构

负债及所有者权益类账户的期末余额一般在贷方，其计算公式如下：

负债及所有者权益类账户期末余额＝贷方期初余额＋贷方本期发生额－借方本期发生额

(3)损益类账户的结构

损益类账户按反映的具体内容不同，可分为反映各项收入的账户和反映各项费用支出的账户。企业在生产经营过程中要不断取得各种收入，为了取得收入，必然发生各种费用支出。将一定期间的收入与费用支出配比，就可以计算实现的利润。利润是企业资产的来源之一，在未分配前可以将其看作所有者权益的增加。所以，收入类账户的结构与所有者权益类账户的结构基本相同，贷方登记收入的增加额，借方登记收入的转出额(减少额)。由于贷方登记的收入增加额期末一般要转入本年利润账户，以便确定一定期间的利润，因此，该类账户通常没有期末余额。

费用类账户的结构与资产类账户的结构基本相同，借方登记费用的增加额，贷方登记费用的转出额(减少额)。由于借方登记的费用增加额期末一般要从贷方转入本年利润账户，以便确定一定期间的利润，因此，该类账户通常没有期末余额。

收入类账户和费用类账户的简化结构如图 3—4、图 3—5 所示。

借方	收入类账户		贷方
本期减少额	×××	本期增加额	×××
本期发生额	×××	本期发生额	×××
		期末一般无余额	

图 3—4　收入类账户的结构

借方	费用类账户		贷方
本期增加额	×××	本期减少额	×××
本期发生额	×××	本期发生额	×××
期末一般无余额			

图 3—5　费用类账户的结构

根据上述内容，可将借贷记账法下全部账户借方和贷方所记录的经济内容加以归纳，如图 3—6 所示。

借方　　　　账户名称	贷方
资产的增加 负债的减少 所有者权益的减少 成本的增加 费用的增加 收入的结转(减少)	资产的减少 负债的增加 所有者权益的增加 成本的减少 收入的增加 费用的结转(减少)
本期发生额	本期发生额
期末余额	期末余额

图 3—6　借贷记账法下各账户的结构

(4)借贷记账法的记账规则

借贷记账法的记账规则可以概括为：有借必有贷，借贷必相等。

第一，任何一笔经济业务必须同时分别记录到两个或两个以上的账户中去。

第二，所记录的账户可以是同类账户，也可以是不同类账户，但必须是两个记账方向，既不能都记入借方，也不能都记入贷方。

第三，记入借方的金额必须等于记入贷方的金额。

运用借贷记账法的记账规则登记经济业务时，一般按以下步骤进行：一是分析经济业务中所涉及的账户名称，并判断账户的性质；二是判断账户中所涉及的资金数量是增加还是减少；三是根据账户的结构确定记入账户的方向。

在企业的生产经营过程中，每天发生大量的经济业务，这些经济业务虽然千差万别、错综复杂，但都不会违背记账规则。我们可以根据典型经济业务来说明借贷记账法的记账规则，如表 3—5 所示。

表 3—5　　　　典型经济业务涉及账户的记账方向

典型经济业务	资产　　=	负债　　+	所有者权益
(1)资产项目内部此增彼减	+借/—贷		
(2)负债项目内部此增彼减		+贷/—借	
(3)所有者权益项目内部此增彼减			+贷/—借
(4)负债增加,所有者权益减少		+贷	—借
(5)负债减少,所有者权益增加		—借	+贷
(6)资产和负债同时增加	+借	+贷	
(7)资产和负债同时减少	—贷	—借	
(8)资产和所有者权益同时增加	+借		+借
(9)资产和所有者权益同时减少	—贷		—贷

从表 3—5 可以看出,任何典型经济业务的发生都既涉及借方又涉及贷方,而且保持“资产＝负债＋所有者权益”的恒等关系,借方金额合计与贷方金额合计必然相等。

下面通过一些业务实例来说明借贷记账法规则的运用。

【例 3—1】 1 月 2 日,永淮公司向银行借款 40 000 元,期限 3 个月,款项已存入银行。

分析:该项经济业务的发生,一方面使企业的存款增加了 40 000 元,但同时也要看到这笔钱的来源,它来自银行借款,所以一方面要反映企业资产要素下的银行存款的增加,记入“银行存款”账户的借方;另一方面也要反映企业负债要素下的短期借款的增加,记入“短期借款”账户的贷方。

借　银行存款	贷
40 000	

借　短期借款	贷
	40 000

【例 3—2】 1 月 3 日,永淮公司购买全新设备一套,价值 10 000 元,款项尚欠。

分析:该项经济业务的发生,一方面使企业的生产设备增加了一台,另一方面也要看到这台设备的来源,它是赊购而来,形成负债,所以一方面要反映企业资产要素下的固定资产增加了 100 000 元,记入“固定资产”账户的借方;另一方面也要反映企业负债要素下的应付账款的增加,记入“应付账款”账户的贷方。

借　固定资产	贷
10 000	

借　应付账款	贷
	10 000

【例 3—3】 1 月 10 日,永淮公司以银行存款 10 000 元偿还前欠货款。

分析:该项经济业务的发生,一方面使企业的银行存款减少了 10 000 元,另一方面也使企业的债务减少了 10 000 元,所以一方面要反映企业资产要素下的银行存款减少了 10 000 元,记入“银行存款”账户的贷方;另一方面也要反映企业负债要素下的应付账款减少了 10 000 元,记入“应付账款”账户的借方。

借	银行存款	贷
		10 000

借	应付账款	贷
10 000		

【例 3—4】 1 月 18 日，永淮公司报经上级批准转产，上级将国家调入的价值 200 000 元的一台设备调剂给其他单位使用。

分析：该项经济业务的发生，一方面使企业的设备减少了一台，另一方面也意味着国家在本企业的投资减少了，所以一方面要反映企业资产要素下的固定资产减少了 200 000 元，记入“固定资产”账户的贷方；另一方面也要反映企业所有者权益要素下的实收资本减少了 200 000 元，记入“实收资本”账户的借方。

借	固定资产	贷
		200 000

借	实收资本	贷
200 000		

【例 3—5】 1 月 20 日，永淮公司将现金 2 000 元存入银行。

分析：该项经济业务的发生，一方面使企业的现金减少了 2 000 元，另一方面也意味着企业在银行的存款增加了 2 000 元，所以一方面要反映企业资产要素下的现金减少了 2 000 元，记入“库存现金”账户的贷方；另一方面也要反映企业资产要素下的银行存款增加了 2 000 元，记入“银行存款”账户的借方。

借	库存现金	贷
		2 000

借	银行存款	贷
2 000		

【例 3—6】 1 月 21 日，永淮公司向银行借款 50 000 元，期限半年，直接归还前欠长江公司货款。

分析：该项经济业务的发生，一方面使企业的借款增加了 50 000 元，另一方面也使企业所欠货款减少了 50 000 元，所以一方面要反映企业负债要素下的短期借款增加 50 000 元，记入“短期借款”账户的贷方；另一方面也要反映企业负债要素下的应付账款减少 50 000 元，记入“应付账款”账户的借方。

借	短期借款	贷
		50 000

借	应付账款	贷
50 000		

【例 3—7】 1 月 31 日，永淮公司按照规定用盈余公积 20 000 元转增资本。

分析：该项经济业务的发生，一方面使企业的盈余公积金减少了 20 000 元，另一方面也使企业的实收资本增加了 20 000 元，所以一方面要反映企业所有者权益要素下的盈余公积减少 20 000 元，记入“盈余公积”账户的借方；另一方面也要反映企业所有者权益要素下的实收资本增加 20 000 元，记入“实收资本”账户的贷方。

借	盈余公积	贷
20 000		

借	实收资本	贷
		50 000

【例 3—8】 1 月 31 日，永淮公司进行利润分配，决定向投资者分红 50 000 元。

分析：该项经济业务的发生，一方面使企业的利润减少了 50 000 元，另一方面也意味着企业欠下投资者的红利 50 000 元，所以一方面要反映企业所有者权益要素下的未分配利润减少

50 000 元，记入“利润分配”账户的借方；另一方面也要反映企业负债要素下的应付利润增加 50 000 元，记入“应付利润”账户的贷方。

借	利润分配	贷
50 000		

借	应付利润	贷
		50 000

【例 3—9】 1 月 31 日，永淮公司与黄河公司协商，双方同意将前欠黄河公司 100 000 元货款转作对永淮公司的投资。

分析：该项经济业务的发生，一方面使企业的债务减少了 100 000 元，另一方面也使企业的实收资本增加了 100 000 元，所以一方面要反映企业负债要素下的应付账款减少 100 000 元，记入“应付账款”账户的借方；另一方面也要反映企业所有者权益要素下的实收资本增加了 100 000 元，记入“实收资本”账户的贷方。

借	应付账款	贷
100 000		

借	实收资本	贷
		100 000

从以上经济业务可以看出，每笔经济业务至少涉及两个账户，一个账户记在借方，另一个账户记在贷方，借方金额与贷方金额相等。这正好符合“有借必有贷，借贷必相等”的记账规则。掌握记账规则是学习借贷记账法的基础。

(5)借贷记账法的对应关系和会计分录

在运用借贷记账法的记账规则记录经济业务时，在有关账户之间形成了应借应贷的相互对应关系。账户之间的这种相互关系通常称为账户的对应关系，而存在对应关系的账户则称为对应账户。

掌握账户的对应关系具有十分重要的作用，因为账户的对应关系反映了会计要素具体内容增减变化的来龙去脉。通过账户的对应关系，可以清楚地了解每一项经济业务的内容，检查对经济业务的处理是否合理。例如，通过借记“库存现金”账户，贷记“银行存款”账户，这时“银行存款”账户和“库存现金”账户就具备了应借应贷关系，就成为对应账户。通过这两个账户的对应关系，可以了解：库存现金的增加，是因为银行存款减少了；银行存款的减少，是因为库存现金增加了。两者对照，就证明是从银行提取了现款。

通过账户之间的对应关系，可以根据对应账户，检查经济业务记录的正确性。例如，记入“应付账款”账户借方 100 000 元和“库存现金”贷方 100 000 元，这两个账户的对应关系表明：该项经济业务是以库存现金偿付应付账款。对该项经济业务所做的账务处理并无错误，该项经济业务本身却违反了现金管理制度的规定，因为偿付大额货款必须通过银行转账结算，不得直接以现金支付。

小思考

账户的对应关系是固定的吗？这种对应关系由什么决定？

为了正确、清晰地反映账户之间的这种对应关系，保证账户记录的正确性，在经济业务发生后，往往并不是直接根据原始凭证登记账户，而是先编制会计分录。根据记账程序，首先要根据发生的经济业务编制会计分录，然后据以登记账户。在实际工作中，编制会计分录是在编制记账凭证的过程中完成的。有关记账凭证的相关内容会在后续任务中介绍。

会计分录简称分录，是指分别根据每一项经济业务确定其应记账户的名称、借贷方向及金额的一种会计记录方式。会计分录一般包含三个要素：账户名称、借贷方向、金额。会计分录是登记账簿的依据。会计分录的正确与否，直接影响账户记录的正确性，影响会计信息的质量。

编制会计分录是会计工作的一个难点。对于初学者来说，编制会计分录应该逐步分析，按以下步骤进行：A. 一项经济业务发生后，分析这项经济业务涉及的账户名称；B. 分析经济业务引起这些账户数额的增加还是减少；C. 根据账户的性质及其结构，明确应记入账户的方向——借方还是贷方；D. 确定应记入每个账户的金额。

会计分录编制的格式是：借在上一行，贷在下一行，借贷相错一格；出现多借或多贷时，上下应对齐，或者将下面的借（贷）字省略，但账户名称对齐。现举例说明如下：

【例 3—10】 企业收到国家投入的资金 20 000 元，存入企业银行存款户。

分析：这项业务引起银行存款增加 20 000 元，所有者权益中的实收资本也相应增加 20 000元。根据借贷记账法规则，银行存款属于资产，其增加金额应记在借方；实收资本属于所有者权益，其增加金额应记在贷方。编制会计分录如下：

借：银行存款　　20 000
　　贷：实收资本　　20 000

【例 3—11】 企业采购 10 000 元的原材料，其中 6 000 元以银行存款支付，其余货款暂欠。

分析：这项业务引起原材料增加 10 000 元，银行存款减少 6 000 元，应付账款增加 4 000 元。根据借贷记账法规则，原材料属于资产，其增加金额应记在借方；银行存款属于资产，其减少金额应记在贷方；应付账款属于负债，其增加金额应记在贷方。编制会计分录如下：

借：原材料　　10 000
　　贷：银行存款　　6 000
　　　　应付账款　　4 000

【例 3—12】 企业将现金 3 000 元存入企业银行存款户。

分析：这项业务引起银行存款增加 3 000 元，库存现金减少 3 000 元。根据借贷记账法规则，银行存款属于资产，其增加金额应记在借方；库存现金属于资产，其减少金额应记在贷方。编制会计分录如下：

借：银行存款　　3 000
　　贷：库存现金　　3 000

【例 3—13】 企业以银行存款偿付应付采购原材料的货款 1 200 元，归还其他应付款项 300 元。

分析：这项业务引起银行存款减少 1 500 元，应付账款和其他应付款分别减少 1 200 元、300 元。根据借贷记账法规则，银行存款属于资产，其减少金额应记在贷方；应付账款和其他应付款属于负债，其减少金额应记在借方。编制会计分录如下：

借：应付账款　　1 200
　　其他应付款　　300
　　贷：银行存款　　1 500

会计分录按其所涉及账户的多少，可分为简单会计分录和复合会计分录两种。简单会计分录是只涉及两个账户的会计分录，又称一借一贷的会计分录。复合会计分录是涉及两个以上(不包括两个)账户的会计分录，有一借多贷、一贷多借及多借多贷。复合会计分录是由简单会计分录复合而成的会计分录。例 3－10、例 3－12 属于简单会计分录，例 3－11、例 3－13 属于复合会计分录。

应该指出的是，为了清楚反映账户的对应关系，不能将几个无关的简单会计分录合并为复合会计分录。一项经济业务事项的发生，一般是编制一借一贷、一借多贷或一贷多借的会计分录。为了不模糊账户之间的对应关系，应尽量避免使用多借多贷的复合会计分录。只有在能够清晰地反映交易或事项的内容时才能编制多借多贷的会计分录，否则应将其分解成简单会计分录。

(6)借贷记账法的试算平衡

企业在期末对账过程中，为了检查账户记录是否正确，一般采取编制试算平衡表的形式予以控制查验。

试算平衡是指在某一时日(如会计期末)，为了保证本期会计处理的正确性，依据会计等式或复式记账原理，对本期各账户的全部记录进行汇总、测算，以检验其正确性的一种专门方法。由于借贷记账法遵循“有借必有贷，借贷必相等”的记账规则，即对企业所发生的每一项经济业务同时记入有关账户的借方和贷方，且其金额应相等。当某一会计期间所发生的经济业务都记入相关账户后，所有账户借方发生额的合计数与贷方发生额的合计数必然相等。同样，全部账户借方期末余额的合计数与贷方期末余额的合计数也必然相等。通过试算平衡，可以检查会计记录的正确性，并可查明出现不正确会计记录的原因，进行调整，从而为会计报表的编制提供准确的资料。

在借贷记账法下，根据借贷复式记账的基本原理，试算平衡的方法主要有两种：本期发生额平衡法和余额平衡法。

①本期发生额平衡法

本期发生额平衡法，是指将全部账户的本期借方发生额和本期贷方发生额分别加总后，利用“有借必有贷，借贷必相等”的记账规则来检验本期发生额账户处理正确性的一种试算平衡方法。其试算平衡公式如下：

全部账户本期借方发生额合计＝全部账户本期贷方发生额合计

这种试算平衡方法的原理是：在平时编制会计分录时，都是“有借必有贷，借贷必相等”，将其记入有关账户经汇总后，也必然是“借贷必相等”。本期发生额平衡法主要是用来检查本期发生的经济业务在进行各种账户处理时的正确性。

②余额平衡法

余额平衡法是指在会计期末账户余额在借方的全部数额和在贷方的全部数额分别加总后，利用“资产＝负债＋所有者权益”的平衡原理来检验会计处理正确性的一种试算平衡方法。其试算平衡公式如下：

全部账户的借方期末余额＝全部账户的贷方期末余额

余额平衡法的基本原理是：在借贷记账法下，资产账户的期末余额在借方，负债和所有者权益账户的期末余额在贷方，由于存在“资产＝负债＋所有者权益”的平衡关系，因此全部账户的借方期末余额合计数应当等于全部账户的贷方期末余额合计数。余额平衡法主要是通过各种账户余额来检查、推断账户处理正确性的。

如果试算不平衡，说明账户的记录肯定有错；如果试算平衡，也不一定说明账户的记录完全正确。这是因为有些错误并不影响借贷双方的平衡：如果发生某项经济业务在有关账户中被重记、漏记或记错了账户等错误，或者某类经济业务记错账户，把应借应贷的账户相互颠倒，或者某项经济业务记入有关账户的借贷金额同时多记或少记，并不能通过试算平衡来发现，此类错误需要通过其他会计检查方法进行检查。但试算平衡仍是检查账户记录是否正确的一种有效方法。

学习小结

按照经济业务的内容和经济管理的要求，对会计要素的具体内容进行分类核算的项目，称为会计科目。会计科目设置时应遵循全面性、简要性、稳定性、统一性与灵活性相结合、符合经济管理的原则。会计科目按其反映的经济内容不同，分为资产类、负债类、共同类、所有者权益类、成本类和损益类六大类；会计科目按其提供核算指标的详细程度，可以分为总分类科目和明细分类科目。会计账户是对各种经济业务进行分类和系统、连续的记录，反映会计要素增减变动及其结果的记账载体。借贷记账法是现代企事业单位普遍采用的复式记账法，其记账规则是“有借必有贷，借贷必相等”。借贷记账法要结合不同账户的结构灵活应用。企业在期末对账过程中，为了检查账户记录是否正确，一般采取编制试算平衡表的形式予以查验。

【关键词汇】

会计科目　账户　复式记账法　借贷记账法　记账符号　记账规则　会计分录　对应账户　试算平衡

【综合练习】

一、单项选择题

1. 会计科目是(　　)。

A. 账簿的名称　　B. 会计报表项目名称

C. 会计要素名称　　D. 账户的名称

2. 账户哪一方记增加，哪一方记减少，取决于(　　)。

A. 账户的名称

B. 账户的分类

C. 账户的格式

D. 账户所采用的记账方法和所记录的经济业务内容

3.“预收账款”从其性质上看，属于(　　)账户。

A. 资产类　　B. 负债类　　C. 收入类　　D. 所有者权益类

4.“预付账款”从其性质上看，属于(　　)账户。

A. 资产类　　B. 负债类　　C. 收入类　　D. 所有者权益类

5. 按照借贷记账法的记录方法，下列账户中账户的借方登记增加的是(　　)。

A. 实收资本　　B. 应付职工薪酬　　C. 累计折旧　　D. 所得税费用

6. 在权责发生制下，预付的商品价款作为(　　)处理。

A. 管理费用　　B. 本期费用

C. 本期资产　　D. 支付本期费用

7. 在供应过程，用来归集购入材料的买价和采购费用，计算材料采购成本的账户是(　　)账户。

A.“原材料”　　B.“在途物资”　　C.“生产成本”　　D.“材料成本差异”

8. 下列关于损益类账户期末余额的说法中，正确的是(　　)。

A. 一定在借方　　B. 一定在贷方

C. 可能在贷方或借方　　D. 一定没有余额

9. 借贷记账法“借”“贷”的含义是(　　)。

A. 债权债务　　B. 表明记账方向

C. 增加或减少　　D. 收入和付出

10. 借贷记账法试算平衡所依据的基本原理是(　　)。

A. 平行登记　　B. 会计核算前提　　C. 会计等式　　D. 会计原则

11. 企业向银行借款500万元，直接用于偿还前欠外单位货款，这项业务引起本企业(　　)。

A. 资产增加500万元　　B. 负债增加500万元

C. 资产与负债同时增加500万元　　D. 负债总额保持不变

12. 下列项目中，属于会计科目的有(　　)。

A. 货币资金　　B. 外商投资　　C. 房屋建筑　　D. 银行存款

13. 会计科目和账户之间的联系是(　　)。

A. 结构相同　　B. 内容相同　　C. 格式相同　　D. 互不相关

14. 会计科目和账户的本质区别是(　　)。

A. 反映的经济内容不同　　B. 记录资产和权益的内容不同

C. 记录资产和权益的方法不同　　D. 会计账户有结构，而会计科目没有结构

15. 下列账户中，属于损益类的是(　　)。

A. 预收账款　　B. 销售费用　　C. 制造费用　　D. 利润分配

二、多项选择题

1. 设置会计科目的原则有(　　)。

A. 全面反映会计对象的内容　　B. 统一性和灵活性相结合

C. 要简明、科学分类　　D. 实质重于形式

E. 要满足企业内部和外部的需要

2. 下列账户中，属于企业期间费用的有(　　)账户。

A.“管理费用”　　B.“财务费用”　　C.“制造费用”　　D.“销售费用”

3. 关于“本年利润”账户，下列说法中正确的有(　　)。

A. 平时可能为借方余额　　B. 平时可能为贷方余额

C. 平时肯定无余额　　D. 年终肯定无余额

4. 账户的内容一般包括(　　)。

A. 会计科目　　B. 日期和摘要
C. 增加和减少金额及余额　　D. 凭证号数
E. 对方单位名称

5. 下列账户中,属于资产类账户的有(　　)。
A. 预付账款　　B. 预收账款　　C. 短期借款　　D. 实收资本
E. 应收账款

6. 下列账户中,属于负债类账户的有(　　)。
A. 预付账款　　B. 预收账款　　C. 短期借款　　D. 实收资本
E. 应付账款

7. 会计科目按科目的详细程度可分为(　　)。
A. 总分类科目　　B. 明细分类科目　　C. 资产类科目　　D. 负债类科目
E. 所有者权益类科目

8. 下列错误中,不能通过试算平衡发现的是(　　)。
A. 某项经济业务未登记入账
B. 某项经济业务只登记借方金额,未登记贷方金额
C. 应借应贷科目中,借贷方向相反
D. 应借应贷科目错误
E. 借贷方向同时多记了相等的金额

9. 按照借贷记账法的记录方法,期末余额一般在账户借方的有(　　)。
A. 资产类账户　　B. 负债类账户
C. 所有者权益类账户　　D. 成本类账户
E. 损益类账户

10. 借贷记账法的试算平衡有(　　)。
A. 借贷方平衡　　B. 发生额平衡
C. 全部账户借贷方发生额平衡　　D. 全部账户借贷方余额平衡

三、判断题

1. 所有者权益类账户增加记贷方,减少记借方,期末余额一般在贷方。(　　)
2. 收入类账户与费用类账户一般没有期末余额,但有期初余额。(　　)
3. 会计科目是账户的名称,会计科目一旦设置都不能改变。(　　)
4. 总分类账户从属于明细分类账,明细分类账统驭总分类账。(　　)
5. 会计科目设置得越详细越好,越能反映企业的经济业务内容。(　　)
6. 所有的错误通过试算平衡表都能检查出来。(　　)
7. 会计账户是以会计科目为名称的,两者反映的内容是一致的。(　　)
8. 费用类账户的增加额记借方,收入类账户的减少额记借方。(　　)
9. 账户的本期期初余额等于上期期末余额。(　　)
10. 所有账户的左边均记录增加额,右边均记录减少额。(　　)

四、计算分析题

1.［目的］ 练习账户的分类

［要求］ 用下面账户的标号填空：

(1)长期借款 (2)盈余公积 (3)预付账款 (4)固定资产

(5)生产成本 (6)实收资本 (7)制造费用 (8)主营业务收入

(9)预收账款 (10)管理费用 (11)应付账款 (12)投资收益

A. 资产类________________

B. 负债类________________

C. 所有者权益类________________

D. 损益类________________

E. 成本类________________

F. 增加记借方________________

G. 增加记贷方________________

H. 有余额的账户________________

2. 计算表中各账户有关数据并填在相应的空格中：

账户名称	期初余额	本期借方发生额	本期贷方发生额	期末余额
库存现金	1 200	3 000	2 000	
应收账款	20 000	50 000		55 000
应付账款		70 000	100 000	40 000
预收账款	8 000		3 000	1 000
原材料	60 000		80 000	80 000
资本公积	120 000	20 000		130 000

3.［目的］ 练习资产、负债、所有者权益项目的分类以及会计科目的设置。

［资料］ 永淮公司是一家轴承生产企业，201×年5月30日有关资料如下：

单位：万元

序号	项　目	金额	资产	负债	所有者权益
1	厂房办公楼	50			
2	各种设备价值	60			
3	国家投入	50			
4	法人投入	40			
5	外商投入	30			
6	各种材料价值	25			
7	产成品价值	6			
8	银行存款	16.2			
9	向银行借入	20			

续表

序号	项　目	金额	资产	负债	所有者权益
10	应收账款	7.5			
11	应付账款	8			
12	以前年度未分配利润	16.7			
	合　计				

[要求]

(1)根据上述资料区分各项目所属资产、负债和所有者权益类，并列出各项目具体适用的会计科目。

(2)分别计算资产、负债和所有者权益的合计数。

4.[目的]　熟悉账户的结构及期末余额的计算。

[资料]　已知永淮公司部分会计科目的资料如下：

永淮公司部分会计科目发生额及余额表

单位：元

账户名称	期初余额	本期增加额	本期减少额	期末余额
银行存款	250 000		640 000	180 000
应收账款	90 000	350 000	400 000	
短期借款		69 200	54 000	82 000
应付账款	50 000	420 000		70 000
固定资产	980 000		60 000	1 350 000
实收资本	1 500 000		0	1 790 000
原材料		36 800	45 600	25 400

[要求]　根据以上资料填列上表空格中的数据。

5.[目的]　练习账户对应关系及会计分录的编制。

[资料]　某企业201×年7月份的各账户期初余额和经济业务如下：

总分类账账户余额表

单位：元

账　户	借方余额	贷方余额
库存现金	1 200	
银行存款	221 500	
应收账款	40 000	
库存商品	260 000	
固定资产	219 600	
应付账款		75 000
应付职工薪酬		16 700

续表

账　户	借方余额	贷方余额
实收资本		550 000
盈余公积		100 600

(1)月初从银行借入3个月的资金150 000元,存入开户银行。
(2)从银行提取现金16 700元,用于发放工资。
(3)向职工支付上月工资。
(4)收到投资者投入的资金300 000元,存入开户银行。
(5)赊购设备一台,价值360 000元。
(6)用银行存款偿还前欠货款55 000元。
(7)购入商品89 000元,80%为赊购,其余以银行存款支付。
(8)本月售出商品总价为290 000元,40%为赊销,其余为现销,已收到转账支票。
[要求]
(1)编制上述业务的会计分录。
(2)计算各个账户的本期发生额和期末余额。
(3)编制余额试算平衡表。
6.[目的]　练习借贷记账法。
[资料]　某企业201×年11月30日有关账户的余额如下表所示:

资　产	金　额	负债及所有者权益	金　额
库存现金	10 800	短期借款	20 000
银行存款	40 000	应付账款	9 200
原材料	120 000	实收资本	410 000
库存商品	16 400	资本公积	20 000
固定资产	300 000	盈余公积	40 000
生产成本	12 000		
合　计	499 200	合　计	499 200

该企业12月份发生下列经济业务:
(1)从银行提取现金1 200元备用。
(2)购买材料一批3 000元,货款未付。
(3)用银行存款购买材料2 000元,材料已验收入库。
(4)向银行借入短期借款3 000元,直接偿还应付账款。
(5)收到投资者追加投资50 000元,存入银行。
(6)用银行存款偿还短期借款10 000元。
(7)生产车间从仓库领用材料400元。
(8)本期生产产品领用材料20 000元。

(9)销售产品一批,价值 60 000 元,款项已收妥存入银行。

(10)从利润中提取盈余公积 15 000 元。

[要求]

(1)根据账户余额资料开立账户,并登记期初余额。

(2)根据 12 月份的经济业务资料编制会计分录。

(3)根据所编的会计分录登记账户。

(4)结算每个账户的本期发生额和期末余额。

(5)根据全部账户的期初余额、本期发生额和期末余额编制试算平衡表,进行试算平衡。

参考答案

一、单项选择题

1. D　2. D　3. B　4. A　5. D　6. C　7. B　8. D　9. B　10. C
11. D　12. D　13. B　14. D　15. B

二、多项选择题

1. ABCE　2. ABD　3. ABD　4. ABCD　5. AE　6. BC　7. AB　8. ACDE
9. AD　10. CD

三、判断题

1. √　2. ×　3. ×　4. ×　5. ×　6. ×　7. √　8. √　9. √　10. ×

四、计算分析题(略)

项目二

会计工作处理流程

任务四　工业企业的主要经济业务核算(编制会计分录)

【知识体系】

企业主要经济业务的核算
- 资金筹集业务的核算
  - 所有者投入资本业务的核算
  - 向债权人借入资金的核算
- 供应过程业务的核算
  - 固定资产购进业务的核算
  - 材料购进业务的核算
- 生产过程业务的核算
  - 生产业务的主要内容
  - 生产业务核算的账户设置
  - 生产业务核算的账户处理
- 销售过程业务的核算
  - 销售业务的主要内容
  - 销售业务核算的账户设置
  - 主营业务核算的会计处理
  - 其他业务收支的核算
- 利润形成及其分配业务的核算
  - 利润形成的核算
  - 利润分配的核算

【学习目标】

(1)掌握资金筹集过程的账户设置、核算内容及账务处理;

(2)掌握供应过程的账户设置、核算内容及账务处理;

(3)掌握生产过程的账户设置、核算内容及账务处理;

(4)掌握销售过程的账户设置、核算内容及账务处理;

(5)掌握财务成果形成和分配过程的账户设置、核算内容及账务处理;

(6)能计算借款利息;

(7)能计算外购材料的采购成本;

(8)能分配制造费用并计算生产产品成本;

(9)能计算销售产品和其他业务成本;

(10)能计算营业利润、利润总额、所得税费用和净利润;

(11)能进行利润分配;

(12)能根据制造业企业的主要经济业务事项进行账务处理。

【情境导入】

201×年12月3日，永淮公司（增值税一般纳税人）从美美公司购入甲材料1 000千克，单价50元，共50 000元，增值税进项税额8 500元，运杂费1 000元，款项已用银行存款支付，材料尚未验收入库。如果你是该公司的会计人员，面对公司发生这些经济业务，应该如何进行账务处理？

企业从事生产经营活动，必须拥有一定数量的资金。这些资金主要由所有者投入和债权人提供，随着生产经营活动的进行，不断地被运用出去，其形态也相应从货币资金变成生产资金，最后再变成货币资金。这种变化周而复始，形成了资金的循环和周转。

企业的生产经营过程一般分为三个阶段，即供应过程、生产过程和销售过程。企业从各种渠道筹集的资金，首先表现为货币资金，在供应过程中，企业以货币资金建造或购买厂房、建筑物、机器设备和各种材料物资，为进行产品生产准备必要的劳动资料，这时资金就从货币资金形态转化为固定资金形态和储备资金形态。

在生产过程中，劳动者借助于劳动资料对劳动对象进行加工，制造出各种为社会所需要的产品。在产品生产过程中发生的各种材料费用、固定资产折旧费用、工资费用等生产费用的总和构成了产品成本。这时资金从固定资金、储备资金和货币资金形态转化为生产资金形态。

随着产品的完工和验收入库，资金又从生产资金形态转化为成品资金形态。在销售过程中，企业将产品销售出去，收回货币资金，这时资金从成品资金形态转化为货币资金形态。

为了及时计算一个企业在一定时期内的财务成果，将企业一定会计期间所取得的全部收入与全部费用支出相抵，如果收入大于费用支出，即为利润；如果收入小于费用支出，则为亏损。如果形成利润，还应按照有关规定进行利润分配。通过分配，一部分资金退出企业，一部分资金又重新投入企业生产经营的循环和周转。

综上所述，可根据制造业企业在生产经营活动过程中各环节的业务特点，将其主要经济业务分为资金筹集业务、购进业务、生产业务、销售业务、期间费用、利润形成及分配业务等。

4.1 资金筹集业务的核算

企业要从事日常的生产经营活动，必须拥有一定数量的资金，作为生产经营活动的物质基础。企业所拥有的这些资金总是通过一定的渠道筹集而来。

重要知识　资金筹集的渠道

资金筹集的渠道主要有两个：一是所有者投入，二是向债权人借入。因此，资金筹集业务的核算主要包括所有者投入资本业务的核算和向债权人借入资金业务的核算。

4.1.1 所有者投入资本业务的核算

1. 投入资本的分类

投入资本是指企业的投资者实际投入企业经营活动的各种财产物资，这部分资金是企业从事生产经营活动的基本条件，是企业独立承担民事责任的资金保证。

重要知识 投资的分类

> 投入资本按其投资主体不同,分为国家投入资本、法人投入资本、个人投入资本和外商投入资本。

国家投入资本是指有权代表国家投资的政府部门或者投资机构以国有资产投入企业形成的资本金数额,包括国家以各种形式对企业的实物投资、货币投资以及所有权属于国家的发明创造、技术成果等无形资产投资。

法人投入资本是指其他法人单位以其依法可以支配的资产投入企业形成的资本金数额,包括实物资产、货币资产和无形资产。

个人投入资本是指社会个人或本企业职工以其合法财产投入企业形成的资本金数额,个人资本金大部分是以货币形式投入的。

外商投入资本是指外国投资者以及我国港、澳、台投资者以其合法财产投入企业形成的资本金数额,包括实物资产、货币资产和无形资产等。

2. 投入资本的方式及计价

投入资本按其物质形式不同分为货币投资、实物投资和无形资产投资。货币投资是指投资者以货币形式投入的资金。实物投资是指投资者以厂房、设备、材料、商品等实物资产投入的资金。无形资产投资是指投资者以商标、专利、土地使用权等无形资产投入的资金。

企业收到投资者的投资,应按实际投资数额入账。其中,以货币出资的,应按实际收到或存入企业开户银行的金额作为实收资本入账;以非货币资产投入的资本,应按投资各方确认的价值作为实收资本入账。企业在生产经营过程中所取得的收入和收益、所发生的费用和损失,不得直接增减投入资本。

3. 投入资本业务核算的账户设置

为了核算和反映所有者投入资本业务的增减变动情况及其结果,应设置“实收资本”账户。

(1)“实收资本”账户

实收资本”账户是用来核算与反映企业实际收到投资者投入的资本增减变动的情况及其结果的账户。

该账户属于所有者权益类账户,贷方登记企业实际收到或者存入企业开户银行的货币资金,投资者投入的房屋、建筑物、机器设备等固定资产,评估确认的无形资产以及公积金转增资本的价值;借方登记实收资本的减少,即投资者按法定程序收回投资或减少的股本数;期末余额在贷方,表示企业实际拥有的资本数额。

该账户应按投资者户名设置明细账,进行明细分类核算。

(2)“银行存款”账户

“银行存款”账户是用来核算和反映企业存入银行或其他金融机构的各种存款的账户。

该账户属于资产类账户,借方登记企业银行存款的增加;贷方登记企业银行存款的减少;期末余额在借方,表示企业期末银行存款的余额。

该账户应分别按银行及其他金融机构和账户设置“银行存款日记账”,进行明细分类核算。

(3)“库存现金”账户

“库存现金”账户是用来核算和反映企业库存现金的收、支和结存情况的账户。

该账户属于资产类账户，借方登记库存现金的收入；贷方登记库存现金的支出；余额在借方，表示库存现金的余额。

该账户应设置“现金日记账”，进行明细分类核算。

4. 所有者投入资本业务的会计处理

所有者投入资本业务的核算，主要反映实收资本的增减变动情况。

【例 4—1】 企业收到国家 10 000 000 元的货币资金投资，款项已存入银行。

该项经济业务的发生，一方面是款项已存入银行，使银行存款增加 10 000 000 元；另一方面是企业收到国家投资，使企业的资本金增加 10 000 000 元。因此，该项经济业务涉及“银行存款”和“实收资本”两个账户。银行存款的增加是企业资产的增加，应记入“银行存款”账户的借方；资本金的增加是所有者权益的增加，应记入“实收资本”账户的贷方。该项经济业务的会计分录如下：

借：银行存款　　　　10 000 000

　　贷：实收资本——国家　　　　10 000 000

该笔经济业务除登记“银行存款”和“实收资本”两个总分类账户外，还应在“实收资本——国家”明细分类账户的贷方登记 10 000 000 元，在“银行存款”日记账的借方登记 10 000 000 元，进行明细分类核算。

【例 4—2】 企业收到甲单位投入的新设备 2 台，价值 400 000 元。

该项经济业务的发生，一方面使企业的固定资产增加 400 000 元；另一方面是企业收到法人单位的投资，使企业资本金增加 400 000 元。因此，该项经济业务涉及“固定资产”和“实收资本”两个账户。固定资产的增加是企业资产的增加，应记入“固定资产”账户的借方；资本金的增加是所有者权益的增加，应记入“实收资本”账户的贷方。该项经济业务的会计分录如下：

借：固定资产　　　　400 000

　　贷：实收资本——甲单位　　　　400 000

该笔经济业务除登记“固定资产”和“实收资本”两个总分类账户外，还应在“实收资本——甲单位”明细分类账户的贷方登记 400 000 元，在“固定资产登记簿”的借方登记 400 000 元，进行明细分类核算。

【例 4—3】 企业收到李牧愁一项专利权投资，经评估确认价值为 120 000 元。

该项经济业务的发生，一方面使企业无形资产增加 120 000 元；另一方面企业收到个人投资者的无形资产投资，使企业资本金增加 120 000 元。因此，该项经济业务涉及“无形资产”和“实收资本”两个账户。无形资产的增加是企业资产的增加，应记入“无形资产”账户的借方；资本金的增加是所有者权益的增加，应记入“实收资本”账户的贷方。该项经济业务的会计分录如下：

借：无形资产——专利权　　　　120 000

　　贷：实收资本——李牧愁　　　　120 000

该笔经济业务除登记“无形资产”和“实收资本”两个总分类账户外，还应在“实收资本——李牧愁”明细账户的贷方登记 120 000 元，在“无形资产——专利权”明细分类账户的借方登记 120 000 元，进行明细分类核算。

【例 4—4】 企业收到 A 单位投资的甲材料一批，价值为 200 000 元。

该项经济业务的发生，一方面使企业原材料增加 200 000 元；另一方面企业收到原材料投资，使企业资本金增加 200 000 元。因此，该项经济业务涉及“原材料”和“实收资本”两个账户。原材料的增加是企业资产的增加，应记入“原材料”账户的借方；资本金的增加是所有者权益的增加，应记入“实收资本”账户的贷方。该项经济业务的会计分录如下：

借：原材料——甲材料　　200 000

　　贷：实收资本——A 单位　　200 000

该笔经济业务除登记“原材料”和“实收资本”两个总分类账户外，还应在“实收资本——A 单位投入资本”明细账户的贷方登记 200 000 元，在“原材料——甲材料”明细分类账户的借方登记 200 000 元，进行明细分类核算。

小思考

除了以上投资方式外，还有没有其他投资方式？应该如何进行核算？

4.1.2　向债权人借入资金的核算

1. 向债权人借入资金业务的主要内容

企业为了进行生产经营活动或扩大生产经营规模，除了从投资者处筹集资金外，还常需要向银行或其他金融机构借入资金，包括短期借款、长期借款和应付债券。短期借款是指企业向银行或其他金融机构借入的期限在 1 年以下(含 1 年)的各种借款。长期借款是指企业向银行或其他金融机构借入的期限在 1 年以上(不含 1 年)的各种借款。应付债券是指企业依照法定程序发行，约定在一定期限内向债权人还本付息的具有一定价值的证券。向债权人借款业务核算的主要内容包括取得借款本金、计提利息、归还本金及利息等业务。

2. 向债权人借入资金业务核算的账户设置

(1)“短期借款”账户

“短期借款”账户是用来核算和反映企业向银行或其他金融机构借入的期限在 1 年以下(含 1 年)的各种借款的账户。

该账户属于负债类账户，其贷方登记企业借入的各种短期借款的本金数额；借方登记企业归还的短期借款本金数额；期末余额在贷方，表示企业尚未偿还的短期借款本金数额。

该账户应按债权人设置明细分类账，并按借款的种类进行明细分类核算。

(2)“长期借款”账户

“长期借款”账户是用来核算和反映企业借入的期限在 1 年以上(不含 1 年)的各种借款的账户。

该账户属于负债类账户，其贷方登记企业借入的各种长期借款的本金及利息数额，借方登记各种长期借款本金和利息的归还数额；期末余额在贷方，表示企业尚未偿还的各种长期借款本金和利息数额。如果是分期支付利息，则本账户只核算借款本金部分。

该账户应按债权人设置明细账，并按借款种类进行明细分类核算。

(3)“应付债券”账户

“应付债券”账户是用来核算和反映企业为筹集长期资金而实际发行的债券及应付利息的

账户。

该账户属于负债类账户，其贷方登记发行债券的票面金额、溢价金额、债券应计利息及应摊销的折价金额；借方登记实际归还的债券本息、折价以及应摊销的溢价金额；期末余额在贷方，表示尚未归还的本息数。

该账户应按“债券面值”“债券溢价”“债券折价”和“应计利息”设置明细分类账户，并按债券的种类进行明细分类核算。

(4)“财务费用”账户

“财务费用”账户是用来核算与反映企业为筹集生产经营所需资金等而发生的筹资费用的账户，包括利息支出(减利息收入)、汇兑损失(减汇兑收益)以及相关的银行手续费等。

该账户属于损益类账户，其借方登记企业发生的各项财务费用，贷方登记利息收入及期末结转记入“本年利润”账户的金额，期末结转后该账户无余额。

该账户应按照费用类别设置明细账，进行明细分类核算。

(5)“应付利息”账户

“应付利息”账户是用来核算企业按照合同约定应支付的利息的账户。

该账户属于负债类账户，其贷方登记资产负债表日按合同利率计算确定的应付未付利息；借方登记实际支付的利息；期末余额在贷方，反映企业应付未付的利息。

3. 向债权人借入资金业务核算的会计处理

【例 4—5】 201×年 3 月 1 日，企业取得一项期限为 3 个月、年利率为 7.2%、到期还本付息的银行借款 200 000 元，所借款项存入银行。

该项经济业务的发生，一方面使企业银行存款增加 200 000 元，另一方面使企业短期借款增加 200 000 元。因此，该项经济业务涉及“银行存款”和“短期借款”两个账户。银行存款的增加是企业资产的增加，应记入“银行存款”账户的借方；短期借款的增加是负债的增加，应记入“短期借款”账户的贷方。该项经济业务的会计分录如下：

借:银行存款	200 000	
贷:短期借款		200 000

【例 4—6】 201×年 3 月 10 日，企业为建造一幢厂房，向银行申请取得 3 年期借款 2 000 000元，款项已存入企业银行账户。

该项经济业务的发生，一方面使企业银行存款增加 2 000 000 元，另一方面使企业长期借款增加 2 000 000 元。因此，该项经济业务涉及“银行存款”和“长期借款”两个账户。银行存款的增加是企业资产的增加，应记入“银行存款”账户的借方；长期借款的增加是负债的增加，应记入“长期借款”账户的贷方。该项经济业务的会计分录如下：

借:银行存款	2 000 000	
贷:长期借款		2 000 000

【例 4—7】 201×年 3 月 20 日，企业经批准，按面值发行 3 年期企业债券 25 000 张，每张面值 500 元，票面利率 10%，每半年计息一次，债券本息到期一次偿还。债券发行完毕，所得款项已存入银行。

该项经济业务的发生，一方面使企业银行存款增加 12 500 000 元，另一方面企业按面值发行 3 年期债券使企业长期负债增加 12 500 000 元。因此，该项经济业务涉及“银行存款”和“应付债券”两个账户。银行存款的增加是企业资产的增加，应记入“银行存款”账户的借方；应付

债券的增加是负债的增加,应记入“应付债券”账户的贷方。该项经济业务的会计分录如下:

借:银行存款　　12 500 000

　贷:应付债券——债券面值　　12 500 000

【例 4—8】 201×年 3 月 31 日,预提当月银行借款利息。会计人员根据审核后的借款利息计算表计算本月利息=200 000×7.2%÷12×1=1 200(元)。该项经济业务的会计分录如下:

借:财务费用　　1 200

　贷:应付利息　　1 200

201×年 4 月末、5 月末,做相同的会计分录。

【例 4—9】 201×年 6 月 1 日,借款到期,一次性以银行存款归还本金 200 000 元和利息 3 600元。

该项经济业务的发生,一方面使企业短期借款减少 200 000 元,应付利息减少 3 600 元;另一方面使企业银行存款减少 203 600 元。因此,该项经济业务涉及“短期借款”“应付利息”和“银行存款”三个账户。短期借款、应付利息的减少是企业负债的减少,应记入“短期借款”和“应付利息”账户的借方;银行存款的减少是资产的减少,应记入“银行存款”账户的贷方。该项经济业务的会计分录如下:

借:应付利息　　3 600

　短期借款　　200 000

　贷:银行存款　　203 600

【例 4—10】 用银行存款支付银行手续费 150 元。

该项经济业务的发生,一方面使企业费用增加 150 元,应记入“财务费用”账户的借方;另一方面使企业银行存款减少 150 元,应记入“银行存款”账户的贷方。该项经济业务的会计分录如下:

借:财务费用　　150

　贷:银行存款　　150

4.2　供应过程业务的核算

企业的购进业务主要包括固定资产的购进和材料的购进两种业务。

4.2.1　固定资产购进业务的核算

1. 固定资产购进业务的主要内容

企业为了进行产品生产,必须建造厂房、建筑物和购买机器设备等固定资产。

重要知识　固定资产的特征

固定资产是指同时具有以下特征的有形资产:(1)为生产商品、提供劳务、出租或经营管理而持有;(2)使用年限超过 1 年;(3)单位价值较高。例如,企业的房屋及建筑物、机器设备、运输设备以及其他与生产、经营有关的设备、器具、工具等,均是固定资产。

固定资产应按其取得时的成本作为入账的价值。取得时的成本包括买价、进口关税、运输和保险等相关费用，以及为使固定资产达到预定可使用状态所发生的必要支出。

2. 固定资产购进业务核算的账户设置

为了核算固定资产购进业务，应设置"固定资产""在建工程"等账户。

(1)"固定资产"账户

"固定资产"账户是用来核算和反映企业固定资产原始价值的增减变动和结存情况的账户。该账户属于资产类账户，其借方登记不需要经过建造、安装即可使用的固定资产增加的原始价值；贷方登记固定资产减少的原始价值；期末余额在借方，反映企业期末固定资产的账面原价。

该账户应按固定资产类别、使用部门和每项固定资产设置"固定资产登记簿"或"固定资产卡片"，进行明细分类核算。

(2)"在建工程"账户

"在建工程"账户是用来核算和反映企业进行基建工程、安装工程、技术改造工程、大修理工程等发生的实际支出(包括需要安装设备的价值)的账户。

该账户属于资产类账户，其借方登记建造和安装过程中所发生的全部支出；贷方登记结转完工工程实际成本；期末余额在借方，反映企业尚未完工的基建工程发生的各项实际支出。

该账户应按建筑工程、安装工程、技术改造工程等设置明细账，进行明细分类核算。

3. 固定资产购进业务的会计处理

固定资产购进业务的核算，主要反映固定资产增加的业务。现以机器设备为例，说明购进固定资产业务的会计处理。

企业购入的机器设备中，有的不需要安装即可投入使用，有的则需要安装、调试后才能投入使用。如果购入的是不需要安装的设备，应按购入时的实际成本(即原始价值)入账，实际成本包括买价、运杂费、包装费、缴纳的有关税金等；如果购入的是需要安装的设备，则应通过"在建工程"账户核算其安装工程成本，将其购进时支付的买价、运杂费、包装费以及安装时发生的安装费记入"在建工程"账户的借方。当安装工程达到预定可使用状态时，再按安装工程的全部支出(即实际成本)，从"在建工程"账户的贷方转入"固定资产"账户的借方。

【例 4—11】 企业购入不需要安装的机器设备 1 台，买价 1 230 000 元，增值税进项税额 209 100 元，运杂费 20 000 元，包装费 10 000 元，全部款项已用银行存款支付。

该项经济业务的发生，一方面使企业固定资产增加 1 260 000 元，增值税进项税额 209 100 元为应交税费减少；另一方面使企业银行存款减少 1 469 100 元。因此，该项经济业务涉及"固定资产""应交税费"和"银行存款"三个账户。固定资产的增加是企业资产的增加，应记入"固定资产"账户的借方；可以抵扣的进项税额是负债的减少，应记入"应交税费"账户的借方；银行存款的减少是资产的减少，应记入"银行存款"账户的贷方。该项经济业务的会计分录如下：

借：固定资产	1 260 000	
应交税费——应交增值税(进项税额)	209100	
贷：银行存款		1 469 100

【例 4—12】 企业购入需要安装的机器设备 1 台，买价 4 060 000 元，增值税进项税额 690 200元，包装费和运杂费 175 000 元，全部款项以银行存款支付。安装过程中耗用材料 294 000元，支付人工费 161 000 元。

该项经济业务的发生，一方面使企业的在建工程支出增加 4 690 000 元(4 060 000＋175 000＋294 000＋161 000)，增值税进项税额 690 200 元为应交税费减少，;另一方面使企业银行存款减少 4 235 000 元，库存材料减少 294 000 元，应付职工薪酬增加 161 000 元。因此，该项经济业务涉及“在建工程”“银行存款”“应交税费”“原材料”“应付职工薪酬”五个账户。在建工程支出的增加是费用的增加，应记入“在建工程”账户的借方；可以抵扣的进项税额是负债的减少，应记入“应交税费”账户的借方；银行存款和库存材料的减少是资产的减少，应记入“银行存款”和“原材料”账户的贷方；应付职工薪酬的增加是负债的增加，应记入“应付职工薪酬”账户的贷方。该项经济业务的会计分录如下：

	借方	贷方
借：在建工程	4 690 000	
应交税费——应交增值税(进项税额)	690 200	
贷：银行存款		4 925 200
原材料		294 000
应付职工薪酬		161 000

【例 4—13】　例 4—12 所购设备安装完毕，达到预定可使用状态，结转安装工程成本。

安装工程达到预定可使用状态，使企业固定资产增加 4 690 000 元，应按实际成本记入“固定资产”账户的借方；结转完工工程成本，记入“在建工程”账户的贷方。应编制会计分录如下：

	借方	贷方
借：固定资产	4 690 000	
贷：在建工程		4 690 000

4.2.2　材料购进业务的核算

1. 材料购进业务的主要内容

制造业企业要进行正常的生产经营活动，除购建固定资产外，还必须购买和储备一定品种和数量的材料。在企业购进材料的过程中，一方面从供应单位购进各种材料；另一方面要支付采购材料的货款和运输费、装卸费等各种采购费用，并与供应单位办理款项的结算。材料运达企业后，应由仓库验收并保管，以备生产车间或管理部门领用。采购过程中支付给供应单位的材料货款和各项采购费用，构成材料的采购成本。

受结算方式的制约，在与供应单位办理款项结算时，会出现以下三种情况：

(1)购进材料时直接支付货款。企业采用转账支票等结算方式或直接支付现金时，可以在购进材料的同时支付货款和采购费用。由于直接支付货款，一方面使企业材料增加，另一方面使企业的银行存款或现金减少。

(2)购进材料未付款。由于材料款尚未支付，因此形成企业的一项流动负债。这种情况一方面使企业材料增加，另一方面使负债增加。负债必须在将来按规定的时间偿还。

(3)预付购货款后取得材料。企业购进材料过程中有时需预付购货款。企业虽先付款，但没有取得材料，这时不能作为材料增加处理。它实际上相当于企业一笔款项的转移，这项业务并没有使企业的资产发生变化。当收到材料时，再作为材料增加处理，同时冲减预付款项。

综上所述，材料购进业务的核算主要包括核算材料的买价和采购费用，确定材料的采购成本，以及由采购业务引起的与供应单位的货款结算。

2. 材料购进业务核算的账户设置

为了核算材料购进业务，应设置“在途物资”“原材料”“应付账款”“预付账款”“应交税费”

等账户。

(1)“在途物资”账户

“在途物资”账户是用来核算和反映企业各种外购材料物资买价和采购费用,并据以计算在途材料实际成本的账户。

该账户属于资产类账户,其借方登记外购材料的实际采购成本,包括买价和采购费用;贷方登记已验收入库材料物资的实际成本;期末余额在借方,表示款已付、尚未运达企业或虽已运到企业但尚未验收入库的在途材料物资的实际采购成本。

该账户应按材料的类别、品种或规格设置明细账,进行明细分类核算。

(2)“原材料”账户

“原材料”账户是用来核算和反映企业各种库存材料增减变化和结存情况的账户。

该账户属于资产类账户,其借方登记已验收入库材料的实际成本;贷方登记领用材料的实际成本;期末余额在借方,表示各种库存材料的实际成本。

该账户应按材料的品种、类别、规格等设置明细分类账,进行明细分类核算。

(3)“应付账款”账户

“应付账款”账户是用来核算和反映企业因购买材料、商品和接受劳务供应等而应付给供货单位的款项的账户。

该账户属于负债类账户,其贷方登记因购买材料、商品或接受劳务供应等而发生的应付未付的款项;借方登记已经支付的应付款项;期末余额在贷方,表示尚未偿还的款项。

该账户应按照供应单位设置明细账,进行明细分类核算。

(4)“预付账款”账户

“预付账款”账户是用来核算和反映企业按照购货合同规定预付给供应单位的款项的账户。

该账户属于资产类账户,其借方登记按照合同规定预付给供应单位的货款和补付的款项;贷方登记收到所购货物的货款和退回多付的款项。期末余额如在借方,表示企业尚未结算的预付款项;期末余额如在贷方,表示企业尚未补付的款项。

该账户应按供应单位设置明细账,进行明细分类核算。

预付款项不多的企业,也可以将预付的款项直接记入“应付账款”账户的借方,不设置“预付账款”账户。

(5)“应交税费”账户

“应交税费”账户是用来核算和反映企业与国家税务机关之间各种税金的应缴和实缴的结算情况的账户。

该账户属于负债类账户,其贷方登记应缴纳的各种税金及增值税的销项税额、出口退税和进项税额转出;借方登记实际已缴纳的各种税金及增值税的进项税额;期末贷方余额表示企业应缴未缴的各种税金,借方余额表示企业多缴的税金或尚未抵扣的增值税进项税额。该账户应按税种设置明细账,进行明细分类核算。

其中,“应交税费——应交增值税”是用来核算和反映企业应缴和实缴增值税结算情况的账户,企业购买材料时向供货单位支付的增值税(进项税额)记入该账户的借方,企业销售产品时向购买单位收取增值税(销项税额)记入该账户的贷方。

3. 材料购进业务核算的会计处理

材料采购业务的核算，主要涉及收料和付款两个方面。收料由材料仓库办理收料手续，会计部门根据材料仓库转来的收料单和供应单位开来的发票等办理付款并登记入账。

【例 4－14】 企业从顺华工厂购入甲材料，收到顺华工厂开来的增值税专用发票，数量是 3 000 千克，单价 50 元，价款 150 000 元，增值税进项税额 25 500 元，货款及增值税均以银行存款支付，材料尚未入库。

该项经济业务的发生，一方面使材料的买价支出增加 150 000 元，增值税进项税额增加 25 500元；另一方面使企业银行存款减少 175 500 元。因此，该项经济业务涉及“在途物资”“应交税费”“银行存款”三个账户。支出的材料买价构成材料采购成本，应记入“在途物资”账户的借方；增值税进项税额应记入“应交税费——应交增值税”账户的借方；银行存款的减少是资产的减少，应记入“银行存款”账户的贷方。该项经济业务的会计分录如下：

借：在途物资——甲材料　150 000
　应交税费——应交增值税(进项税额)　25 500
　贷：银行存款　175 500

【例 4－15】 用银行存款支付上述购入甲材料的运杂费 9 000 元。

该项经济业务的发生，一方面使材料的采购费用支出增加 9 000 元，另一方面使企业银行存款减少 9 000 元。因此，该项经济业务涉及“在途物资”和“银行存款”两个账户。支出的材料采购费用构成材料采购成本，应记入“在途物资”账户的借方；银行存款的减少是资产的减少，应记入“银行存款”账户的贷方。该项经济业务的会计分录如下：

借：在途物资　9 000
　贷：银行存款　9 000

【例 4－16】 企业从利华工厂购入乙材料 10 000 千克，单价为 300 元；购入丙材料 2 000 千克，单价为 180 元，共计 3 360 000 元。增值税进项税额为 571 200 元，收到利华工厂开来的专用发票，货款及增值税均未支付，材料尚未入库。

该项经济业务的发生，一方面使材料的买价支出增加 3 360 000 元，增值税进项税额增加 571 200 元；另一方面使企业应付账款增加 3 931 200 元。因此，该项经济业务涉及“在途物资”“应交税费”“应付账款”三个账户。材料买价构成材料采购成本，应记入“在途物资”账户的借方；增值税进项税额应记入“应交税费——应交增值税”账户的借方；应付账款的增加是负债的增加，应记入“应付账款”账户的贷方。该项经济业务的会计分录如下：

借：在途物资　3 360 000
　应交税费——应交增值税(进项税额)　571 200
　贷：应付账款——利华工厂　3 931 200

【例 4－17】 企业以银行存款支付上述乙、丙两种材料的运费 14 400 元，入库前挑选整理费 3 600 元。

该项经济业务的发生，一方面使材料的采购费用支出增加 18 000 元，另一方面使企业银行存款减少 18 000 元。因此，该项经济业务涉及“材料采购”和“银行存款”两个账户。支出的材料采购费用构成材料采购成本，应记入“材料采购”账户的借方；银行存款的减少是资产的减少，应记入“银行存款”账户的贷方。该项经济业务的会计分录如下：

借:在途物资　　18 000

　贷:银行存款　　18 000

【例 4—18】 企业以银行存款偿还前欠利华工厂货款 3 931 200 元。

该项经济业务的发生,一方面使企业应付账款减少 3 931 200 元,另一方面使企业银行存款减少 3 931 200 元。因此,该项经济业务涉及"应付账款"和"银行存款"两个账户。应付账款的减少是负债的减少,应记入"应付账款"账户的借方;银行存款的减少是资产的减少,应记入"银行存款"账户的贷方。该项经济业务的会计分录如下:

借:应付账款——利华工厂　　3 931 200

　贷:银行存款　　3 931 200

【例 4—19】 企业向南华工厂购买乙材料,根据合同规定预付款项 315 900 元,以银行存款支付。

该项经济业务的发生,一方面使企业预付账款增加 315 900 元,另一方面使银行存款减少 315 900 元。因此,该项经济业务涉及"预付账款"和"银行存款"两个账户。预付账款的增加是资产的增加,应记入"预付账款"账户的借方;银行存款的减少是资产的减少,应记入"银行存款"账户的贷方。该项经济业务的会计分录如下:

借:预付账款——南华工厂　　315 900

　贷:银行存款　　315 900

【例 4—20】 企业收到上述南华工厂发来的乙材料,专用发票载明数量 900 千克,单价 300 元,价款 270 000 元,增值税进项税额 45 900 元。

该项经济业务的发生,一方面使材料的买价支出增加 270 000 元,增值税进项税额增加 45 900元;另一方面使企业预付账款减少 315 900 元。因此,该项经济业务涉及"在途物资""应交税费""预付账款"三个账户。支出的材料买价构成材料采购成本,应记入"在途物资"账户的借方;增值税进项税额应记入"应交税费——应交增值税"账户的借方;预付账款的减少是资产的减少,应记入"预付账款"账户的贷方。该项经济业务的会计分录如下:

借:在途物资　　270 000

　应交税费——应交增值税(进项税额)　　45 900

　贷:预付账款——南华工厂　　315 900

【例 4—21】 前述甲、乙、丙三种材料均已验收入库,结转其采购成本。

(1)计算验收入库材料的采购成本。购入材料的采购成本一般由买价和采购费用组成。其计算公式为:

材料的采购成本=买价+采购费用

买价是指材料供应单位所开发票上填列的货款,买价可以直接确定为某种材料的成本。采购费用是指企业在采购材料过程中所发生的各项费用,包括材料的运输费、装卸费、包装费、保险费、仓储费、运输途中的合理损耗、入库前的挑选整理费及购入材料应负担的税金(如关税)和其他费用等。采购费用中有些能分清是某种材料负担的,可以直接计入该种材料的采购成本,如例 4—15 甲材料的运费就属于直接费用,直接记入甲材料的成本;有些不能分清是某种材料负担的,应采用合理的分配标准,如材料的重量、买价等比例,运用一定的方法,分配计入各种材料的采购成本。采购费用的分配可用以下公式计算:

采购费用分配率=采购费用合计÷各种材料的重量(或买价)之和

某种材料应负担的采购费用=该种材料重量(或买价)×采购费用分配率

如例4－17由乙、丙两种材料共同负担的运杂费和挑选整理费18 000元，按材料重量比例分配如下：

采购费用分配率＝(14 400＋3 600)÷12 000＝1.5

乙材料应分摊的采购费用＝10 000×1.5＝15 000(元)

丙材料应分摊的采购费用＝2 000×1.5＝3 000(元)

根据以上资料，企业可编制“材料采购成本计算表”，如表4－1所示。

表4－1　　**材料采购成本计算表**　　单位：元

成本项目	甲材料		乙材料		丙材料	
	总成本(3 000千克)	单位成本	总成本(10 900千克)	单位成本	总成本(2 000千克)	单位成本
买价	150 000	50	3 270 000	300	360 000	180
采购费用	9 000	3	15 000	1.38	3 000	1.50
采购成本合计	159 000	53	3 285 000	301.38	363 000	181.50

(2)结转入库材料的采购成本。甲、乙、丙三种材料的实际采购成本确定以后，应从“材料采购”账户的贷方转入“原材料”账户的借方。根据表4－1编制会计分录如下：

借：原材料——甲材料　　159 000
　　　　——乙材料　　3 285 000
　　　　——丙材料　　363 000
　贷：在途物资——甲材料　　159 000
　　　　　　——乙材料　　3 285 000
　　　　　　——丙材料　　363 000

上述分配完成后，应在“材料采购——乙材料”和“材料采购——丙材料”明细分类账户的借方“运杂费”栏分别登记15 000元和3 000元。

4.3　生产过程业务的核算

4.3.1　生产业务的主要内容

企业的生产过程一方面是产品制造的过程，另一方面也是各种耗费发生的过程。生产业务核算的主要内容就是归集和分配各项费用，确定产品的制造成本。

为了制造一定数量的产品，企业必然发生各种材料费用。材料在生产过程中要么一次性被消耗掉，要么改变原有的实物形态，其价值也随之全部转移到新产品的价值中去，构成产品制造成本的一部分。产品在生产过程中还要使用机器、设备等固定资产对材料进行加工。这些固定资产可以被长期地使用而保持其原有的实物形态，但经过较长时间使用后，最终会报废，因此其价值随着固定资产的损耗，逐渐地转移到它所参与生产的新产品中去，构成产品制造成本的一部分。固定资产使用过程中逐渐损耗而转移到产品成本中去的那部分价值，称为固定资产折旧。

产品的生产是通过劳动者的活劳动得以实现的。劳动者为自己的劳动所创造的那部分价值,企业以工资薪酬的形式支付给劳动者,形成企业的工资费用,这部分费用也构成产品制造成本的一部分。除上述费用外,在生产过程中还会发生为组织和管理生产活动而支付的各项间接费用,如车间管理人员的工资及福利费、车间机物料消耗、修理费等,这些费用也成为产品制造成本的一部分。

综上所述,为制造产品所发生的各种耗费,如材料费、人工费、折旧费以及其他各项间接费用,构成了产品的制造成本。产品完工后,随着产成品的验收入库,为制造产品所发生的制造成本也应转入产成品成本中。

此外,企业的行政管理部门还会发生为组织和管理生产活动而支付的各项费用,这些费用不构成产品的制造成本,形成期间费用的一部分,计入管理费用。

4.3.2 生产业务核算的账户设置

1."生产成本"账户

"生产成本"账户是用来核算和反映企业生产的各种工业产品(包括产成品、自制半成品、工业性劳务等)、自制材料、自制工具、自制设备等所发生的各项生产费用的账户。

该账户属于成本类账户,其借方登记为制造产品所发生的各项直接材料、直接人工等费用以及由"制造费用"账户转入的应该计入产品成本的费用;贷方登记产品生产完工并验收入库的产品、自制半成品等实际成本;期末余额在借方,表示尚未加工完成的各项在产品的成本。该账户一般按产品的品种或类别设置明细科目,进行明细分类核算。

2."制造费用"账户

"制造费用"账户是用来核算企业各生产车间为生产产品和提供劳务而发生的各项间接费用的账户。这里的费用包括生产单位管理人员工资、职工福利费、生产单位房屋建筑物及机器设备等的折旧费、机物料消耗、低值易耗品摊销、取暖费、水电费、办公费、保险费、季节性或修理期间的停工损失。

该账户属于成本类账户,其借方登记各项制造费用的发生额;贷方登记计入有关产品成本的各项制造费用的分配额;月末,除季节性生产企业外,"制造费用"账户一般应无余额。该账户应按生产车间或部门设置明细账,并按费用项目设置专栏,进行明细分类核算。

3."库存商品"账户

"库存商品"账户是用来核算和反映企业库存各种商品成本增减变动情况的账户。

该账户属于资产类账户,其借方登记已验收入库商品的成本;贷方登记发出商品的成本;期末余额在借方,表示库存商品的成本。该账户应按商品的品种和规格设置明细账,进行明细分类核算。

4."应付职工薪酬"账户

"应付职工薪酬"账户是用来核算企业根据有关规定应付给职工的各种薪酬的账户。

该账户属于负债类账户,其贷方登记已分配计入有关成本费用项目的职工薪酬的数额,借方登记实际发放职工薪酬的数额,期末贷方余额表示企业应付未付的职工薪酬。

该账户应按照"工资""职工福利费""社会保险费""住房公积金""工会经费""职工教育经费""非货币性福利"等项目设置明细科目,进行明细分类核算。

5."累计折旧"账户

"累计折旧"账户是用来核算和反映固定资产累计损耗价值的账户。该账户属于资产类账户,它是固定资产的备抵账户,其贷方登记企业按月计提的固定资产的折旧数,借方登记企业由于出售、报废、毁损及盘亏固定资产等原因而相应减少的折旧数,期末贷方余额表示企业现有固定资产已提取的折旧累计数。

6."管理费用"账户

"管理费用"账户属于损益类账户,是用来核算企业为组织和管理生产经营活动而发生的各项管理费用的账户,包括:企业的董事会和行政管理部门在企业的经营管理中发生的,或者应由企业统一负担的公司经费如行政管理部门职工薪酬、车间及管理部门使用固定资产修理费、物料消耗、低值易耗品摊销、办公费和差旅费、业务招待费、工会经费、咨询费以及房产税、车船使用税、土地使用税、印花税等。贷方登记期末转入"本年利润"账户的结转数,结转后该账户应无余额。

7."销售费用"账户

"销售费用"账户是用来核算和反映企业在销售商品过程中发生的费用,包括运输费、装卸费、包装费、保险费、展览费和广告费,以及为销售本企业商品而专设的销售机构(含销售网点、售后服务网点等)的职工工资及福利费、类似工资性质的费用、业务费等经营费用的账户。

该账户属于损益类账户,其借方登记发生的各种销售费用,贷方登记转入"本年利润"账户的销售费用,期末结转后该账户应无余额。该账户应按照费用项目设置明细账,进行明细分类核算。

4.3.3　生产业务核算的会计处理

1. 材料费用的核算

制造业企业在生产经营过程中要发生大量的材料费用。生产部门或其他部门在领用材料时必须填制领料单,仓库部门根据领料单发出材料后,领料单的一联交给会计部门用以记账。会计部门对领料单进行汇总计算,按各部门及不同用途领用材料的数额分别计入有关账户。在实际工作中,材料费用的分配是通过编制"材料费用分配表"进行的。

【例 4—22】　企业月末根据领料单进行汇总计算,编制"材料费用分配表",如表 4—2 所示。

表 4—2　　**材料费用分配表**　　单位:元

项　目	甲材料	乙材料	丙材料	合　计
生产 A 产品耗用	625 000	12 500		637 500
生产 B 产品耗用		210 000	102 500	312 500
车间耗用		27 500	272 500	300 000
厂部管理部门耗用			20 000	20 000
合　计	625 000	250 000	395 000	1 270 000

根据"材料费用分配表",本月共发出材料 1 270 000 元。其中,直接用于 A 产品生产的 637 500 元,用于 B 产品生产的 312 500 元,应直接记入"生产成本"账户的借方;基本生产车间一般性耗用材料 300 000 元,不属于直接材料费用,应记入"制造费用"账户的借方;企业管理

部门领用材料 20 000 元,应记入“管理费用”账户的借方;同时,仓库发出材料,使库存材料减少 1 270 000 元,记入“原材料”账户的贷方。该项经济业务的会计分录如下:

借:生产成本——A 产品(直接材料)　　637 500
　　　　　　——B 产品(直接材料)　　312 500
　　制造费用——机物料消耗　　300 000
　　管理费用——物料消耗　　20 000
　　贷:原材料——甲材料　　625 000
　　　　　　　——乙材料　　250 000
　　　　　　　——丙材料　　395 000

2. 工资及福利费的核算

工资费用是指企业支付给劳动者的劳动报酬,包括工资、奖金和各种津贴。企业职工除了按规定取得工资外,还可以享受一定的福利待遇。通常,企业可以按照应付职工薪酬总额的 14%列支职工福利费。职工福利费主要用于职工医药支出、职工困难补助及集体福利设施支出。为了正确计算产品成本,确定当期损益,企业必须进行工资及福利费的核算,正确地归集和分配工资及福利费。在实际工作中,工资费用是通过编制“工资费用分配表”进行的。

【例 4—23】 根据“工资费用分配表”,本月共发生工资费用 730 000 元。其中,直接生产 A 产品工人的工资费用为 240 000 元,直接生产 B 产品工人的工资费用为 320 000 元,应直接记入“生产成本”账户的借方;基本生产车间管理人员的工资费用 40 000 元,不属于直接费用,应记入“制造费用”账户的借方;厂部管理人员的工资费用 80 000 元,属于期间费用,应记入“管理费用”账户的借方;销售机构人员的工资费用 50 000 元,属于期间费用,应记入“销售费用”账户的借方。同时,企业所发生的工资费用并没有实际支付,形成企业对职工的负债,故应记入“应付职工薪酬”账户的贷方。该项经济业务的会计分录如下:

借:生产成本——A 产品(直接人工)　　240 000
　　　　　　——B 产品(直接人工)　　320 000
　　制造费用——工资　　40 000
　　管理费用——工资　　80 000
　　销售费用——工资　　50 000
　　　贷:应付职工薪酬　　730 000

【例 4—24】 企业发放职工福利 85 000 元,以银行存款支付。其中,A 产品工人职工福利为 25 000 元,B 产品工人职工福利为 35 000 元,基本生产车间管理人员职工福利为 4 000 元,厂部管理人员职工福利为 6 000 元,销售机构人员职工福利为 5 000 元。该项经济业务的会计分录如下:

借:生产成本——A 产品(福利费)　　25 000
　　　　　　——B 产品(福利费)　　35 000
　　制造费用——福利费　　4 000
　　管理费用——福利费　　6 000
　　销售费用——福利费　　5 000
　　贷:银行存款　　85 000

3. 制造费用的核算

如前所述,为组织和管理生产活动而发生的各项制造费用,不能直接计入产品的成本。为了正确计算产品的成本,必须将这些费用先记入“制造费用”账户,然后再按照一定的标准,将其分配计入有关产品成本。

【例 4—25】 月末,企业计提生产用固定资产折旧费 61 200 元,管理部门用固定资产折旧费 28 800 元。

该经济业务说明,一方面企业计提的生产用固定资产折旧费用增加 61 200 元,计提的管理部门用固定资产折旧费用增加 28 800 元,应分别记入“制造费用”账户及“管理费用”账户的借方;另一方面固定资产损耗的价值增加 90 000 元,应记入“累计折旧”账户的贷方。该项经济业务的会计分录如下:

借:制造费用——折旧费　　61 200
　管理费用——折旧费　　28 800
　贷:累计折旧　　90 000

【例 4—26】 企业用银行存款支付下季度报刊费 3 600 元。

该经济业务说明,一方面企业本月支付的本季度报刊费 3 600 元使得待摊费用增加,应记入“预付账款”账户的借方,另一方面银行存款减少 3 600 元,应记入“银行存款”账户的贷方。该项经济业务的会计分录如下:

借:预付账款——待摊报刊费　　3 600
　贷:银行存款　　3 600

【例 4—27】 企业用银行存款支付生产车间的办公费 2 200 元、电话费 1 400 元。

该项经济业务说明,生产车间发生办公费和电话费,一方面使制造费用增加 3 600 元,应记入“制造费用”账户的借方;另一方面使银行存款减少 3 600 元,应记入“银行存款”账户的贷方。该项经济业务的会计分录如下:

借:制造费用——办公费　　3 600
　贷:银行存款　　3 600

【例 4—28】 根据例 4—22 至例 4—27,“制造费用”账户的借方归集了本月发生的制造费用,现根据上述资料编制制造费用分配表,如表 4—3 所示。

表 4—3　　**制造费用分配表**

2016 年 3 月 31 日

产品名称	生产工人工资(元)	分配率	分配额(元)
A 产品	240 000	0.73	175 200
B 产品	320 000	0.73	233 600
合　计	560 000		408 800

$$\text{制造费用分配率}=\frac{\text{制造费用总额}}{\text{生产工人工资(或工时)总额}}$$

某产品应分摊的制造费用=该产品生产工人工资(或工时)×制造费用分配率

月末按 A、B 两种产品生产工人工资比例分配制造费用。

制造费用分配率=408 800÷(240 000+320 000)=0.73

A 产品应负担的制造费用＝240 000×0.73＝175 200(元)

B 产品应负担的制造费用＝320 000×0.73＝233 600(元)

借:生产成本——A 产品(制造费用)　　175 200

　　　　　——B 产品(制造费用)　　233 600

　贷:制造费用　　408 800

【例 4—29】 企业本月对车间一台设备进行日常维护,发生修理费 3 000 元,以银行存款支付。

该项经济业务说明,生产车间设备发生修理费,一方面使管理费用增加 3 000 元,应记入“管理费用”账户的借方;另一方面银行存款减少 3 000 元,应记入“银行存款”账户的贷方。该项经济业务的会计分录如下:

借:管理费用——修理费　　3 000

　贷:银行存款　　3 000

4. 产品成本的计算

(1)成本项目的确定

产品成本的计算过程就是生产费用的归集和分配过程。企业发生的各项费用可以按照不同的标准进行分类。按照费用的经济内容分为劳动对象、劳动资料和活劳动三方面的耗费,具体分为材料费用、折旧费用、工资费用及其他费用等,这种划分的结果在会计上称为费用要素。费用按经济内容划分为若干要素,可以反映企业一定时期内在生产经营中发生了哪些费用,数额是多少,并据以分析企业各个时期各种费用的构成水平。但这种分类未能说明费用的具体用途,不能揭示产品成本的高低及费用支出的合理性。因此,为了说明费用的具体去向,还要按经济用途进行分类。按费用的经济用途分类,可将企业一定时期内所发生的费用分为计入产品成本的生产费用和期间费用。计入产品成本的生产费用可以进一步划分为若干个项目,会计上称为成本项目。

重要知识　会计的含义

(1)直接材料

直接材料是指直接用于产品生产的各种材料费用,包括构成产品实体的原料、主要材料与外购半成品,有助于产品形成的辅助材料、包装物以及用于生产的燃料和动力等。

(2)直接人工

直接人工是指直接参与产品制造过程的生产工人的工资、奖金、津贴、补贴以及列支的职工福利费。

(3)制造费用

制造费用是指企业各个生产单位(分厂、车间)为组织和管理生产所发生的各项费用,包括生产单位管理人员工资、职工福利费、生产单位房屋建筑物及机器设备等的折旧费、租赁费(不含融资租赁费)、修理费、机物料消耗、低值易耗品、取暖费、水电费、办公费、差旅费、劳动保护费、季节性或修理期间的停工损失及其他制造费用。

(2)成本计算的程序

企业因生产工艺特点、生产组织方式及管理要求的不同,可以采用不同成本计算方法。这些方法大致包括以下程序:

①确定成本计算对象。成本计算对象就是生产费用归集的对象。它是费用归集和分配的依据,是成本计算所要解决的主要问题。

在制造业企业中,成本计算对象可以是最终的产成品,也可以是加工到一定程度的半成品;可以是单独的产品,也可以是一批产品。企业应结合自身的实际情况确定自己的成本计算对象,以便正确、及时地归集和分配费用,计算成本,加强成本管理和控制。

②归集和分配成本费用。成本计算对象确定以后,应根据成本计算的要求,对本期发生的各项费用在各成本计算对象之间进行归集和分配。

③费用在完工产品和月末在产品之间分配。月末计算产品成本时,如果某种产品全部完工,这种产品的各项费用之和就是这种产品的完工产品成本;如果某种产品全部未完工,这种产品的各项生产费用之和就是这种产品的月末在产品成本;如果某种产品一部分已经完工,其余部分尚未完工,这种产品的各项费用应采用适当的分配方法在完工产品与月末在产品之间进行分配,分别计算完工产品成本和月末在产品成本。

④编制成本计算单。在成本计算过程中,为了系统地归集、分配应计入各种成本计算对象的费用,应按成本计算对象和成本核算项目分别设置和登记费用、成本明细分类账户。然后根据这些账户资料,编制各种成本计算表,借以计算确定各种成本计算对象的总成本和单位成本,全面、系统地反映各种成本指标的经济构成和形成情况。

【例 4—30】 企业生产 A 产品和 B 产品,有关产量和月初在产品成本资料如表 4—4、表 4—5所示。

表 4—4　　**产品成本计算表**

产品名称:A 产品　　2016 年 3 月　　单位:元

项　目	数 量	直接材料费	直接人工费	制造费用	合　计
月初在产品成本		212 500	96 000	97 200	405 700
本月费用		637 500	265 000	175 200	1 077 700
合　计		850 000	361 000	272 400	1 483 400
完工产品成本	2 100	850 000	361 000	272 400	1 483 400
单位成本		404.76	171.90	129.71	706.38
月末在产品成本		—	—	—	—

表 4—5　　**产品成本计算表**

产品名称:B 产品　　2016 年 3 月　　单位:元

项　目	数 量	直接材料费	直接人工费	制造费用	合　计
月初在产品成本		150 000	120 800	102 780	373 580
本月费用		312 500	355 000	233 600	901 100
合　计	2 550	462 500	475 800	336 380	1 274 680

续表

项　目	数 量	直接材料费	直接人工费	制造费用	合　计
完工产品成本	2 550	462 500	475 800	336 380	1 274 680
单位成本		181.37	186.59	131.91	499.87
月末在产品成本	—	—	—	—	—

根据例4—22至例4—28，“生产成本——A产品”和“生产成本——B产品”两个明细分类账户的借方已归集了本月发生的生产费用，A产品本月发生的生产费用如下：直接材料637 500元，直接人工及福利费265 000元，制造费用175 704元，合计1 146 636元。由于A产品本月全部完工，因此A产品月初在产品成本加上本月归集的生产费用应该等于本月A产品完工产品成本。A产品完工产品成本计算如下：

直接材料＝212 500＋637 500＝850 000(元)

直接人工及福利费＝96 000＋265 000＝361 000(元)

制造费用＝97 200＋175 200＝272 400(元)

合计　　　　　　　　1 483 400(元)

B产品本月发生的生产费用如下：直接材料312 500元，直接人工及福利费355 000元，制造费用234 296元，合计901 772元。由于B产品本月全部完工，因此B产品月初在产品成本加上本月归集的生产费用应该等于本月B产品完工产品成本。

B产品完工产品成本如下：

直接材料＝150 000＋312 500＝462 500(元)

直接人工＝120 800＋355 000＝475 800(元)

制造费用＝102 780＋233 600＝336 380(元)

合计　　　　　　　　1 274 680(元)

根据上述计算结果，编制本月完工的A、B产品成本计算单。

【例4—31】 本月完工的A、B两种产品已经验收入库，结转本月完工产品成本，见表4—6。

表4—6　　　　　　　　**产成品入库单**

交库车间：一车间　　　　2016年3月31日　　　　No.0034567

产品编号	产品名称	型号规格	计量单位	送验数量	检验结果		实收数量	备　注
					合格	不合格		
	A产品		件	2 100	2 100	—	2 100	
	B产品		件	2 550	2 550	—	2 550	

保管员：王雷　　检验员：李明　　车间负责人：王仁山　　统计员：吴云　　制单：胡慧中

随着本月完工产品的入库，一方面使A产品库存商品数量增加2 100件，金额1 483 400元，B产品库存商品数量增加2 550件，金额1 274 680元，记入“库存商品”账户的借方；另一方面使生产成本——A产品减少1 483 400元，生产成本——B产品减少1 274 680元，记入

“生产成本”账户的贷方。该项经济业务的会计分录如下：

借:库存商品——A产品　　1 483 400
　　　　　　——B产品　　1 274 680
　贷:生产成本——A产品　　　1 483 400
　　　　　　　——B产品　　　1 274 680

4.4　销售过程业务的核算

4.4.1　销售业务的主要内容

在销售过程中,一方面将生产出来的符合标准的产品按照合同规定的条件发送给订货单位,以满足社会消费的需要;另一方面按照销售价格和结算制度的规定,向购货方办理结算手续,及时收取货款或形成债权,通常把这种货款或债权称作商品销售收入。在商品销售过程中,企业为取得一定数量的销售收入,必须付出相应数量的产品,为制造这些销售产品而耗费的生产成本称为商品销售成本。为了将产品销售出去,还会发生各种费用,如广告费、包装费、装卸费和运输费等,称作销售费用。企业在取得销售收入时,按照国家税法的规定,应计算缴纳企业生产经营活动应负担的税金。此外,企业还可能发生一些其他经营业务,取得其他业务收入和发生其他业务成本。

综上所述,销售业务核算的主要内容包括产品销售收入、产品销售成本、销售费用、税金的核算以及与购货单位发生的货款结算业务等。

4.4.2　销售业务核算的账户设置

企业为了核算销售业务,应设置“主营业务收入”“主营业务成本”“营业税金及附加”“应收账款”“预收账款”等账户。

1.“主营业务收入”账户

“主营业务收入”账户是用来核算和反映企业在销售商品、提供劳务等日常活动中所产生的收入的账户。

该账户属于损益类账户,其贷方登记企业销售商品(包括产成品、自制半成品等)或提供劳务所实现的收入,借方登记发生的销售退回和转入“本年利润”账户的收入,期末结转后本账户应无余额。

“主营业务收入”账户应按主营业务的种类设置明细账,进行明细分类核算。

2.“主营业务成本”账户

“主营业务成本”账户是用来核算和反映企业因销售商品、提供劳务等日常活动而发生的实际成本的账户。

该账户属于损益类账户,其借方登记结转已售商品、提供的各种劳务等的实际成本,贷方登记当月发生销售退回的商品成本和期末转入“本年利润”账户的当期销售产品成本,期末结转后该账户应无余额。

该账户应按照主营业务的种类设置明细账,进行明细分类核算。

3. "营业税金及附加"账户

"营业税金及附加"账户是用来核算和反映企业日常活动应负担的税金及附加，包括消费税、城市维护建设税、资源税、教育费附加等的账户。

该账户属于损益类账户，其借方登记按照规定计算应由主营业务负担的税金及附加，贷方登记期末转入"本年利润"账户中的营业税金及附加，期末结转后本账户应无余额。

4. "应收账款"账户

"应收账款"账户是用来核算企业因销售商品、产品、提供劳务等应向购货单位或接受劳务单位收取的款项的账户。

该账户属于资产类账户，借方登记发生的应收款项，贷方登记收回的应收款项，期末借方余额表示尚未收回的应收款项。

该账户应按照购货单位或接受劳务单位设置明细账，进行明细分类核算。

5. "预收账款"账户

"预收账款"账户是用来核算和反映企业按照合同规定向购货单位预收款项的账户。该账户属于负债类账户，其贷方登记预收购货单位的款项和购货单位补付的款项；借方登记向购货单位发出商品实现销售的货款和退回多付的款项；期末余额一般在贷方，表示预收购货单位的款项。

本账户应按照购货单位设置明细账，进行明细分类核算。

预收账款不多的企业，也可以将预收的款项直接记入"应收账款"账户的贷方，不设本账户。

6. "其他应收款"账户

"其他应收款"账户是用来核算企业除应收票据、应收账款、预付账款以外的其他各种应收、暂付款项，包括职工借款、应收的各种赔款、罚款、应收取的租金等。

该账户属于资产类账户，借方登记发生的应收款项，贷方登记收回及报销结转的款项，期末借方余额表示应收未收的其他应收款项。

该账户应按债务人设置明细账，进行明细分类核算。

4.4.3 主营业务核算的会计处理

销售过程主营业务的核算主要涉及主营业务收入的实现、销售货款的结算与收回、销售费用的发生、营业税金及附加的计算与缴纳、主营业务成本的确定与结转等。

【例4—32】 企业销售A产品1 200件，每件售价1 400元，货款计1 680 000元，增值税285 600元，款项已收并存入银行。

该项经济业务的发生，一方面使企业银行存款增加1 965 600元，应记入"银行存款"账户的借方；另一方面使企业主营业务收入增加1 680 000元，应记入"主营业务收入"账户的贷方；企业向购货方收取的增值税销项税额增加285 600元，应记入"应交税费——应交增值税"账户的贷方。该项经济业务的会计分录如下：

借：银行存款	1 965 600	
贷：主营业务收入——A产品		1 680 000
应交税费——应交增值税（销项税额）		285 600

【例4—33】 企业向南京中北公司销售B产品1 000件，每件1 200元，货款计1 200 000

元,增值税 20 4000 元,商品已发出,款项尚未收到。

该项经济业务的发生,一方面使企业应收账款增加 1 404 000 元,应记入“应收账款”账户的借方;另一方面使企业主营业务收入增加 1 200 000 元,应记入“主营业务收入”账户的贷方;企业向购货方应收取的增值税销项税额增加 204 000 元,应记入“应交税费——应交增值税”账户的贷方。该项经济业务的会计分录如下:

借:应收账款——南京中北公司　　1 404 000
　贷:主营业务收入——B 产品　　1 200 000
　　应交税费——应交增值税(销项税额)　　204 000

【例 4—34】 根据合同的规定,预收购货单位上海茂源公司购买 B 产品价款 702 000 元,存入银行。

该项经济业务的发生,一方面使企业预收账款增加 702 000 元,应记入“预收账款”账户的贷方;另一方面使银行存款增加 702 000 元,应记入“银行存款”账户的借方。该项经济业务的会计分录如下:

借:银行存款　　702 000
　贷:预收账款——上海茂源公司　　702 000

【例 4—35】 企业向上述预付货款的购买单位上海茂源公司发出 B 商品 500 件,单价 1 200元,价款 600 000 元,增值税 102 000 元。

该项经济业务的发生,一方面使企业预收账款减少 702 000 元,应记入“预收账款”账户的借方;另一方面使企业主营业务收入增加 600 000 元,应记入“主营业务收入”账户的贷方;企业向购货方收取的增值税销项税额增加 102 000 元,应记入“应交税费——应交增值税”账户的贷方。该项经济业务的会计分录如下:

借:预收账款——上海茂源公司　　702 000
　贷:主营业务收入——B 产品　　600 000
　　应交税费——应交增值税(销项税额)　　102 000

【例 4—36】 企业接到银行通知,收到南京中北公司的销货款 1 404 000 元。

该项经济业务的发生,一方面使企业银行存款增加 1 404 000 元,应记入“银行存款”账户的借方;另一方面使企业应收账款减少 1 404 000 元,应记入“应收账款”账户的贷方。该项经济业务的会计分录如下:

借:银行存款　　1 404 000
　贷:应收账款——南京中北公司　　1 404 000

【例 4—37】 企业职工黄磊因公出差向财务部门预借差旅费 3 000 元,以现金支付。

该项经济业务的发生,一方面使企业其他应收款项增加 3 000 元,应记入“其他应收款”账户的借方;另一方面使企业库存现金减少 3 000 元,应记入“库存现金”账户的贷方。该项经济业务的会计分录如下:

借:其他应收款——黄磊　　3 000
　贷:库存现金　　3 000

【例 4—38】 企业以银行存款支付销售产品的广告费 100 000 元,销货运杂费 20 000 元。

该项经济业务的发生,一方面使企业销售费用增加 120 000 元,应记入“销售费用”账户的借方;另一方面使企业银行存款减少 120 000 元,应记入“银行存款”账户的贷方。该项经济业务的会计分录如下：

借:销售费用　　120 000

　　贷:银行存款　　120 000

【例 4—39】 企业按规定计算 A、B 两种产品应缴纳的消费税，税率为 5%。

该项经济业务说明 A、B 两种产品均属于消费税应税范围。消费税的计算公式为：主营业务收入×消费税率。根据前述资料，应缴消费税＝(1 680 000＋1 200 000＋600 000)×5%＝174 000(元)。企业因销售商品应缴纳消费税，一方面使消费税增加 174 000 元，应记入“营业税金及附加”账户的借方；另一方面使消费税款尚未实际支付，形成企业的一项负债，使应交税费增加 174 000 元，应记入“应交税费——应交消费税”账户的贷方。该项经济业务的会计分录如下：

借:营业税金及附加　　174 000

　　贷:应交税费——应交消费税　　174 000

【例 4—40】 月末，职工杨过出差归来，报销差旅费 2 500 元，交回现金 500 元。

该项经济业务的发生，一方面使企业差旅费用增加 2 500 元，应记入“管理费用”账户的借方；交回的现金使库存现金增加 500 元，应记入“库存现金”账户的借方；另一方面使企业其他应收款项减少 3 000 元，应记入“其他应收款”账户的贷方。该项经济业务的会计分录如下：

借:管理费用——差旅费　　2 500

　库存现金　　500

　　贷:其他应收款——杨过　　3 000

【例 4—41】 月末，计算并结转已售商品的销售成本，其中 A 产品的销售成本为 847 944 元，B 产品的销售成本为 728 325 元，具体计算见表 4—7。

表 4—7　　**主营业务成本计算表**

2016 年 3 月 31 日　　单位:元

产品名称		A 产品	B 产品
本月销售产品	数量(件)	1 200	1 500
	单位成本	706.62	485.55
	总成本	847 944	728 325

该项经济业务说明，结转 A、B 产品的销售成本，一方面使主营业务成本增加 1 576 269 元，应记入“主营业务成本”账户的借方；另一方面使库存产成品减少 1 576 269 元，应记入“库存商品”账户的贷方。该项经济业务的会计分录如下：

借:主营业务成本——A 产品　　847 944

　　　　　　　——B 产品　　728 325

　　贷:库存商品——A 产品　　847 944

　　　　　　　——B 产品　　728 325

【例 4—42】 月末，企业以银行存款支付业务招待费 5 600 元。

企业发生的业务招待费，是指企业为生产经营的合理需要而支付的交际应酬费用，在管理费用中列支。该项经济业务的发生，一方面使管理费用增加 5 600 元，应记入“管理费用”账户

的借方;另一方面使银行存款减少 5 600 元,应记入“银行存款”账户的贷方。该项经济业务的会计分录如下:

借:管理费用——招待费　　5 600

　　贷:银行存款　　5 600

4.4.4 其他业务收支的核算

制造业企业除了购进、生产和销售产品外,还要发生一些其他经营业务,取得其他业务收入,发生其他业务成本。企业的其他经营业务主要有材料销售、技术转让、固定资产和包装物的出租等。其他业务核算是指核算其他经营业务中所取得的收入和发生的支出。这些其他业务收支,在会计上必须如实地反映和监督,并正确地组织核算。

1. 其他业务收支核算的账户设置

(1)“其他业务收入”账户

“其他业务收入”账户用来核算企业除主营业务活动以外的其他经营活动实现的收入,如“材料销售”“技术转让”“包装物出租”等。

该账户属于损益类账户,其贷方登记企业获得的其他业务收入,借方登记期末结转到“本年利润”账户的已实现的其他业务收入,结转后该账户应无余额。本账户应按其他业务收入的种类等设置明细账,进行明细分类核算。

(2)“其他业务成本”账户

“其他业务成本”账户用来核算企业确认的除主营业务活动以外的其他经营活动所发生的支出,如“材料销售”“技术转让”“包装物出租”等。

该账户属于损益类账户,借方登记其他业务发生的各项支出,贷方登记期末结转到“本年利润”账户的其他业务支出,结转后该账户应无余额。本账户应按其他业务的种类等设置明细账,进行明细分类核算。

2. 其他业务收支核算的会计处理

其他业务收支的核算主要涉及其他业务收入的取得和其他业务成本的发生。

【例 4—43】 企业出售甲材料 400 件,单价 200 元,增值税 13 600 元,款项已存入银行。

该项经济业务的发生,一方面使企业银行存款增加 93 600 元,应记入“银行存款”账户的借方;另一方面使企业其他业务收入增加 80 000 元,应记入“其他业务收入”账户的贷方;企业向购货方收取的增值税销项税额增加 13 600 元,应记入“应交税费——应交增值税”账户的贷方。该项经济业务的会计分录如下:

借:银行存款　　93 600

　　贷:其他业务收入　　80 000

　　　　应交税费——应交增值税(销项税额)　　13 600

【例 4—44】 结转出售甲材料的成本 400 件,单位成本 160 元,计 64 000 元。

该项经济业务的发生,一方面使其他业务成本增加 64 000 元,应记入“其他业务成本”账户的借方;另一方面库存材料减少 64 000 元,应记入“原材料”账户的贷方。该项经济业务的会计分录如下:

借:其他业务成本　　64 000

　　贷:原材料　　64 000

【例 4—45】 企业出租包装物，收到出租包装物租金收入 72 000 元，款项已存入银行。

该项经济业务的发生，一方面使企业其他业务收入增加 72 000 元，应记入“其他业务收入”账户的贷方，另一方面款项存入银行，使银行存款增加 72 000 元，应记入“银行存款”账户的借方。该项经济业务的会计分录如下：

借:银行存款　　72 000

　贷:其他业务收入　　72 000

【例 4—46】 摊销上述出租包装物的成本 43 200 元。

该项经济业务的发生，一方面使其他业务成本增加 43 200 元，应记入“其他业务成本”（与出租包装物的租金收入配比）账户的借方；另一方面包装物减少 43 200 元，应记入“周转材料——包装物”账户的贷方。该项经济业务的会计分录如下：

借:其他业务成本　　43 200

　贷:周转材料——包装物　　43 200

【例 4—47】 月末企业按照本月应交消费税、增值税税额的 7%提取城市维护建设税，按 4%提取教育费附加，见表 4—8。

表 4—8　　**城市维护建设税及教育费附加计算表**　　单位:元

项　目	金　额
销项税额	605 200
进项税额	149 600
应纳增值税额	455 600
应纳消费税额	17 400
流转税额合计	473 000
应交城市维护建设税额(7%)	33 110
应交教育费附加(4%)	18 920

该项经济业务的发生，一方面使城市维护建设税增加 33 110 元，教育费附加增加 18 920 元，应记入“营业税金及附加”账户的借方；另一方面税金及附加尚未缴纳，使企业负债增加 52 030元，应记入“应交税费”账户的贷方。该项经济业务的会计分录如下：

借:营业税金及附加　　52 030

　贷:应交税费——应交城市维护建设税　　33 110

　　　　　　——应交教育费附加　　18 920

4.5　利润形成及其分配业务的核算

4.5.1　利润形成的核算

1. 利润的构成

利润是企业在一定期间生产经营活动的最终成果，也就是收入与成本费用相抵后的差额；如果收入小于成本费用，差额称为亏损。

企业生产经营活动的主要目的，就是要不断提高企业的盈利水平，增强企业的获利能力。企业只有最大限度地获取利润，才能为企业积累资金，不断促进社会生产的发展，满足人们日益增长的生活需要。因此，利润不仅是衡量一个企业经营管理的主要综合性指标，同时也反映企业向整个社会所做贡献的大小。

就其构成来看，企业的利润除了在生产经营活动中销售商品所实现的主营业务利润外，还有其他经营活动引起的收入和支出，如销售材料等所实现的其他业务利润、通过投资活动所取得的投资收益、与生产经营活动无直接关系的事项所引起的盈亏。根据我国企业会计准则的规定，企业一定时期的净利润是由营业利润、投资收益、补贴收入、营业外收入扣除营业外支出和所得税构成的。

(1)营业利润

营业利润是企业利润的主要来源，是主营业务利润加上其他业务利润减去期间费用后的差额。营业利润主要由主营业务利润和其他业务利润构成。主营业务利润是指企业经营活动中主营业务所产生的利润，是主营业务收入减去主营业务成本，再减去营业税金及附加后的金额。其他业务利润是指企业主要经营业务以外的其他业务活动所产生的利润，是其他业务收入减去其他业务成本后的余额。其他业务成本包括其他业务所发生的成本费用以及由其他业务负担的税金及附加。

重要知识　营业利润的计算公式

营业利润＝营业收入－营业成本－营业税金及附加－销售费用－管理费用－财务费用＋投资收益(－投资损失)

其中:营业收入＝主营业务收入＋其他业务收入

营业成本＝主营业务成本＋其他业务成本

(2)利润总额

利润总额是指营业利润加上营业外收入，减去营业外支出后的金额。其中，营业外收入是指企业发生的与其日常经营活动无直接关系的各项利得，营业外支出是指企业发生的与其日常经营活动无直接关系的各项损失。

重要知识　利润总额的计算公式

利润总额＝营业利润＋营业外收入－营业外支出

营业外收入是指与企业生产经营活动没有直接关系的各种收入，包括接受捐赠收入、处理固定资产收入、无形资产净收益、罚款净收入等。营业外支出是指企业发生的与其生产经营无直接关系的各项支出，包括固定资产盘亏、处置固定资产净损失、出售无形资产净损失、罚款支出、捐赠支出、非常损失等。

(3)净利润

净利润是指利润总额减去所得税后的金额。所得税是指企业应计入当期损益的所得税费用，它是企业按照税法规定，就其生产经营所得和其他所得计算并缴纳的一种税金。

重要知识 净利润的计算公式

净利润＝利润总额－所得税费用
其中：所得税费用＝应纳税所得额×适用税率

2. 财务成果形成核算的账户设置

(1)“营业外收入”账户

“营业外收入”账户是用来核算企业发生的与企业生产经营无直接关系的各项收入，包括处置非流动资产利得、罚款利得、盘盈利得、捐赠利得等的账户。

该账户属于损益类账户，其贷方登记企业发生的各项营业外收入，借方登记期末转入“本年利润”账户的营业外收入数，期末结转后一般无余额。

该账户应按收入项目设置明细账，进行明细分类核算。

(2)“营业外支出”账户

“营业外支出”账户是用来核算企业发生的与企业生产经营无直接关系的各项支出，包括处置非流动资产损失、公益性捐赠支出、非常损失、盘亏损失、罚款支出等的账户。

该账户属于损益类账户，其借方登记企业发生的各项营业外支出，贷方登记期末转入“本年利润”账户的营业外支出数，期末结转后该账户一般无余额。

该账户应按支出项目设置明细账，进行明细分类核算。

(3)“投资收益”账户

“投资收益”账户是用来核算企业对外投资取得的收益或发生的损失的账户。

该账户属于损益类账户，其贷方登记取得的投资收益或期末投资损失的转出数，借方登记投资损失和期末投资净收益的转出数，期末结转后该账户应无余额。

该账户应按投资收益的种类设置明细账，进行明细分类核算。

(4)“所得税费用”账户

“所得税费用”账户是用来核算企业按税法规定计算应在本期损益中减去的所得税费用的账户。

该账户属于损益类账户，其借方登记企业应计入本期损益的所得税额，贷方登记企业期末转入“本年利润”账户的所得税额，结转后该账户应无余额。

(5)“本年利润”账户

“本年利润”账户是用来核算和反映企业实现的净利润(或发生的净亏损)情况的账户。

该账户属于所有者权益类账户，其贷方登记期末从“主营业务收入”“其他业务收入”“营业外收入”以及“投资收益”(投资净收益)等账户的转入数；借方登记期末从“主营业务成本”“营业税金及附加”“其他业务成本”“销售费用”“管理费用”“财务费用”“营业外支出”“所得税费用”以及“投资收益”(投资净损失)等账户的转入数。

将本期转入的收入与费用账户的发生额进行对比，若为贷方余额表示实现的净利润，若为借方余额表示发生的亏损。在年度中间，该账户的余额保留在本账户，不予结转，表示截至本期末本年累计实现的净利润(或亏损)。年度终了，应将“本年利润”账户的余额转入“利润分配”账户。结转后该账户应无余额。

账务处理见图 4—1。

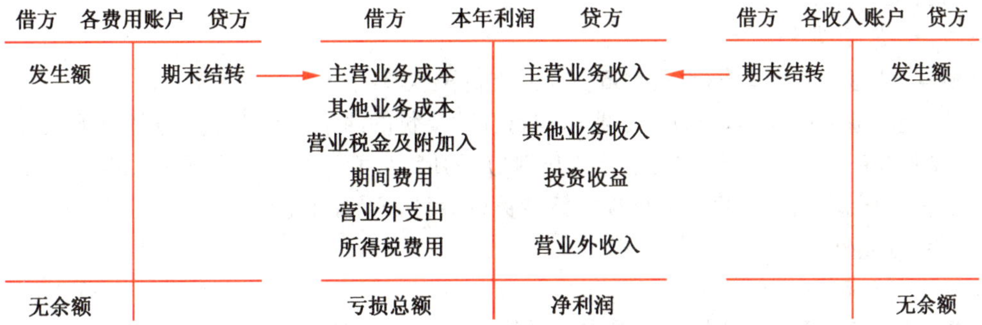

图 4—1　收入、成本费用账户结转示意图

期末结转收入、收益类账户本期发生额的账务处理如下：

借：主营业务收入

　　其他业务收入

　　营业外收入

　　投资收益等

　　贷：本年利润

期末结转成本、费用类账户本期发生额的账务处理如下：

借：本年利润

　　贷：主营业务成本

　　　　其他业务成本

　　　　营业税金及附加

　　　　管理费用

　　　　销售费用

　　　　财务费用

　　　　营业外支出

　　　　所得税费用

年末结转“本年利润”账户余额的账务处理如下：

结转净利润时：

借：本年利润

　　贷：利润分配——未分配利润

结转亏损时：

借：利润分配——未分配利润

　　贷：本年利润

3. 财务成果形成核算的会计处理

【例 4—48】　企业收到 M 公司违约罚款 55 000 元，存入银行。

该项经济业务的发生，一方面使银行存款增加 55 000 元，应记入“银行存款”账户的借方；

另一方面使营业外收入增加 55 000 元，应记入“营业外收入”账户的贷方。该项经济业务的会计分录如下：

借：银行存款　55 000
　贷：营业外收入　55 000

【例 4—49】 企业以银行存款 35 000 元支付税款滞纳金。

该项经济业务的发生，一方面表明以银行存款支付的滞纳金与正常业务经营无关，使营业外支出增加 35 000 元，应记入“营业外支出”账户的借方；另一方面使银行存款减少 35 000 元，应记入“银行存款”账户的贷方。该项经济业务的会计分录如下：

借：营业外支出　35 000
　贷：银行存款　35 000

【例 4—50】 企业收到从其他单位分得的投资利润 160 000 元，存入银行。

该项经济业务的发生，一方面使银行存款增加 160 000 元，应记入“银行存款”账户的借方；另一方面使投资收益增加 160 000 元，应记入“投资收益”账户的贷方。该项经济业务的会计分录如下：

借：银行存款　160 000
　贷：投资收益　160 000

【例 4—51】 期末，将各项收入、费用类账户余额转入“本年利润”账户。

根据例 4—32 至例 4—50，“主营业务收入”账户贷方余额 3 480 000 元，“其他业务收入”账户贷方余额 152 000 元，“投资收益”账户贷方余额 160 000 元，“营业外收入”账户贷方余额 55 000 元，“主营业务成本”账户借方余额 1 576 269 元，“营业税金及附加”账户借方余额 175 914元，“其他业务成本”账户借方余额 107 200 元，“销售费用”账户借方余额 170 000 元，“管理费用”账户借方余额 145 900 元，“财务费用”账户借方余额 6 350 元，“营业外支出”账户借方余额 35 000 元。

(1)结转各项收入，其会计分录如下：

借：主营业务收入　3 480 000
　其他业务收入　152 000
　投资收益　160 000
　营业外收入　55 000
　贷：本年利润　3 847 000

(2)结转各项费用支出，其会计分录如下：

借：本年利润　2 216 633
　贷：主营业务成本　1 576 269
　　营业税金及附加　175 914
　　其他业务成本　107 200
　　管理费用　145 900
　　销售费用　170 000
　　财务费用　6 350
　　营业外支出　35 000

【例 4—52】 期末，按照 25%的所得税税率计算本期应交所得税。

假设该企业不存在纳税调整额,按实现的利润总额 3 847 000－2 216 633＝1 630 367(元)计算,企业用银行存款向税务部门缴纳所得税 407 591.75 元。

该项经济业务的发生,一方面使企业应交税费减少 407 591.75 元,应记入“应交税费”账户的借方;另一方面使银行存款减少 407 591.75 元,应记入“银行存款”账户的贷方。该项经济业务的会计分录如下:

借:应交税费——应交所得税　　407 591.75

　　贷:银行存款　　407 591.75

【例 4－53】 将所得税费用账户发生额 407 591.75 转入“本年利润”账户。

该项经济业务的发生,一方面使企业本年利润减少 407 591.75 元,应记入“本年利润”账户的借方;另一方面使所得税减少 407 591.75 元,应记入“所得税费用”账户的贷方。该项经济业务的会计分录如下:

借:本年利润　　407 591.75

　　贷:所得税费用　　407 591.75

该笔经济业务除登记“本年利润”和“所得税费用”两个总分类账户外,还应在“本年利润”明细分类账户借方登记 407 591.75 元,在“所得税费用”明细账的贷方登记407 591.75元,进行明细分类核算。

4.5.2　利润分配的核算

1. 利润分配的内容及顺序

企业的利润分配是指按照国家的规定或企业董事会决议提请股东大会批准的年度利润分配方案,对企业实现的净利润进行的分配。企业的利润分配涉及各方面的经济利益,因此必须严格按照企业会计制度及会计法规的有关规定进行。

企业当期实现的净利润,加上年初未分配利润(或减去年初未弥补亏损)和其他转入后的余额,为可供分配的利润。

重要知识　利润分配的顺序

企业可供分配的利润应按下列顺序分配:

(1)提取法定盈余公积;

(2)提取任意盈余公积;

(3)向投资者分配利润。

2. 利润分配业务核算的账户设置

为了核算利润分配业务,企业应设置“利润分配”和“应付股利”等账户。

(1)“利润分配”账户

“利润分配”账户是用来核算企业利润的分配(或亏损的弥补)和历年分配(或弥补)后的积存余额的账户。

该账户属于所有者权益类账户,其借方登记按规定实际分配的利润数,或年终从“本年利润”账户的贷方转来的全年亏损总额;贷方登记年终从“本年利润”账户借方转来的全年实现的净利润总额；年终贷方余额表示历年积存的未分配利润，如为借方余额，则表示历年积存的未弥补亏损。

该账户按利润分配的具体项目，一般应设置“提取法定盈余公积”“提取任意盈余公积”“应付股利”和“未分配利润”等明细科目，进行明细分类核算。

(2)“盈余公积”账户

“盈余公积”账户是用来核算企业从净利润中提取的盈余公积金的账户。

该账户属于所有者权益类账户，其贷方登记企业从利润中提取的盈余公积金；借方登记以盈余公积金转增资本、弥补亏损的数额；期末余额在贷方，表示企业提取的盈余公积金实际结存数额。

企业应按盈余公积的种类设置明细账，进行明细分类核算。

(3)“应付股利”账户

“应付股利”账户是用来核算企业对投资者的利润分配情况和实际支付情况的账户。

该账户属于负债类账户，其贷方登记应支付给投资者的利润分配数；借方登记实际支付给投资者的利润数；期末余额在贷方，表示企业尚未支付的利润数。

3. 利润分配业务核算的会计处理

利润分配业务的核算主要涉及提取盈余公积金、向投资者分配的股利或利润等。

年终决算时，要结平“本年利润”账户和“利润分配”账户(除“未分配利润”明细账户外)。

【例 4—54】 将“本年利润”账户的余额转入“利润分配”账户。

年终决算时，企业应将“本年利润”账户的借贷方差额转入“利润分配”账户及其所属的“未分配利润”明细账，结平“本年利润”账户。

借:本年利润　　1 222 775.25

　　贷:利润分配——未分配利润　　1 222 775.25

【例 4—55】 企业根据规定按净利润的 10%提取法定盈余公积金，按 15%提取任意盈余公积金。

应提取的法定盈余公积金=1 222 775.25×10%=122 277.53(元)

应提取的任意盈余公积金=1 222 775.25×15%=183 416.29(元)

借:利润分配——提取法定盈余公积金　　122 277.53

　　　　　——提取任意盈余公积金　　183 416.29

　　贷:盈余公积——法定盈余公积金　　122 277.53

　　　　　　——任意盈余公积金　　183 416.29

【例 4—56】 企业根据批准的利润分配方案，向投资者分配利润 300 000 元。

该项经济业务说明，企业向投资者分配利润，属于利润分配的一项内容。一方面，企业向投资者分配利润 300 000 元，应记入“利润分配”账户的借方；另一方面，向投资者分配利润在没有实际支付之前，形成了企业的一项负债，应记入“应付利润”账户的贷方。其会计分录如下：

借:利润分配——应付利润　　300 000

　　贷:应付利润　　300 000

【例 4—57】 将“利润分配”账户所属各明细分类账户的借方合计数 605 693.82 元(122 277.53+183 416.29+300 000)结转到“利润分配——未分配利润”明细分类账户的借

方。其会计分录如下：

借：利润分配——未分配利润　　605 693.82

　　贷：利润分配——提取法定盈余公积金　　122 277.53

　　　　　　　　——提取任意盈余公积金　　183 416.29

　　　　　　　　——应付利润　　300 000.00

经过上述结转后，“利润分配——未分配利润”明细分类账户的借方合计为 605 693.82 元，贷方合计为 1 222 775.25 元，借贷方相抵后差额为 617 081.43 元，即为年末的未分配利润，结转到下年为年初余额。“利润分配”账户的其他各明细分类账户借贷方合计数相等，年末没有余额。利润分配各账户核算见图 4—2。

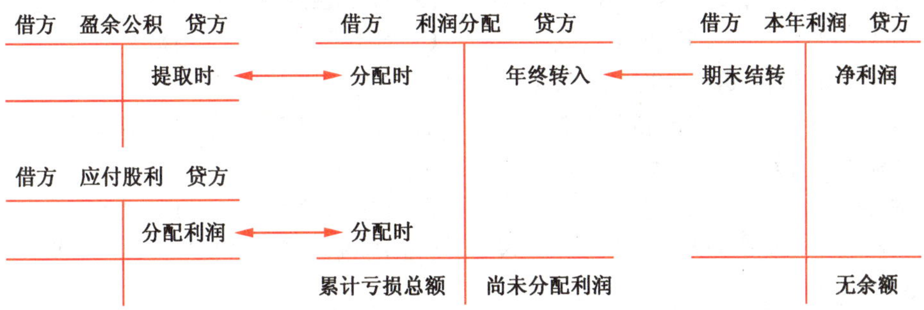

图 4—2　利润分配各账户核算示意图

小思考

学完本任务后，你对企业经营过程中涉及结转有关业务核算是否已经掌握？如结转材料采购成本，结转制造费用、生产成本，结转销售成本，结转有关损益类账户，结转本年利润等。

学习小结

企业从事日常的生产经营活动，从资金筹集开始。资金筹集的主要渠道有投资者投入资本和向银行等金融机构借入款项。在企业经营过程中，企业需要经历供应过程、生产过程和销售过程。在这一过程中，资金也先后从货币资金转化为储备资金、生产资金、成品资金、结算资金，最后又回到货币资金，完成了一次资金循环。在资金循环过程中产生各项经济业务。会计人员需要分析并掌握材料采购成本、产品生产成本和销售成本的内容及其计算方法，理解并掌握营业利润、利润总额和净利润的构成、计算过程和利润分配的政策规定。

【关键词汇】

实收资本　短期借款　长期借款　原材料　材料采购　应交税费　生产成本　制造费用　管理费用　财务费用　销售费用　主营业务收入　主营业务成本　营业税金及附加　利润总额　所得税费用　净利润

【综合练习】

一、单项选择题

1. 企业设立时,在国家工商管理部门登记的投资者缴纳的出资额,称为(　　)。

A. 资金　　B. 所有者权益　　C. 实收资本　　D. 注册资本

2. 企业在生产经营过程中借入短期借款的利息支出,应记入(　　)科目。

A. 管理费用　　B. 财务费用　　C. 制造费用　　D. 生产成本

3. 下列各账户中,属于流动负债的是(　　)。

A. 长期借款　　B. 预付账款　　C. 预收账款　　D. 其他应收款

4. 投资者为开展经营活动而投入的本金,称为(　　)。

A. 投资　　B. 基金　　C. 资本　　D. 股本

5. 企业接受固定资产投资,除了应记入"固定资产"账户和"实收资本"账户外,还可能记的账户是(　　)。

A. 累计折旧　　B. 资本公积　　C. 盈余公积　　D. 其他业务收入

6. 某企业"长期借款"账户期末贷方余额为 50 000 元,本期共增加 30 000 元,减少 40 000 元,则该账户的期初金额为(　　)元。

A. 借方 40 000　　B. 贷方 60 000　　C. 借方 60 000　　D. 贷方 40 000

7. 企业购入一批材料,买价 5 万元,另发生运杂费 400 元,材料已经入库,款项以银行存款支付,则原材料的成本是(　　)元。

A. 50 400　　B. 50 000　　C. 400　　D. 54 000

8. 企业购入一批材料,买价 15 万元,另发生运费 1 000 元,材料已经入库,款未付,应做如下会计分录(　　)。

A. 借:原材料 150 000
　　贷:应付账款 150 000

B. 借:原材料 151 000
　　贷:应付账款 151 000

C. 借:应付账款 150 000
　　贷:原材料 150 000

D. 借:应付账款 151 000
　　贷:原材料 151 000

9. 某企业某日向 A 公司同时购入甲、乙两种材料,甲材料 400 千克,单价 50 元,买价 20 000元,增值税额 3 400 元;乙材料 100 千克,单价 50 元,买价 5 000 元,增值税额 850 元。用银行存款支付甲、乙两种材料的共同保险费等杂费 1 000 元,其余款项暂欠。运杂费按重量比例分配,其中甲材料的成本为(　　)元。

A. 20 800　　B. 20 200　　C. 24 200　　D. 23 400

10. 工业企业领用材料制造产品,应记入(　　)账户。

A. 制造费用　　B. 生产成本　　C. 销售费用　　D. 管理费用

11. 企业发生的间接费用应先在"制造费用"账户归集,期末再按一定的标准和方法分配记入(　　)账户。

A. 管理费用　　B. 生产成本　　C. 本年利润　　D. 库存商品

12. 企业计提生产用固定资产折旧,应借记(　　)科目。

A. 累计折旧　　B. 生产成本　　C. 制造费用　　D. 固定资产

13. 下列关于"生产成本"账户的表述中,正确的是(　　)。

A."生产成本"账户期末肯定无余额

B."生产成本"账户期末若有余额,肯定在借方

C."生产成本"账户的余额代表已完工产品的成本

D."生产成本"账户的余额代表本期发生的生产费用总额

14. 采购员预借差旅费,应借记(　　)账户。

A. 其他应收款　　B. 应收账款　　C. 预付账款　　D. 管理费用

15. 某企业本月支付厂部管理人员工资 30 000 元,预支厂部半年(含本月)修理费 2 400 元,生产车间工人的保险费 6 000 元,该企业本月管理费用发生额为(　　)元。

A. 30 000　　B. 32 400　　C. 30 400　　D. 38 400

16. 某企业某车间月初在产品成本为 2 000 元,本月耗用材料 40 000 元,生产工人工资及福利费 8 000 元,该车间管理人员工资及福利费 4 000 元,车间水电等费用 4 000 元,月末在产品生产成本 4 400 元,厂部预付半年报刊费 1 200 元(含本月),则该车间本月完工产品生产成本总额为(　　)元。

A. 56 200　　B. 58 200　　C. 53 600　　D. 53 800

17. 企业对外销售商品,购货方未支付货款,这项债权应记入(　　)。

A."应收账款"账户的借方　　B."应收账款"账户的贷方

C."应付账款"账户的借方　　D."应收账款"账户的贷方

18. 工业企业销售产品时支付的运输费,应记入(　　)账户。

A. 生产成本　　B. 管理费用　　C. 销售费用　　D. 材料采购

19. 企业本月收到上期产品赊销款 20 000 元;本期销售产品 40 000 元,收到货款 30 000 元,余款尚未收到。按权责发生制原则,本月实现的产品销售收入为(　　)元。

A. 20 000　　B. 40 000　　C. 50 000　　D. 30 000

20. 下列票据中,应通过"应收票据"账户核算的是(　　)。

A. 现金支票　　B. 银行汇票　　C. 商业汇票　　D. 银行本票

21. 预付差旅费属于暂付性质的费用,应通过(　　)账户进行核算。

A. 其他应付款　　B. 预提费用　　C. 其他应收款　　D. 预付账款

22. 下列项目中,不应记入"财务费用"账户的是(　　)。

A. 利息支出　　B. 汇兑损失

C. 支付金融机构手续费　　D. 财务会计人员工资

23. 企业计提本月生产车间使用的固定资产折旧费 40 000 元,应编制的会计分录为(　　)。

A. 借:固定资产　40 000
　　贷:累计折旧　40 000

B. 借:累计折旧　40 000
　　贷:固定资产　40 000

C. 借:管理费用　40 000
　　贷:累计折旧　40 000

D. 借:制造费用　40 000
　　贷:累计折旧　40 000

24. 下列属于"营业外支出"账户核算内容的是(　　)。

A. 行政管理人员的工资　　B. 各种销售费用

C. 借款的利息　　D. 非常损失

25."本年利润"账户的各月末余额(　　)。

A. 肯定在借方　　B. 肯定在贷方

C. 可能在借方,也可能在贷方　　D. 盈利则余额在借方,亏损则余额在贷方

26. 下列关于"本年利润"账户的表述中,正确的是(　　)。

A. 借方登记转入的营业收入、营业外收入等金额

B. 贷方登记转入的营业成本、营业支出等金额

C. 年度终了结账后该账户无余额

D. 全年的任何一个月末都不应有余额

27. 某企业本月营业利润为 220 000 元,营业外支出为 40 000 元,营业外收入为 20 000 元,该企业本月实现的利润总额为(　　)元。

A. 200 000　　B. 280 000　　C. 160 000　　D. 180 000

28. 企业本期全部损益状况如下:主营业务收入 586 000 元,主营业务成本 467 000 元,营业税金及附加 24 000 元,管理费用 60 000 元,营业外收入 12 000 元,所得税费用 11 000 元,则企业本期营业利润为(　　)元。

A. 119 000　　B. 95 000　　C. 35 000　　D. 36 000

29. 利润分配结束后,"利润分配"总账所属的明细账中只有(　　)有余额。

A. 提取盈余公积　　B. 其他转入　　C. 应付利润　　D. 未分配利润

30. 年末结转后,"利润分配"账户的贷方余额表示(　　)。

A. 未分配利润　　B. 净利润　　C. 未弥补亏损　　D. 利润总额

二、多项选择题

1. 企业筹集资金的渠道主要有(　　)。

A. 投资者投入　　B. 销售商品取得　　C. 负债借入　　D. 少缴税金获得

2. A 公司原由甲、乙、丙三人投资,三人各投入 80 万元。两年后丁想加入,经协商,甲、乙、丙、丁四人各拥有 80 万元的资本,但丁必须投入 100 万元的银行存款方可拥有 80 万元的资本。若丁以 100 万元投入 A 公司,并已办妥增资手续,则下列表述的项目中能组合在一起形成该项经济业务的会计分录的项目是(　　)。

A. 该笔业务应借记"银行存款"账户 100 万元

B. 该笔业务应贷记"实收资本"账户 80 万元

C. 该笔业务应贷记"资本公积"账户 20 万元

D. 该笔业务应贷记"银行存款"账户 120 万元

3. 甲公司 201×年 1 月 1 日借入 3 个月期的借款 1 000 万元,年利率 6%,3 月 31 日到期时一次还本付息。按照权责发生制原则,201×年 3 月 31 日甲公司还本付息时应编制的会计分录中可能涉及的应借应贷账户及相应金额是(　　)。

A. 借记"短期借款"账户 1 000 万元　　B. 借记"财务费用"账户 5 万元

C. 借记"应付利息"账户 10 万元　　D. 贷记"银行存款"账户 1 015 万元

4. 关于短期借款,下列说法中正确的是( )。

A. 属于流动负债 B. 可能是向银行或其他金融机构借入的

C. 一定是向银行借入的 D. 可能是流动负债,也可能是长期负债

5. 下列各项中,应计入材料采购成本的有( )。

A. 买价 B. 采购费用 C. 运输途中丢失 D. 厂部采购人员工资

6. 企业外购某种材料的总成本和单位成本是通过( )核算的。

A.“材料采购”总账 B. “材料采购”明细账

C.“原材料”总账 D. “原材料”明细账

7. 下列各项中,属于产品成本项目的是( )。

A. 直接材料 B. 折旧费用 C. 管理费用 D. 制造费用

8. 制造费用的分配标准一般有( )。

A. 外购材料的买价 B. 外购材料的重量

C. 生产工人工资 D. 产品生产用机器工时

9. 企业预提的费用提取数额小于应提取数,可能导致本期( )。

A. 资产减少 B. 负债减少 C. 利润增加 D. 费用减少

10. 在权责发生制下,当月支付的下季度报刊订阅费应计入( )。

A. 预提费用 B. 其他应付款 C. 本月费用 D. 下月费用

11. 下列应记入“财务费用”账户的有( )。

A. 短期借款利息支出 B. 银行存款利息收入

C. 金融机构手续费 D. 财务部门办公费

12. 下列费用中,应计入产品成本的有( )。

A. 直接用于产品生产,构成产品实体的辅助材料

B. 直接从事产品生产的工人的工资

C. 按照生产工人工资的一定比例计提的职工福利费

D. 车间管理人员的工资及福利费

13. 按权责发生制的要求,应全部或部分确认为本期费用的是( )。

A. 月末预提本期机器设备大修理费,但尚未支付

B. 本月支付一笔巨额销售广告费

C. 本月预付下季度报刊费(不含本月)

D. 职工月初出差借支了差旅费,此人月末出差回来,但尚未到财务科报销

14. 关于“本年利润”账户,下列说法中正确的是( )。

A. 各月末余额反映自年初开始至当月末累计实现的净利润或亏损

B. 年终结转后无余额

C. 平时月份期末余额可能在借方,也可能在贷方

D. 各月末余额反映在当月实现的净利润或亏损

15. 计提固定资产折旧时,下列账户中可能被涉及的有( )。

A. 固定资产 B. 累计折旧 C. 制造费用 D. 管理费用

16. 下列各项经济业务中,对所有者权益总额变动无影响的是( )。

A. 用盈余公积转增实收资本 B. 用资本公积转增实收资本

C. 收到所有者投入的新设备　　　　　　　D. 用银行存款归还前欠货款

17. 明德公司结算本月份应付职工的工资10 000元，其中生产工人工资8 000元，车间管理人员工资2 000元。这项经济业务涉及的账户有(　　)。

A. 生产成本　　　B. 管理费用　　　C. 制造费用　　　D. 应付职工薪酬

18. 下列各项目中，属于制造费用核算范围的有(　　)。

A. 车间用房的折旧费　　　　　　　B. 厂部办公楼的折旧费

C. 车间机器设备的折旧费　　　　　D. 直接从事产品生产的生产工人工资

19. 某企业201×年8月销售一批化妆品，化妆品的成本为80万元，为了销售发生推销费用0.5万元，化妆品厂的销售价款为100万元，应收取的增值税销项税为17万元，销售该批化妆品应缴纳的消费税为30万元。根据该项经济业务，下列表述中正确的有(　　)。

A."主营业务成本"账户应反映借方发生额80万元

B."主营业务收入"账户应反映贷方发生额100万元

C."营业税金及附加"账户应反映借方发生额30万元

D."销售费用"账户应反映借方发生额0.5万元

20. 下列项目中，可以作为营业收入的是(　　)。

A. 出售产品取得的收入　　　　　　B. 购买债券取得的利息收入

C. 对外单位罚款所取得的收入　　　D. 出售材料取得的收入

21. 本月出售产品一批，价款5 000元(已预收)，产品生产成本为4 000元。应作会计分录为(　　)。

A. 借:银行存款　　5 000
　　　贷:主营业务收入　　5 000

B. 借:预收账款　　5 000
　　　贷:主营业务收入　　5 000

C. 借:主营业务成本　　4 000
　　　贷:库存商品　　4 000

D. 借:主营业务成本　　4 000
　　　贷:生产成本　　4 000

22. 以下税费中，可能记入"营业税金及附加"账户核算的有(　　)。

A. 增值税　　　B. 消费税　　　C. 营业税　　　D. 教育费附加

23. 下列各项中，属于营业外收入核算内容的有(　　)。

A. 确实无法支付的应付款项　　　　B. 罚款净收入

C. 没收外单位财产的收入　　　　　D. 出售材料所取得的收入

24. 下列关于"所得税费用"账户的表述中，正确的有(　　)。

A. 它是损益类账户

B. 该账户的余额期末结账时应转入"本年利润"账户

C. 该账户属负债类账户

D. 该账户的余额一般在贷方

25. 下列各项中，属于营业外支出核算内容的有(　　)。

A. 购买固定资产的支出　　　　　　B. 非常损失

C. 罚款支出　　　　　　　　　　　D. 举借短期借款的利息支出

26. 下列各项中，应记入"管理费用"账户的有(　　)。

A. 厂部固定资产的折旧费　　　　　B. 业务招待费

C. 车间管理人员工资　　　　　　　D. 厂部管理人员工资

27. 留存收益通常包括(　　)。

A. 应付利润　　B. 资本公积　　C. 盈余公积　　D. 未分配利润

28. 下列会计科目中,可能成为“本年利润”账户的对应科目的有(　　)。

A. 管理费用　　B. 所得税费用　　C. 利润分配　　D. 制造费用

29. 企业本年实现净利润 67 000 元,年末提取盈余公积 6 700 元,分配投资者利润 2 万元,则在年末利润分配时应做的会计分录包括(　　)。

A. 借:本年利润　67 000
　　贷:利润分配　67 000

B. 借:利润分配　6 700
　　贷:盈余公积　6 700

C. 借:利润分配　67 000
　　贷:本年利润　67 000

D. 借:利润分配　20 000
　　贷:应付利润　20 000

30. 下列各项经济业务中,属于企业资金退出的有(　　)。

A. 偿还借款　　B. 上缴税金

C. 发放工资　　D. 向投资者分配利润

三、判断题

1. 企业的实收资本应当保全,投资者除了依法转让外,不得以任何方式抽回。　(　　)

2. 根据重要性原则,短期借款利息不得全额计入支付月份的财务费用,应采用预提方式分期计入财务费用。　(　　)

3. 计提短期借款的利息,应贷记“预付账款”账户。　(　　)

4. 企业在采购过程中所支付的增值税,一律借记“应交税费——应交增值税(进项税额)”账户。　(　　)

5. “制造费用”账户期末一般无余额。　(　　)

6. “累计折旧”账户和“固定资产”账户的余额方向相反。　(　　)

7. 企业预付生产车间机器设备的修理费时,会使制造费用增加,应记入“制造费用”账户的借方,同时贷记“银行存款”账户。　(　　)

8. 如果某产品月初月末均无在产品,则本月为生产该产品发生的全部生产费用就是该产品本月完工产品总成本。　(　　)

9. 计提固定资产折旧意味着费用增加,因此应记入“累计折旧”账户的借方。　(　　)

10. 企业在本期发生的所有会计事项均应按照权责发生制原则来确认本期的收入和费用。　(　　)

11. 漏报固定资产折旧会使当月费用和固定资产净值都减少。　(　　)

12. “生产成本”账户期末若有借方余额,表示企业月末有在产品。　(　　)

13. 会计人员将应计入制造费用的项目误计入管理费用项目,会影响本期完工产品成本计算的正确性。　(　　)

14. 企业通常按生产工人工资总额的 14%计提职工福利费。　(　　)

15. 企业计提生产车间固定资产折旧时,应借记“生产成本”账户,贷记“累计折旧”账户。　(　　)

16. 企业销售产品,产品已发出,只要货款尚未收到,就不能作为主营业务收入实现处理。　(　　)

17. 企业在销售过程中所发生的展览费、广告费以及为销售本企业商品而专设销售机构的经费,均通过“销售费用”账户进行核算。 ( )

18. 营业利润就是企业在一定期间内所实现的最终财务成果。 ( )

19. 企业本期应交所得税等于利润总额乘以适用税率。 ( )

20. “利润分配”账户年末贷方余额表示当年未分配的利润。 ( )

四、简答题

1. 什么是会计确认?如何理解会计的初次确认和再次确认?

2. 什么是会计计量?会计计量属性主要包括哪些?

3. 企业经营过程由哪几个部分组成?其核算内容主要包括哪些?

4. 企业的利润总额由哪几个部分组成?如何计算?

5. 简要列示“本年利润”和“利润分配”账户的基本结构。

五、计算分析题

1.[资料] 越塔公司201×年12月发生下列经济业务:

(1)2日,收到宁通公司投入的机床一台,经评估确认价值为8 000元。

(2)9日,收到北方公司投入的现金10 000元,已存入银行。

(3)16日,向银行借入1年期借款1 500 000元,年利率6%,款项已存入银行。

(4)28日,接银行通知,结算本企业银行存款利息收入870元。

[要求] 根据以上业务编制会计分录。

2.[资料] (1)假定A、B、C三家公司共同投资组成X有限责任公司。按X有限责任公司的章程规定,注册资本为900万元,A、B、C三方各占1/3的股份。

假定A公司以厂房投资,该厂房原值500万元,已提折旧300万元,投资各方确认的价值为300万元(同公允价值);

B公司以价值200万元的新设备一套和价值100万元的一项专利权投资,其价值已被投资各方确认,并已向X公司移交了专利证书等有关凭证;

C公司以货币资金300万元投资,已存入X公司的开户银行。

(2)假定D公司有意投资X公司,经与A、B、C三家公司协商,将X公司变更为Y公司,注册资本增加到1 200万元,A、B、C、D四方各占1/4股权。D公司需以货币资金出资400万元,以取得25%的股份。协议签订后,修改了原公司章程,D公司所出400万元已存入Y公司的开户银行,并办理了变更登记手续。

[要求]

①根据资料(1),分别就X公司实际收到A公司、B公司、C公司投资时编制有关会计分录。

②根据资料(2),编制实际收到D公司投资时的会计分录。

3.[资料] 越达公司201×年12月发生下列经济业务:

(1)2月,向南方公司购入不需要安装的生产用机器设备一台,以银行存款支付价款10 000元,增值税1 700元,运杂费200元。该设备已验收并交付使用。

(2)4日,向北方公司购入甲材料6 000千克,单价10元,价款共计60 000元,增值税

10 200元,价税款已由银行存款支付。

(3)4 日,向北方公司购入甲材料共发生运输费 400 元,途中保险费 150 元,款项均以银行存款支付。

(4)6 日,向北方公司购入的甲材料已验收入库,按其实际采购成本入账。

(5)10 日,向宏达公司购入下列材料,货税款暂欠。

乙材料	1 000 千克	单价 5 元	计 5 000 元	增值税	850 元
丙材料	2 000 千克	单价 10 元	计 20 000 元	增值税	3 400 元
合　计			25 000 元		4 250 元

(6)10 日,向光明公司购入乙、丙两种材料共发生采购费用 600 元,已由银行存款支付(采购费用按外购材料的重量标准进行分摊)。

(7)15 日,上述乙、丙两种材料已验收入库,按其实际采购成本入账。

(8)20 日,向红星公司购入丁材料 1000 千克,单价 14 元,共计 14 000 元。发生采购费用 300 元,增值税 2 380 元,货税款及采购费用已用银行存款支付 10 000 元,其余款项尚未支付,且材料已验收入库。

(9)26 日,以银行存款偿还宏达公司货税款 29 250 元。

(10)30 日,以银行存款偿还红星公司余款 6 680 元。

[要求]　根据以上业务编制会计分录,并登记"在途物资"总分类账户和明细分类账户(T形账户)。

4.[资料]　越达公司为增值税一般纳税人,采用实际成本法进行原材料核算,发出材料采用先进先出法计价,单独设立"预付账款"科目核算预付账款。201×年 3 月 1 日,甲材料月初结存 5 000 千克,单价 15 元/千克。公司 3 月份发生的有关经济业务如下:

(1)3 月 5 日,购入甲材料 6 000 千克,单价 17 元/千克,增值税专用发票上注明增值税税额为 17 340 元,款项已通过银行转账支付,材料已验收入库。

(2)3 月 6 日,与 A 公司签订采购合同,合同规定从 A 公司采购甲材料 9 000 千克,单价 15 元/千克,货款总额为 135 000 元。按照合同规定,当即向 A 公司预付货款总额的 45%。

(3)3 月 8 日,接受乙公司投资转入甲材料 8 000 千克,投资作价 16 元/千克。增值税专用发票上注明增值税税额为 21 760 元,双方确认乙公司出资额为 149 760 元。材料已验收入库。

(4)3 月 10 日,生产领用甲材料 7 000 千克。

(5)3 月 12 日,购入甲材料 1 000 千克,单价 16 元/千克,发票账单已到,增值税专用发票上注明增值税税额为 2 720 元,材料尚未到达。

(6)3 月 13 日,行政管理部门领用甲材料 1 000 千克,车间维修领用甲材料 500 千克。

(7)3 月 20 日,购入甲材料 1 200 千克,单价 18 元/千克,增值税专用发票上注明增值税税额为 3 672 元,款项暂欠,材料已验收入库。

(8)3 月 28 日,生产产品领用甲材料 7 000 千克。

(9)3 月 30 日,向 A 公司采购的甲材料 9 000 千克验收入库,当即用银行存款补付余款及 17%的增值税税款。

(10)3 月 31 日,根据验收入库单得知,购入的甲材料为 8 000 千克,发票账单尚未收到,货款未到,但该批材料已验收入库,估计单价为 17 元/千克。

[要求]　编制上述经济业务相关的会计分录。

5.[资料] 越达公司201×年12月发生下列经济业务：

(1)2日，生产A、B两种产品直接领用材料如下：

产 品	产量(千克)	领用材料	数量(千克)	金额(元)
A产品	1 000	甲材料	2 000	20 200
B产品	500	乙材料	1 000	5 200

(2)4日，生产A、B两种产品共同耗用丙材料9 000元(按产品的产量比例分摊)。

(3)5日，车间一般耗用丁材料1 600元，厂部一般耗用丁材料400元。

(4)6日，以库存现金支付购买车间办公用品费100元，厂部办公用品费400元。

(5)8日，向银行提取现金34 000元，以备发放工资。

(6)9日，以库存现金支付本月份职工工资34 000元。

(7)15日，以库存现金预付采购员肖剑差旅费800元。

(8)18日，采购员肖剑出差归来报销差旅费780元。

(9)22日，以银行存款预付下年度保险费1 200元。

(10)25日，用银行存款支付本月车间照明用电费1 104元，厂部照明用电费240元。

(11)31日，摊销应由本月负担的保险费100元。

(12)31日，预提应由本月负担的银行借款利息205元。

(13)31日，按规定计提本月固定资产折旧5 800元，其中车间固定资产折旧4 600元，厂部固定资产折旧1 200元。

(14)31日，结转本月份应付工资34 000元，其用途如下：

A产品生产工人工资	18 000
B产品生产工人工资	12 000
车间管理人员工资	1 400
厂部管理人员工资	2 600
合 计	34 000

(15)31日，根据历史经验数据和实际情况，合理预计本月份职工福利费，其中：A产品2 520元，B产品1 680元，车间管理人员196元，厂部管理人员364元。

(16)31日，将本月发生的制造费用按生产工人的工资比例分配计入A、B两种产品成本。

(17)31日，结转本月份完工入库产品的实际成本，A产品100件全部完工，总成本为52 120元；B产品50件，尚未完工。

[要求]

(1)根据以上资料编制会计分录和制造费用分配表。

(2)登记A产品生产成本明细账(假设A产品系本月新投入生产的产品)。

6.[资料] 越达公司系增值税一般纳税人，适用的增值税税率为17%，201×年6月份有关资料如下：

(1)该企业生产A、B两种产品，根据月末编制的“发料凭证汇总表”，当月生产车间共领用甲材料198 000元(其中，用于A产品生产120 000元，用于B产品生产78 000元)，车间管理部门领用甲材料3 000元，行政管理部门领用甲材料2 000元。

(2)根据月末编制的“工资结算汇总表”,本月应付生产工人薪酬(含福利费,下同)为114 000元(其中,生产A产品的工人薪酬67 000元,生产B产品的工人薪酬47 000元),应付车间管理人员薪酬为17 100元,应付行政管理人员薪酬为22 800元。

(3)本月计提固定资产折旧5 000元,其中,生产车间固定资产折旧4 000元,行政管理部门固定资产折旧1 000元。

(4)本月以银行存款支付其他制造费用4 400元。

(5)制造费用按生产工人薪酬比例分配。

(6)月末,本月生产的A、B两种产品全部完工并验收入库,其中A产品计20件,B产品计30件,且无月初在产品。计算并结转完工产品成本。

(7)销售A产品18件,不含税每件单价16 000元,B产品25件,不含税每件单价8 000元,均已收到款项并存入银行。

(8)结转已售产品成本(假设该企业月初无库存商品)。

(9)本月盘盈原材料一批,价值23 000元。(尚未批准转销)

(10)应收丙公司账款100 000元,因丙公司破产确实无法收回,经批准予以转销。(采用备抵法)

[要求] 根据以上业务编制有关会计分录。

7.[资料] 越达公司201×年12月发生下列经济业务:

(1)12日,向红光公司销售A产品40件,每件售价800元,共计32 000元,增值税5 440元,货税款当即通过银行收回。

(2)24日,向丽美公司销售A产品50件,每件售价800元,共计40 000元,增值税6 800元,产品已发出,款项尚未收到。

(3)25日,以银行存款支付产品广告费1 200元。

(4)30日,收到丽美公司前欠款46 800元。

(5)31日,结转本月已销售A产品90件的实际成本(单位生产成本为521.20元)46 908元。

[要求] 根据以上业务编制会计分录。

8.[资料] 越达公司201×年12月发生下列经济业务:

(1)9日,接银行通知,因购货单位延期承付货款,按合同规定,收到延期付款滞纳金800元。

(2)20日,销售一批多余的丙材料100千克,单价12元,价款共计1 200元,增值税204元,款项收到并存入银行。

(3)31日,结转本月20日售出材料实际成本1 000元。

(4)31日,接银行通知,从被投资单位分来利润8 000元,已收妥入账。

(5)31日,将本月发生的各项收入结转入“本年利润”账户。

(6)31日,将本月发生的各项费用结转入“本年利润”账户。

(7)31日,按25%的所得税税率计算应交所得税。

(8)31日,将“所得税费用”账户发生额结转入“本年利润”账户。

(9)31日,将本月实现的净利润转入“利润分配”账户。

(10)31日,按净利润的10%提取法定盈余公积。

(11)31 日，根据投资协议，企业按净利润的 40%向投资者分配利润。

(12)31 日，结转“利润分配”账户所属的明细账户。

[要求] 根据以上业务编制会计分录，并列式计算 12 月份利润。

9.[资料] 越达公司 201×年 12 月份的部分经济业务资料如下：

(1)将本月实现的“主营业务收入”280 000 元和“营业外收入”4 000 元结转入“本年利润”账户。

(2)将本月发生的“主营业务成本”100 000 元，“营业税金及附加”3 000 元，“销售费用”4 500元，“管理费用”24 500 元，“财务费用”1 500 元和“营业外支出”20 000 元结转入“本年利润”账户。

(3)按照规定计算出本月应交所得税为 43 000 元，并予以结转。

(4)公司全年实现的净利润为 1 200 000 元，年终将本年实现的净利润转入“利润分配——未分配利润”账户。

(5)公司按照董事会的决议，提取法定盈余公积 120 000 元。

(6)公司按照董事会的决议，向投资者分配利润 200 000 元，但尚未支付。

(7)将已分配的净利润转入“利润分配——未分配利润”账户。

[要求] 根据上述资料，采用借贷记账法编制相关会计分录。

10.[资料] 越达公司 201×年 1 月发生下列经济业务：

(1)1 日，归还 2015 年 10 月 1 日向银行借入的、年利率为 6%的短期借款本金 1 000 000 元，利息 15 000 元。

(2)6 日，用银行存款上缴各种税费 9 650 元。

(3)10 日，用银行存款向投资者支付利润 8 400 元。

(4)25 日，以银行存款向某灾区捐助 5 000 元。

[要求] 根据以上业务编制会计分录。

参考答案

一、单项选择题

1. D　2. B　3. C　4. C　5. B　6. B　7. A　8. B　9. A　10. B
11. B　12. C　13. B　14. A　15. C　16. C　17. A　18. C　19. B　20. C
21. C　22. D　23. D　24. D　25. C　26. C　27. A　28. C　29. D　30. A

二、多项选择题

1. AC　2. ABC　3. ABCD　4. AB　5. AB　6. CD　7. AD　8. CD
9. BCD　10. BD　11. ABC　12. ABCD　13. AB　14. ABC　15. BCD　16. ABD
17. ACD　18. AC　19. ABCD　20. AD　21. BC　22. BCD　23. ABC　24. AB
25. BC　26. ABD　27. CD　28. ABC　29. ABD　30. ABD

三、判断题

1. √　2. √　3. ×　4. ×　5. √　6. √　7. ×　8. √　9. ×　10. ×

11. ×　12. √　13. √　14. ×　15. ×　16. ×　17. √　18. ×　19. ×　20. ×

四、简答题

1. 会计的识别、选择、确定和分类就是会计确认。

初次确认是指对企业发生的交易或事项所产生的原始数据信息进行具体识别、选择、确定和分类，并进入会计核算系统的筛选过程。这里的会计核算系统泛指交易或事项发生后，应由会计处理，按复式记账的要求编制会计记录，然后再按分录分类记入各会计要素所属账户的借方或贷方，定期将全部账户的本期借方发生额和贷方发生额、期初借方余额和贷方余额、期末借方余额和贷方余额相加，测试它们的借贷金额合计数是否各自相等。

再次确认是指对已经加工生成的会计数据信息进行确认，将会计账簿信息转化为会计报表信息的过程。它主要解决两个问题：一是会计账簿中的哪些信息应当列入会计报表；二是对已确认过的数据信息在日后由于变动而对变动影响的再确认。

2. 会计计量是指在会计确认定性的前提下，运用一定的计量单位和计量方法，选择被计量对象的合理属性，确定应予记录的各项经济项目金额的会计处理过程。

一般来说，会计计量包括计量单位和计量属性两个要素。

3. 工业企业的生产经营过程主要包括采购过程、生产过程和销售过程三个阶段。其核算内容主要包括资金筹集、固定资产和材料采购、产品生产和销售、利润形成和分配、资金退出等。

4. 利润总额是指营业利润加上营业外收入、减去营业外支出后的金额。

营业利润＝营业收入－营业成本－营业税金及附加－管理费用－财务费用－销售费用－资产减值损失＋公允价值变动收益(－公允价值变动损失)＋投资收益(－投资损失)

其中：营业收入＝主营业务收入＋其他业务收入

营业成本＝主营业务成本＋其他业务成本

利润总额＝营业利润＋营业外收入－营业外支出

5. “本年利润”账户属于所有者权益类账户，用来核算企业在本年度实现的净利润或发生的净亏损。期末结转利润时，应将“主营业务收入”“其他业务收入”“投资收益”(净收益)“营业外收入”等账户的期末余额，分别转入该账户的贷方；将“主营业务成本”“营业税金及附加”“其他业务成本”“投资收益”(净损失)“管理费用”“财务费用”“销售费用”“营业外支出”“所得税费用”等账户的期末余额，分别转入该账户的借方。期末余额如在贷方，表示企业自年初至本期期末累计实现的净利润数额；期末余额如在借方，则表示企业自年初至本期期末累计发生的净亏损数额。年度终了，企业应将本年实现的净利润全部转入“利润分配——未分配利润”账户的贷方；如为净亏损，则做相反会计分录。年末结转后该账户无余额。

“利润分配”账户属于所有者权益类账户，用来核算企业利润的分配(或亏损的弥补)和历年分配(或弥补)后的结存余额。其借方登记企业本期利润分配数，包括提取的盈余公积、向投资者分配利润等；贷方登记企业发生亏损的弥补数及年终结转的利润总额；期末贷方余额表示未分配的利润，期末借方余额表示累计未弥补的亏损。该账户应设置“提取盈余公积”“提取任意盈余公积”“应付利润”“未分配利润”等明细账进行明细分类核算。年度终了，企业应将全年实现的净利润，自“本年利润”账户的借方转入“利润分配”账户(未分配利润)的贷方。如为净亏损，则做相反会计分录，并将“利润分配”账户下的其他明细账户的余额转入本账户的“未分

配利润”明细账。年终结转后,除“未分配利润”明细账有余额外,该账户的其他明细账户应无余额。

五、计算分析题

1.(1)借:固定资产	8 000	
贷:实收资本		8 000
(2)借:银行存款	10 000	
贷:实收资本		10 000
(3)借:银行存款	1 500 000	
贷:短期借款		1 500 000
(4)借:银行存款	870	
贷:财务费用		870
2.①收到A公司投资时:		
借:固定资产	3 000 000	
贷:实收资本——A公司		3 000 000
收到B公司投资时:		
借:固定资产	2 000 000	
无形资产	1 000 000	
贷:实收资本——B公司		3 000 000
或: 借:固定资产	2 000 000	
贷:实收资本——B公司		2 000 000
借:无形资产	1 000 000	
贷:实收资本——B公司		1 000 000
收到C公司投资时:		
借:银行存款	3 000 000	
贷:实收资本——C公司		3 000 000
②收到D公司投资时:		
借:银行存款	4 000 000	
贷:实收资本——D公司		3 000 000
资本公积——资本溢价		1 000 000
3.(1)借:固定资产	10 200	
应交税费——应交增值税(进项税额)	1 700	
贷:银行存款		11 900
(2)借:材料采购——甲材料	60 000	
应交税费——应交增值税(进项税额)	10 200	
贷:银行存款		70 200
(3)借:材料采购——甲材料	550	
贷:银行存款		550
(4)借:原材料——甲材料	60 550	

贷:材料采购——甲材料		60 550
(5)借:材料采购——乙材料	5 000	
——丙材料	20 000	
应交税费——应交增值税(进项税额)	4 250	
贷:应付账款——宏达公司		29 250
(6)借:材料采购——乙材料	200	
——丙材料	400	
贷:银行存款		600
(7)借:原材料——乙材料	5 200	
——丙材料	20 400	
贷:材料采购——乙材料		5 200
——丙材料		20 400
(8)借:材料采购——丁材料	14 300	
应交税费——应交增值税(进项税额)	2 380	
贷:银行存款		10 000
应付账款——红星公司		6 680
借:原材料——丁材料	14 300	
贷:材料采购——丁材料		14 300
(9)借:应付账款——宏达公司	29 250	
贷:银行存款		29 250
(10)借:应付账款——红星公司	6 680	
贷:银行存款		6 680

材料采购总分类账:

材料采购

借方	贷方
(2)60 000	(4)60 550
(3)550	(5)25 600
(5)25 000	(8)14 300
(6)600	
(8)14 300	

材料采购明细账:

材料采购——甲材料

借方	贷方
(2)60 000	(4)60 550
(3)550	

材料采购——乙材料

借方	贷方
(5)5 000	(7)5 200
(6)200	

材料采购——丙材料

借方	贷方
(5)20 000	(7)20 400
(6)400	

材料采购——丁材料

借方	贷方
(8)14 300	(8)14 300

4.(1)3 月 5 日,借:原材料——甲材料	102 000	
应交税费——应交增值税(进项税额)	17 340	
贷:银行存款		119 340
(2)3 月 6 日,借:预付账款——A 公司	60 750	
贷:银行存款		60 750
(3)3 月 8 日,借:原材料——甲材料	128 000	
应交税费——应交增值税(进项税额)	21 760	
贷:实收资本		149 760
(4)3 月 10 日,借:生产成本	109 000	
贷:原材料——甲材料		109 000
(5)3 月 12 日,借:在途物资——甲材料	16 000	
应交税费——应交增值税(进项税额)	2 720	
贷:银行存款(或应付账款)		18 720
(6)3 月 13 日,借:管理费用	17 000	
制造费用	8 500	
贷:原材料——甲材料		25 500
(7)3 月 20 日,借:原材料——甲材料	21 600	
应交税费——应交增值税(进项税额)	3 672	
贷:应付账款		25 272
(8)3 月 28 日,借:生产成本	114 500	
贷:原材料——甲材料		114 500
(9)3 月 30 日,借:原材料——甲材料	135 000	
应交税费——应交增值税(进项税额)	22 950	
贷:预付账款——A 公司		157 950
借:预付账款——A 公司	97 200	
贷:银行存款		97 200
(10)3 月 31 日,借:原材料——甲材料	136 000	
贷:应付账款		136 000

5.(1)会计分录:

①借:生产成本——A 产品	20 200	
——B 产品	5 200	
贷:原材料——甲材料		20 200
——乙材料		5 200
②借:生产成本——A 产品	6 000	

——B 产品	3 000	
贷:原材料——丙材料		9 000
③借:制造费用	1 600	
管理费用	400	
贷:原材料——丁材料		2 000
④借:制造费用	100	
管理费用	400	
贷:库存现金		500
⑤借:库存现金	34 000	
贷:银行存款		34 000
⑥借:应付职工薪酬——工资	34 000	
贷:库存现金		34 000
⑦借:其他应收款——肖剑	800	
贷:库存现金		800
⑧借:管理费用	780	
库存现金	20	
贷:其他应收款——肖剑		800
⑨借:其他应付款	1 200	
贷:银行存款		1 200
⑩借:制造费用	1 104	
管理费用	240	
贷:银行存款		1 344
⑪借:管理费用	100	
贷:其他应付款		100
⑫借:财务费用	205	
贷:应付利息		205
⑬借:制造费用	4 600	
管理费用	1 200	
贷:累计折旧		5 800
⑭借:生产成本——A 产品	18 000	
——B 产品	12 000	
制造费用	1 400	
管理费用	2 600	
贷:应付职工薪酬——工资		34 000
⑮借:生产成本——A 产品	2 520	
——B 产品	1 680	
制造费用	196	
管理费用	364	
贷:应付职工薪酬——职工福利		4 760

⑯ **制造费用分配表** 单位:元

产品名称	分配标准(工资)	分配率(%)	分配金额
A产品	18 000	0.3	5 400
B产品	12 000	0.3	3 600
合　计	30 000	0.3	9 000

借:生产成本——A产品　　5 400
　　　　　——B产品　　3 600
　贷:制造费用　　9 000

⑰借:库存商品——A产品　　52 120
　贷:生产成本——A产品　　52 120

(2)

A产品生产成本明细账

201×年		凭证号数	摘　要	借　方				贷　方	余　额
月	日			直接材料	直接人工	制造费用	合　计		
12			期初余额						
	2	略	领用材料	20 200			20 200		20 200
	4		领用材料	6 000			6 000		26 200
	31		分配工资		18 000		18 000		44 200
	31		计提福利费		2 520		2 520		46 720
	31		分配制造费用			5 400	5 400		52 120
			结转完工产品成本					52 120	0
			本月发生额及余额	26 200	20 520	5 400	52 120	52 120	0

6.(1)借:生产成本——A产品　　120 000
　　　　　　　——B产品　　78 000
　　　制造费用　　3 000
　　　管理费用　　2 000
　　　贷:原材料——甲材料　　203 000

(2)借:生产成本——A产品　　67 000
　　　　　　——B产品　　47 000
　　制造费用　　17 100
　　管理费用　　22 800
　　贷:应付职工薪酬(应付工资)　　153 900

(3)借:制造费用　　4 000
　　管理费用　　1 000
　　贷:累计折旧　　5 000

(4)借:制造费用　4 400
　　贷:银行存款　4 400
(5)制造费用合计=3 000+17 100+4 000+4 400=28 500(元)
　借:生产成本——A产品　16 750
　　　　　　——B产品　11 750
　　贷:制造费用　28 500
(6)A产品单位成本=(120 000+67 000+16 750)÷20=10 187.5(元/件)
B产品单位成本=(78 000+47 000+11 750)÷30=4 558.33(元/件)
　借:库存商品——A产品　203 750
　　　　　　——B产品　136 750
　　贷:生产成本——A产品　203 750
　　　　　　　——B产品　136 750
(7)借:银行存款　570 960
　　贷:主营业务收入——A产品　288 000
　　　　　　　　　——B产品　200 000
　　　应交税费——应交增值税(销项税额)　82 960
(8)借:主营业务成本　297 333.25(或297 333)
　　贷:库存商品——A产品　183 375
　　　　　　　——B产品　113 958.25(或113 958)
(9)借:原材料　23 000
　　贷:待处理财产损溢　23 000
(10)借:坏账准备　100 000
　　贷:应收账款——丙公司　100 000
7.(1)借:银行存款　37 440
　　贷:主营业务收入　32 000
　　　应交税费——应交增值税(销项税额)　5 440
(2)借:应收账款——丽美公司　46 800
　　贷:主营业务收入　40 000
　　　应交税费——应交增值税(销项税额)　6 800
(3)借:销售费用　1 200
　　贷:银行存款　1 200
(4)借:银行存款　46 800
　　贷:应收账款——丽美公司　46 800
(5)借:主营业务成本　46 908
　　贷:库存商品　46 908
8.(1)借:银行存款　800
　　贷:营业外收入　800
(2)借:银行存款　1 404
　　贷:其他业务收入　1 200

应交税费——应交增值税(销项税额) 204

(3)借:其他业务成本 1 000

贷:原材料——丙材料 1 000

(4)借:银行存款 8 000

贷:投资收益 8 000

(5)借:营业外收入 800

其他业务收入 1 200

投资收益 8 000

贷:本年利润 10 000

(6)借:本年利润 1 000

贷:其他业务成本 1 000

(7)201×年12月份的所得税=(10 000−1 000)×25%=9 000×25%=2 250(元)

借:所得税费用 2 250

贷:应交税费——应交所得税 2 250

(8)借:本年利润 2 250

贷:所得税费用 2 250

(9)借:本年利润 6 750

贷:利润分配——未分配利润 6 750

(10)借:利润分配——提取法定盈余公积 675

贷:盈余公积——法定盈余公积 675

(11)借:利润分配——应付利润 2 700

贷:应付利润 2 700

(12)借:利润分配——未分配利润 3 375

贷:利润分配——提取法定盈余公积 675

——应付利润 2 700

201×年12月份利润总额=800+1 200+8 000−1 000=9 000(元)

201×年12月份净利润=9 000−2 250=6 750(元)

9.(1)借:主营业务收入 280 000

营业外收入 4 000

贷:本年利润 284 000

(2)借:本年利润 153 500

贷:主营业务成本 100 000

营业税金及附加 3 000

销售费用 4 500

管理费用 24 500

财务费用 1 500

营业外支出 20 000

(3)借:所得税费用 43 000

贷:应交税费——应交所得税 43 000

借:本年利润	43 000	
贷:所得税费用		43 000
(4)借:本年利润	1 200 000	
贷:利润分配——未分配利润		1 200 000
(5)借:利润分配——提取法定盈余公积	120 000	
贷:盈余公积——法定盈余公积		120 000
(6)借:利润分配——应付利润	200 000	
贷:应付利润		200 000
(7)借:利润分配——未分配利润	320 000	
贷:利润分配——提取法定盈余公积		120 000
——应付利润		200 000
10.(1)借:短期借款	1 000 000	
应付利息	15 000	
贷:银行存款		1 015 000
(2)借:应交税费	9 650	
贷:银行存款		9 650
(3)借:应付利润	8 400	
贷:银行存款		8 400
(4)借:营业外支出	5 000	
贷:银行存款		5 000

任务五　填制和审核会计凭证

【知识体系】

- 会计凭证
  - 概述
    - 会计凭证的概念
    - 会计凭证的作用
    - 凭证的分类
      - 原始凭证
      - 记账凭证
  - 凭证的填制与审核
    - 原始凭证
      - 原始凭证的基本内容
      - 原始凭证的分类
      - 原始凭证填制的要求
      - 原始凭证的审核及结果处理
    - 记账凭证
      - 记账凭证的基本内容
      - 记账凭证的分类
      - 记账凭证填制的要求
      - 记账凭证的审核
  - 凭证的传递与保管

【学习目标】

(1)了解会计凭证的概念、作用、分类、传递程序和保管规范；

(2)理解原始凭证和记账凭证的基本内容及两者之间的关系；

(3)掌握原始凭证和记账凭证的填制方法、填写规范与基本要求；

(4)根据经济业务的内容熟练填写原始凭证和记账凭证。

【情境导入】

小李是一名刚毕业的大学生，前几天出差回来，拿着单据到财务处报销差旅费。俗话说“口说无凭，立字为据”，单据的重要性小李还是知道的。可是在报销的时候，会计说有一张单据有问题，不能报销。小李感到很头疼，他认为有必要了解一下凭证的相关知识并且正在学习中。填制和审核会计凭证是会计核算的专门方法之一，也是会计实务的一项基本工作。那么，什么是会计凭证？会计凭证有哪些具体内容？会计凭证有什么样的作用？如何填写会计凭证？如何传递和保管会计凭证？带着这些问题，我们来学习本章的内容。

5.1　会计凭证概述

5.1.1　会计凭证的概念

任何经济业务的发生和完成都必须有真实可靠的凭据或书面文件来证明，以保证经济业务活动的真实性和客观性，这些凭据或书面文件就是会计凭证。会计凭证是在经济业务发生或完成时，由完成该项经济业务的相关人员取得或填制的，并由其在凭证上签名或盖章，以示对该笔经济业务负责，同时还必须经过严格审核。只有审核无误的会计凭证才能作为经济业务发生或完成的证明，才能作为登记账簿的依据。

5.1.2　会计凭证的作用

填制和审核会计凭证是会计工作的起点和关键，是会计核算的一种专门方法。任何企业、行政事业单位在处理经济业务时都必须办理会计凭证手续。

会计凭证的填制和审核，对于如实反映经济业务的内容，有效监督经济业务的合理性和合法性，保证会计核算资料的真实性、可靠性、合理性，发挥会计在经济管理中的作用，具有十分重要的意义。

1. 记录经济业务的发生和完成情况，为会计核算提供原始依据

每一个会计主体发生的每一项经济业务都需要按发生的时间、地点、内容和完成情况，正确、及时地填制会计凭证，记录经济业务的真实情况。会计凭证是所有会计资料中的基础资料，其他资料提供得是否及时、准确、可靠，都依赖于会计凭证。因此，正确填制会计凭证对保证会计资料的正确、可靠，提高会计工作质量有着重要作用。

2. 会计凭证是登记账簿的依据

登记账簿必须以审核无误的会计凭证为依据；没有会计凭证，就不能登记账簿，这就保证了会计记录的真实性和正确性，防止弄虚作假。因此，做好会计凭证的填制和审核工作，是保证会计账簿资料真实性、正确性的重要前提。

3. 填制和审核会计凭证，可以更有效地发挥会计的监督作用，使经济业务合理、合法

经济业务是否真实、正确、合法、合规，在记账前都要根据会计凭证进行逐笔审核。通过审核凭证，检查该项业务是否符合有关政策、法规、制度，从而起到会计控制的作用，发挥会计的监督作用。

4. 填制和审核会计凭证，便于分清经济责任，加强经济管理中的责任制

由于会计凭证记录了每项经济业务的内容，并由有关部门和经办人员签章，这就要求有关部门和有关人员对经济活动负责，从而增强有关部门和人员的责任感，加强了经营管理的岗位责任制。

重要知识　会计凭证的概念

会计凭证是记录经济业务的发生和完成情况、明确经济责任，并作为记账依据的书面证明，是重要的会计资料。

5.1.3 会计凭证的分类

会计凭证多种多样，按填制的程序和用途不同，可以分为原始凭证和记账凭证两大类。

5.2 填制和审核原始凭证

5.2.1 原始凭证的概念

原始凭证的主要作用在于记录经济业务、明确经济责任。它是证明经济业务发生的初始文件，具有较强的法律效力，是一种很重要的凭证。在会计核算中，只有交易或事项实际发生或完成，并在交易或事项的实际发生或完成时取得或填制的会计凭证，才能作为记账的原始依据。凡是不能证明交易或事项实际发生或完成情况的各种单证，不能作为原始凭证入账，如购销合同，因为没有进行实际的采购业务，所以不能算是原始凭证。再如银行对账单，交易双方债权、债务对账单以及各种预算、计划等，都不能作为记账的原始依据。

重要知识　原始凭证的概念

原始凭证又称单据，是在经济业务发生或完成时取得或填制的，用以证明经济业务已经发生或完成情况的书面证明文件。

5.2.2 原始凭证的基本内容

会计实务中，由于各单位经济业务的具体内容不同，决定了各单位所使用的原始凭证的名称、格式和内容也不同，其填制与审核的具体内容也会因此而多种多样。但是，原始凭证作为反映经济业务已经发生或已经完成的原始证据，必须反映经济业务发生或完成的情况，并明确相关经办人的责任，所以任何原始凭证都具有共同的基本经济内容。这些基本经济内容包括：

(1)原始凭证的名称。标明原始凭证所记录业务内容的种类，反映原始凭证的用法，如“发票”“入库单”等。

(2)填制原始凭证的日期。填制原始凭证的日期一般是业务发生或完成的日期。如果在业务发生或完成时，因各种原因未能及时填制原始凭证的，应以实际填制日期为准。销售商品、产品时未能及时开出发票的，补开发票的日期应为实际填制的日期。

(3)填制和接受原始凭证单位的名称。将接受凭证单位与填制凭证单位相联系，表明经济业务的来龙去脉。

(4)经济业务的内容摘要、实物数量、单价和大小写金额，主要表明经济业务的主要内容，这是原始凭证的核心。

(5)经办人员的签名或盖章。凭证上的签名、盖章人是经济业务的直接经办人，签名、盖章可以明确经济责任。

(6)原始凭证的附件，如与业务有关的经济合同、费用预算等。

(7)原始凭证的编号。

5.2.3 原始凭证的分类

5.2.3.1 按来源不同

原始凭证按照其来源不同，可以分为外来原始凭证和自制原始凭证。

1. 外来原始凭证

外来原始凭证是指在经济业务发生或完成时，从外部单位或个人直接取得的原始凭证，如购买材料取得的增值税专用发票，对外支付款项时取得的收据，职工出差取得的飞机票、车票，银行收付结算凭证等(见表 5—1、表 5—2、表 5—3)。

表 5—1　3200052176　　江苏省增值税专用发票　　No **0317849**

开票日期：

<table>
<tr><td>购货单位</td><td colspan="4">名　　　称：
纳税人识别号：
地 址 、电 话：
开户行及账户：</td><td>密码区</td><td colspan="3"></td></tr>
<tr><td colspan="2">货物及应税劳务的名称</td><td>规格型号</td><td>单位</td><td>数量</td><td>单价</td><td>金　额</td><td>税率</td><td>税　额</td></tr>
<tr><td colspan="2">

合　计</td><td></td><td></td><td></td><td></td><td></td><td></td><td></td></tr>
<tr><td colspan="9">价税合计(大写)　　　　　　　　　　　　　　　　　　(小写)</td></tr>
<tr><td>销货单位</td><td colspan="4">名　　　称：
纳税人识别号：
地 址 、电 话：
开户行及账号：</td><td>备注</td><td colspan="3"></td></tr>
</table>

收款人：　　　　复核：　　　　开票人：　　　　销货单位(章)

表 5—2　　收 款 收 据　　No **0000137**

日期：　年　月　日

交款单位 …………	收款方式 …………
人民币(大写) …………	
收款事由 …………	

表 5—3

中国建设银行　进账单(回 单)

年　月　日

<table>
<tr><td rowspan="3">出票人</td><td>全　称</td><td></td><td rowspan="3">收款人</td><td>全　称</td><td colspan="11"></td></tr>
<tr><td>账　号</td><td></td><td>账　号</td><td colspan="11"></td></tr>
<tr><td>开户银行</td><td></td><td>开户银行</td><td colspan="11"></td></tr>
<tr><td rowspan="2">金额</td><td colspan="4" rowspan="2">人民币
(大写)</td><td>亿</td><td>千</td><td>百</td><td>十</td><td>万</td><td>千</td><td>百</td><td>十</td><td>元</td><td>角</td><td>分</td></tr>
<tr><td></td><td></td><td></td><td></td><td></td><td></td><td></td><td></td><td></td><td></td><td></td></tr>
<tr><td>票据种类</td><td></td><td>票据张数</td><td></td><td colspan="12" rowspan="3">开户银行签章</td></tr>
<tr><td>票据号码</td><td colspan="3"></td></tr>
<tr><td colspan="4">复核　　　　记账</td></tr>
</table>

2. 自制原始凭证

自制原始凭证是指在执行或完成某项经济业务时，由本单位内部经办业务的部门和人员自行填制的，仅供本单位内部使用的原始凭证，如收料单、领料单、限额领料单、产品入库单、产品出库单、借款单、工资发放明细表、制造费用分配表、折旧计算表等(见表 5—4、表 5—5)。

表 5—4

收 料 单

供应单位：　　　　年　月　日　　　　编号：

<table>
<tr><td rowspan="2">材料编号</td><td rowspan="2">名称</td><td rowspan="2">单位</td><td rowspan="2">规格</td><td colspan="2">数　量</td><td colspan="4">实际成本</td></tr>
<tr><td>应收</td><td>实收</td><td>单价</td><td>发票价格</td><td>运杂费</td><td>合计</td></tr>
<tr><td></td><td></td><td></td><td></td><td></td><td></td><td></td><td></td><td></td><td></td></tr>
<tr><td></td><td></td><td></td><td></td><td></td><td></td><td></td><td></td><td></td><td></td></tr>
<tr><td colspan="10">备注：</td></tr>
</table>

收料人：　　　　交料人：

表 5—5

制造费用分配表

201×年 8 月 30 日

产品名称	生产工时	分配率	分配金额(元)
M101	10 000		
N202	4 000		
合计	14 000		

编制：　　　　审核：

5.2.3.2　按填制手续及内容不同

原始凭证按填制手续及内容不同，可以分为一次凭证、累计凭证和汇总凭证。

1. 一次凭证

一次凭证是指一次填制完成、只记录一笔经济业务的原始凭证。外来的原始凭证大多是一次凭证。在自制的原始凭证中，大部分属于一次凭证，如收据、领料单、发货单、借款单、银行结算凭证等(见表 5—6、表 5—7),只能使用一次。

表 5—6

深圳光华印刷有限公司·2007 年印刷

中国工商银行　(　)
现金支票存根
$\frac{B}{2}\frac{B}{2}$ 00000000
附加信息

出票日期　年　月　日

收款人:
金　额:
用　途:

单位主管　　会计

本支票付款期限十天

中国工商银行　现金支票(　)　地名 $\frac{B}{0}\frac{B}{2}$ 00000000

出票日期(大写)　年　月　日　　付款行名称:
收款人:　　出票人账号:

人民币(大写)		亿	千	百	十	万	千	百	十	元	角	分

用途＿＿＿＿＿＿
上述款项请从
我账户内支付
出票人签章　　　　复核　　　记账

表 5—7　　　**借 款 申 请**　　　编号:

年　月　日

借款人			
用　途			
金额(大写)			
还款计划	年　月　日		
审批人签章		借款人签章	

2. 累计凭证

累计凭证是指一定时间内多次记录发生的同类型经济业务的原始凭证。其特点是在一张凭证内可以连续登记相同性质的经济业务,随时结出累计数和结余数,并按照费用限额进行费用控制,期末按实际发生额记账。累计凭证是多次有效的原始凭证,其填制手续不是一次完成的,而是随着经济业务的发生而多次进行才能完成,一般是自制原始凭证。最具有代表性的累计凭证是“限额领料单”(见表 5—8)。

表 5—8

限额领料单

年　月

领料部门：　　　　发货仓库：

产品名称：　　　　计划产量：　　　　单耗定额：

材料编号：　　　　名称规格：

计量单位：　　　　领用限额：

日期	请领数量	实发数量	累计实发数量	限额结余	领料人签章	备注

生产计划部门：　　　　供销部门：　　　　仓库：

3. 汇总凭证

汇总凭证也称原始凭证汇总表，是为了集中反映某项经济业务的总括情况，并简化记账凭证的填制工作，将一定时期内记录同类性质经济业务的若干原始凭证汇总编制成的一种原始凭证，如收料凭证汇总表、发料凭证汇总表（见表 5—9）、工资结算单等。

表 5—9

发料凭证汇总表

年　月　日

类别 / 部门	E661 材料			F662 材料		
	数量	单位成本	金额	数量	单位成本	金额
合　计						

5.2.3.3　按格式不同

原始凭证按格式不同，可以分为通用凭证和专用凭证。

1. 通用凭证

通用凭证是指由有关部门统一印制，在一定范围内使用的具有统一格式和使用方法的原始凭证。常见的通用凭证有全国通用的增值税专用发票、银行转账结算凭证等。通用凭证的使用范围可以是某一地区、某一行业，也可能全国通用，如全国统一的异地结算银行凭证、部门统一规定的发票、地区统一的汽车票等。

2. 专用凭证

专用凭证是指由本单位自行印制，仅在本单位内部使用的原始凭证。常见的专用凭证有收料单、领料单、工资费用分配表、折旧计算表等。

需要注意的是，经济合同、材料请购单、生产通知单等文件或证明不能证明经济业务的发生和完成，因此不能算作会计凭证，也不能作为会计核算的依据。未经对方单位签章，不具备法律效力的凭证，或不具备凭证基本内容的白条，也同样不能算作会计凭证。

5.2.4　原始凭证的填制要求

原始凭证是编制记账凭证的依据，是会计核算最基础的原始资料。要保证会计核算工作的质量，必须从保证原始凭证的质量做起，正确填制原始凭证。具体来说，原始凭证的填制必须符合以下要求：

1. 记录要真实

记录真实有两个具体要求：一是经济业务必须是实际发生的，二是原始凭证所填列的经济业务内容和数字必须真实可靠，符合实际情况，不得歪曲经济业务真相、弄虚作假。

2. 内容要完整

原始凭证所要求填列的项目必须逐项填列齐全，不得遗漏和省略。需要注意的是，日期要按照填制原始凭证的实际日期填写；名称要齐全，不能简化；品名和用途要填写明确，不能含糊不清；有关人员的签章必须齐全。

3. 手续要完备

单位自制的原始凭证必须有经办业务的部门和人员的签名、盖章；对外开出的原始凭证必须加盖本单位公章或有关业务部门的专用章等；从外部取得的原始凭证，必须盖有填制单位的公章或专用章；从个人取得的原始凭证，必须有填制人员的签名或盖章。总之，取得原始凭证必须符合手续完备的要求，以明确经济责任，确保凭证的合法性、真实性。

4. 书写要清楚、规范

(1)各种凭证的书写要用蓝黑墨水，文字要简要，字迹要清楚，易于辨认。不得使用未经国务院公布的简化字；对阿拉伯数字要逐个书写清楚，不得连写；属于套写的凭证，必须用双面复写纸套写，不要上面清楚，下面模糊。

(2)阿拉伯数字的书写规范：阿拉伯数字应当一个一个地书写，不得连笔书写；在书写时应有一定的斜度，一般可掌握在60度左右。

(3)汉字大小写数字的书写规范：汉字大写金额数字一律用壹、贰、叁、肆、伍、陆、柒、捌、玖、拾、佰、仟、万、亿、元、角、分、零、整等；大写金额数字到元或角为止的，在“元”或者“角”字之后应当写“整”字；大写金额有分的，分字后不写“整”字；阿拉伯小写数字中间有“0”时，中文大写金额按照汉语语言规律、金额构成和防止涂改的要求书写。例如，小写金额为￥2 008.00，大写金额应写成“人民币贰仟零捌元整”。又如，小写金额为￥108 000.50，大写金额应写成“人民币壹拾万捌仟元零伍角整”。

(4)货币符号的书写规范：阿拉伯金额数字前面应当书写币种符号或者货币名称符号，如“人民币”写为“￥”；币种符号与阿拉伯金额数字之间不得留有空白；所有以“元”为单位的阿拉伯数字，除表示单价等情况外，一律填写到角分，无角分的，角位和分位可写“00”或者符号“—”；有角无分的，分位应当写“0”，不得用符号“—”代替；大写金额数字前未印有货币名称的，应当加填货币名称。

(5)文字或数字的高度占凭证横格高度的1/2为宜，并注意紧靠横格底线。

5. 原始凭证的错误更正

(1)各种凭证不得随意涂改、刮擦、挖补。内容填写错误需要更正时，应当由开出单位重开或者更正，更正处应当加盖开出单位的公章。

(2)如果凭证已预先印定编号，在写坏作废时，应加盖“作废”戳记，妥善保管，不得撕毁。

(3)原始凭证金额出现错误的不得更正,只能由原始凭证开具单位重新开具。

6. 编号要连续

各种原始凭证要连续编号,以便查验。

7. 填制要及时

各种原始凭证一定要及时填写,并按规定的程序及时送交会计部门进行处理。

8. 银行票据出票日期的填写方法

银行票据的出票日期必须用中文大写。壹月贰月前加零,叁月至玖月前零字可写可不写;拾月至拾贰月前加壹,写成壹拾月、壹拾壹月、壹拾贰月(前面多写了"零"字也认可,如零壹拾月);壹日至玖日前加零,拾日至拾玖日前加壹,必须写成壹拾日及壹拾×日(前面多写了"零"字也认可),贰拾日至贰拾玖日必须写成贰拾日及贰拾×日,叁拾日至叁拾壹日必须写成叁拾日及叁拾壹日。如 2015 年 8 月 5 日:贰零壹伍年捌月零伍日,捌月前零字可写也可不写,伍日前零字必写;2016 年 2 月 13 日:贰零壹陆年零贰月壹拾叁日。票据出票日期使用小写填写的,银行不予受理。大写日期未按规范填写的,银行可不予受理。

5.2.5 常用原始凭证的填制

5.2.5.1 支票的填写

1. 支票概述

支票是出票人签发,委托办理业务的银行或者其他金融机构在见票时无条件支付确定的金额给收款人或持票人的票据。支票按照支付票款的方式不同,分为普通支票、现金支票、转账支票。支票有固定格式,分左右两边,中间用"分割线"分开。左边为支票"存根",右边为支票"正本"。支票"正本"交给收款人或办理付款的开户银行,支票"存根"留给单位会计记账。支票被广泛用于银行各种款项结算。支票由出纳人员统一保管,在办理业务时由出纳人员签发。

2. 支票填写方法

(1)出票日期:按填制要求规范填写。

(2)收款人:现金支票收款人可写为本单位名称,此时现金支票背面"被背书人"栏内加盖本单位的财务专用章和法人章,之后收款人可凭现金支票直接到开户银行提取现金。现金支票收款人可写为收款人个人姓名,此时现金支票背面不盖任何章,收款人在现金支票背面填上身份证号码和发证机关名称,凭身份证和现金支票签字领款。转账支票收款人应填写为对方单位名称。转账支票背面本单位不盖章。收款单位取得转账支票后,在支票背面被背书栏内加盖收款单位财务专用章和法人章,填写好银行进账单后连同该支票交给收款单位的开户银行委托银行收款。

(3)付款行名称、出票人账号:即付款单位开户银行名称及银行账号,账号小写。

(4)金额:人民币大小写金额要一致,数字填写要求完整、清楚、规范。

(5)用途:现金支票有一定限制,一般填写"备用金""差旅费""工资""劳务费"等;转账支票没有具体规定。

(6)注意事项:

①支票正面不能有涂改痕迹,否则本支票作废。

②受票人如果发现支票填写不全,可以补记,但不能涂改。

③支票的有效期为 10 天，日期首尾算一天。节假日顺延。

④支票见票即付，不记名。

⑥收款单位转账支票背面印章模糊，不能重新盖章，收款单位可带转账支票及银行进账单到出票单位的开户银行办理收款手续，俗称“倒打”，这样就不用出票单位重新开支票。

【例 5—1】 201×年 2 月 11 日开出一张金额为 38 000 元的转账支票，收款人为李红，用途为支付货款（见表 5—10）。

表 5—10

深圳光华印刷有限公司· 2007 年印刷

中国建设银行　转账支票存根　（苏）

$\frac{C}{0}\frac{G}{2}$ 00000000

附加信息

出票日期：201×年 2 月 11 日

收款人：李红
金　额：¥38 000.00
用　途：货款

单位主管　　会计

中国建设银行　转账支票　（苏）　$\frac{C}{0}\frac{G}{2}$ 00000000

出票日期(大写)　贰零壹×年 零贰 月 壹拾壹 日　付款行名称：中国建设银行南京分行

收款人：李红　出票人账号：36276627412

本支票付款期限十天

人民币（大写）	叁万捌仟元整	亿	千	百	十	万	千	百	十	元	角	分
					¥	3	8	0	0	0	0	0

用途　货款

以上款项请从我账户内支付

出票人签章　　单位印鉴章　个人印鉴章

复核　　记账

5.2.5.2　进账单的填写

1. 进账单概述

当单位收到支票、银行本票等票据后，要到银行办理进账手续，这时必须填制进账单。进账单一式三联：一联是开户行交给出票人的回单，一联是收款人开户行作贷方凭证，一联是开户行交给收款人的收账通知。所有联次复写纸套写。

2. 进账单的填写方法

(1)日期：按填写进账单当天的日期填写，日期小写；

(2)出票人：根据票据上注明的出票人或申请人的相关信息填写；

(3)收款人：根据本单位的实际情况填写；

(4)金额：按照票据上注明的金额填写；

(5)票据种类：按照实际收到的票据类别填写，如支票、银行本票、银行汇票等；

(6)票据张数和号码：根据票据上的号码及实际张数填写。

【例 5—2】 201×年 2 月 15 日 A 公司收到鸿海公司一张支票如下，A 公司填制进账单后往开户银行办理转账手续。A 公司账号 32364987456，开户行工商银行鼓楼支行（见表 5—11、表 5—12）。

表 5—11

<table>
<tr>
<td>深圳光华印刷有限公司·2007年印刷
中国建设银行 (苏)
转账支票存根
$\frac{C}{0}\frac{G}{2}$ 00000000
附加信息
出票日期:201×年2月11日
收款人:A公司
金　额:¥38 000.00
用　途:货款
单位主管　会计</td>
<td>中国建设银行　转账支票　(苏)　$\frac{C}{0}\frac{G}{2}$ 00000000
出票日期(大写)　贰零壹×年 零贰 月 壹拾壹 日　付款行名称:中国建设银行南京分行
收款人:A公司　出票人账号:36276627412
本支票付款期限十天
人民币(大写)　叁万捌仟元整　|亿|千|百|十|万|千|百|十|元|角|分|　| | | |¥|3|8|0|0|0|0|0|
用途　货款
以上款项请从
我账户内支付
出票人签章　单位印鉴章　个人印鉴章
复核　记账</td>
</tr>
</table>

表 5—12　中国建设银行　进账单(回单)

201×年2月15日

<table>
<tr><td rowspan="3">出票人</td><td>全　称</td><td>鸿海公司</td><td rowspan="3">收款人</td><td>全　称</td><td colspan="11">A公司</td></tr>
<tr><td>账　号</td><td>36276627412</td><td>账　号</td><td colspan="11">32364987456</td></tr>
<tr><td>开户银行</td><td>中国建设银行南京分行</td><td>开户银行</td><td colspan="11">工商银行鼓楼支行</td></tr>
<tr><td rowspan="2">金额</td><td colspan="4" rowspan="2">人民币(大写)叁万捌仟元整</td><td>亿</td><td>千</td><td>百</td><td>十</td><td>万</td><td>千</td><td>百</td><td>十</td><td>元</td><td>角</td><td>分</td></tr>
<tr><td></td><td></td><td></td><td>¥</td><td>3</td><td>8</td><td>0</td><td>0</td><td>0</td><td>0</td><td>0</td></tr>
<tr><td>票据种类</td><td>支票</td><td>票据张数</td><td>1张</td><td colspan="12" rowspan="3">开户银行签章</td></tr>
<tr><td>票据号码</td><td colspan="3">00000000</td></tr>
<tr><td colspan="4">复核　　记账</td></tr>
</table>

5.2.5.3 收据的填写

1. 收据概述

单位收取其他单位或个人款项时,由出纳人员填制收款收据,1张收据一般只反映一项现金收款业务,或者同时反映若干项同类性质的现金收款业务。收款收据一般一式三联:一联是开出单位存根,一联交给缴款单位报账,一联交给本单位会计记账。

2. 收据的填写方法

(1)日期:根据实际收款日期填写;

(2)交款单位:根据交来款项的单位或个人的全称填写;

(3)金额:按照实际收到的金额填写;

(4)收款事由:根据实际收款事由填写。

【例 5—3】 201×年2月13日,收到胡帆交来的销货款现金200元(见表5—13)。

表5—13 **收款收据** No 0000137

日期:201×年2月13日

交款单位 胡帆	收款方式 现金
人民币(大写) 贰佰元整	¥200.00
收款事由 货款	

5.2.5.4 收料单的填写

“收料单”是企业在外购的材料物资验收入库时填制的凭证。企业外购材料都应履行入库手续,由仓库保管人员根据供应单位开来的发票账单,严格审核,对运达入库的材料认真计量,并按实收数量认真填制。收料单一式三联:一联交仓库保管人员据以登记材料卡片和明细账,一联随发票账单交财会部门办理结算和记账,一联交采购人员存查。

【例5—4】 201×年8月2日,企业向ABC公司购入甲材料3 000千克,材料编号0101001,单价10元,另支付运杂费2 000元(见表5—14)。

表5—14 **收料单**

供应单位:ABC公司 201×年8月2日 编号:2013050

材料编号	名称	单位	规格	数量		实际成本			
				应收	实收	单价	发票价格	运杂费	合计
0101001	甲材料	千克		3 000	3 000	10	30 000	2 000	32 000
备注:									

收料人:张晓 交料人:李虎

5.2.5.5 领料单的填写

“领料单”是在经济业务发生或完成时,由经办人员填制的,如企业、车间或管理部门从仓库领用材料时,由领料经办人根据需要材料的情况填写“领料单”,并经该部门主管领导批准到仓库领用材料。仓库保管员根据领料单,审核其用途,认真计量、发放材料,并在领料上签章。“领料单”一式三联:一联留领料部门备查;一联留仓库,据以登记材料物资明细账和材料卡片;一联转到会计部门或月末经汇总后转会计部门,据以进行总分类核算。

【例5—5】 201×年8月6日,一车间领用甲材料2 000千克,用于生产A产品(见表5—15)。

表5—15 **领料单**

领用部门:一车间 201×年8月6日

用途:生产A产品 编号:201308009

材料编号	名称	规格	计量单位	请领数量	实发数量	单位成本	金额	备注
0101001	甲材料		千克	2 000	2 000	11	22 000	

领用人: 领用部门主管: 保管员: 保管部门主管:

5.2.5.6 限额领料单的填写

限额领料单在有效期间、在规定的限额内可以连续使用。领料时注明请领数量，经负责人签章批准后，持单到仓库领料。仓库在限额内发料，同时将实发数量及限额余额填在限额领料单内，领发料双方在单内签章。月末在此单内结出实发数量和金额转交会计部门，据以核算。

【例 5—6】 企业一车间生产 A 产品，201×年 2 月计划产量 1 000 件，每件产品甲材料定额耗用量 10 千克，由生产部门下达限额领料单，从 1 号仓库领料(见表 5—16)。

表 5—16 **限额领料单**

201×年 2 月

领料部门：一车间　　发货仓库：1 号仓库
产品名称：A 产品　　计划产量：1 000 件　　单耗定额：10
材料编号：0101001　　名称规格：甲材料
计量单位：千克　　领用限额：10 000

日期	请领数量	实发数量	累计实发数量	限额结余	领料人签章	备注
3 日	2 000	2 000	2 000	8 000	张某	
12 日	3 000	3 000	5 000	5 000	张某	
⋮	⋮	⋮	⋮	⋮	⋮	

生产计划部门：　　供销部门：　　仓库：1 号仓库

5.2.5.7 增值税专用发票的填写

1. 增值税专用发票概述

一般纳税人在销售货物或提供加工修理修配劳务时开具增值税专用发票。增值税专用发票有三联：一联为销售方记账凭证，一联为抵扣联(该联不能作为记账凭证附件，应单独存放，用于向税务机关申报抵扣进项税额)，一联为购货方记账凭证。增值税专用发票一律由计算机填开，手写发票无效。

2. 增值税专用发票的填写方法

(1)购货单位相关信息：根据购货方提供的资料填写；

(2)密码区：电脑开票完成时自动生成，不需要输入；

(3)货物或应税劳务名称、规格型号、单位、数量、单价、金额、税率、税额、价税合计大小写等信息：由开票人员根据实际销售情况填写；

(4)销货单位相关信息：由计算机自动生成。

【例 5—7】 201×年 2 月 20 日，甲公司向乙公司企业销售 A 产品 1 000 件，单价 50 元，增值税税率 17%。乙公司纳税人识别号为 320201000356211，地址为江杨路 18 号，电话为 36787678，开户行为工商银行××支行，账号为 21784933282(见表 5—17)。

表 5－17　3200052176　　　　**江苏省增值税专用发票**　　　　No **0317849**

开票日期：201×年 2 月 20 日

<table>
<tr><td>购货单位</td><td colspan="4">名　　　称：乙公司
纳税人识别号：320201000356211
地 址 、电 话：地址江杨路 18 号　36787678
开户行及账户：工商银行××支行　21784933282</td><td>密码区</td><td colspan="3">自动生成</td></tr>
<tr><td colspan="2">货物及应税劳务的名称</td><td>规格型号</td><td>单位</td><td>数量</td><td>单价</td><td>金　额</td><td>税率</td><td>税　额</td></tr>
<tr><td colspan="2">A 产品

合　计</td><td></td><td>件</td><td>1 000</td><td>50</td><td>50 000</td><td>17%</td><td>8 500</td></tr>
<tr><td colspan="2">价税合计(大写)</td><td colspan="7">伍万捌仟伍佰元整　　　　（小写）¥58 500.00</td></tr>
<tr><td>销货单位</td><td colspan="4">名　　　称：
纳税人识别号：　（自动生成）
地 址 、电 话：
开户行及账号：</td><td>备注</td><td colspan="3"></td></tr>
</table>

收款人：　　　　复核：　　　　开票人：　　　　销货单位(章)：

5.2.6　原始凭证的审核

为了保证会计资料的真实、可靠、正确，提高会计信息质量，必须对原姑凭证进行认真审核。只有审核无误的原始凭证才能作为编制记账凭证和登记账簿的依据。

5.2.6.1　原始凭证审核的内容

审核原始凭证主要包括以下六个方面的内容：

1. 真实性审核

真实性是指原始凭证所记载的经济业务是否真实，包括与经济业务相关的单位和经办人员是否真实、经济业务发生的地点和日期是否准确、经济业务内容及其数量金额方面是否与实际情况相符等。

2. 合法性审核

合法性是指原始凭证所记载的经济业务是否合理合法，是否符合国家的相关政策、法规和制度的规定，有无违法乱纪的行为，有无弄虚作假、营私舞弊、伪造涂改凭证等行为。

3. 合理性审核

合理性主要是审核所记录的经济业务是否符合生产经营活动的需要，是否符合有关的计划预算等。

4. 完整性审核

完整性是指原始凭证是否具备合法凭证所必需的基本内容及这些内容是否齐全，填制的手续是否齐全，是否有相关主管人员的审核批准等。

5. 正确性审核

正确性是指原始凭证的摘要是否填写清楚，日期、数量、单价及金额是否正确，大小写有无错误等。

6. 及时性审核

及时性审核应注意审查凭证的填制日期，要求在经济业务发生或完成时及时填制有关原始凭证，及时进行凭证的传递。特别是对时效性较强的原始凭证如支票、银行汇票、银行本票等，更应验证其签发日期。

5.2.6.2 原始凭证审核结果的处理

原始凭证的审核是一项十分重要、严肃的工作。对于审核的结果，要根据不同情况进行处理：

完全符合要求的原始凭证，应及时编制记账凭证入账。

真实、合法、合理但内容不完整、填写有错误的原始凭证，应退给经办人员，由其负责将凭证补充完整、更正错误或重开后，再办理正式会计手续。

原始凭证记载的各项内容均不得涂改；原始凭证有错误的，应当由出具单位重开或者更正，更正处应当加盖出具单位印章。原始凭证金额有错误的，应当由出具单位重开，不得在原始凭证上更正。对外出具原始凭证的单位应当依法开具准确无误的原始凭证；对于填制有误的原始凭证，出具原始凭证的单位负有更正和重新开具的法律义务，不得拒绝。

不真实、不合法的原始凭证，会计机构和会计人员有权不予接受，并向单位负责人报告。

5.3 填制和审核记账凭证

5.3.1 记账凭证的概念

重要知识 记账凭证的概念

记账凭证又称记账凭单，是会计人员根据审核无误的原始凭证，按照经济业务事项的内容加以归类，并据以确定会计分录后所填制的会计凭证。它是登记账簿的直接依据。

5.3.2 记账凭证的基本内容

记账凭证作为登记账簿的依据，因其所反映经济业务的内容不同，各单位规模大小及其对会计核算的繁简要求不同，其格式有所不同，但各种记账凭证必须满足会计核算的基本要求，必须具备以下基本内容：(1)记账凭证的名称，如“收款凭证”“付款凭证”“转账凭证”或“记账凭证”；(2)填制凭证的日期；(3)记账凭证的编号；(4)经济业务的内容摘要；(5)经济业务涉及会计科目的名称及借贷方向；(6)经济业务事项的金额；(7)记账标记；(8)所附原始凭证的张数；(9)有关人员的签章。

5.3.3 记账凭证的分类

5.3.3.1 按反映的经济业务内容分类

1. 专用记账凭证

(1)收款凭证

收款凭证是指用来记录库存现金和银行存款收入业务的记账凭证，是根据有关库存现金和银行存款收入业务的原始凭证填制的。收款凭证是登记现金日记账、银行存款日记账以及相关明细账和总账等账簿的依据。收款凭证又可分为现金收款凭证和银行存款收款凭证两种(见表 5—18)。

表 5—18　　　　**收款凭证**

借方科目：　　　　年　　月　　日　　　　附件　　张

收字　　号

摘　要	贷方会计科目		金　额									记账
	总账科目	明细科目	百	十	万	千	百	十	元	角	分	
合　计												

会计主管：　　　　记账：　　　　复核：　　　　出纳：　　　　制单：

(2)付款凭证

付款凭证是指用来记录库存现金和银行存款付款业务的记账凭证，它是根据有关库存现金和银行存款支付业务的原始凭证填制的。付款凭证是登记现金日记账、银行存款日记账以及有关明细账和总账等账簿的依据。付款凭证又可分为现金付款凭证和银行存款付款凭证两种(见表 5—19)。

表 5—19　　　　**付款凭证**

贷方科目：　　　　年　　月　　日　　　　附件　　张

付字　　号

摘　要	借方会计科目		金　额									记账
	总账科目	明细科目	百	十	万	千	百	十	元	角	分	
合　计												

会计主管：　　　　记账：　　　　复核：　　　　出纳：　　　　制单：

(3)转账凭证

转账凭证是指用来记录不涉及库存现金和银行存款业务的记账凭证。转账凭证根据有关转账业务的原始凭证填制，是登记有关明细账和总账等账簿的依据(见表 5—20)。

表 5—20

转账凭证

年　月　日　　　　附件　张

转字　号

摘　要	会计科目		借方金额									贷方金额									记账
	总账科目	明细科目	百	十	万	千	百	十	元	角	分	百	十	万	千	百	十	元	角	分	
合　计																					

会计主管：　　记账：　　复核：　　出纳：　　制单：

收款凭证、付款凭证、转账凭证的划分，有利于对不同经济业务进行分类管理，有利于经济业务检查，但工作量较大。专用记账凭证适用于规模较大、收付款业务较多的单位。

2. 通用记账凭证

通用记账凭证是指对全部业务不再区分收款、付款及转账业务，而将所有经济业务统一编号，在同一个格式的凭证中进行记录(见表 5—21)。

表 5—21

记账凭证

年　月　日　　　　附件　张

转字　号

摘　要	会计科目		借方金额									记账	贷方金额									记账
	总账科目	明细科目	百	十	万	千	百	十	元	角	分		百	十	万	千	百	十	元	角	分	
合　计																						

会计主管：　　记账：　　复核：　　出纳：　　制单：

通用记账凭证一般适用于经济业务较简单、规模较小、收付款业务较少的单位。

5.3.3.2 按填列方式不同分类

记账凭证按照填列方式不同，可以分为复式凭证和单式凭证两种。

1. 复式凭证

复式凭证是指将每一笔经济业务事项所涉及的全部会计科目及发生额均在同一张记账凭证中反映的一种凭证。前述各种记账凭证都是复式记账凭证。其优点是能完整地反映一笔经济业务的全貌，即经济业务所涉及的全部账户及其对应关系，且填写方便，附件集中，便于凭证的分析和审核。其缺点是不便于分工记账,也不便于科目汇总。

2. 单式凭证

单式凭证是指每一张记账凭证只填列经济业务事项所涉及的一个会计科目及其金额的记账凭证。填列借方科目的称借项凭证,填列贷方科目的称贷项凭证。单式凭证便于汇总计算每一会计账户的发生额,有利于会计的分工记账。但是单式凭证的制证工作量大,且不能在一张凭证上反映经济业务的全貌,内容分散,也不便于查账。它一般适用于业务量较大、会计部门内部分工较细的单位。

5.3.4 记账凭证的编制要求

记账凭证是登记账簿的直接依据。为了确保账簿记录的准确,监督款项收付,全面提供会计信息,必须严格按照要求填制记账凭证。

(1)记账凭证中的各项内容必须填写齐全,并按规定程序办理签章手续,不得简化。

(2)记账凭证在一个月内应当连续编号,以便分清经济业务事项处理的先后顺序,便于记账凭证与会计账簿核对,确保记账凭证完整无缺。编号的方法可采用收款、付款、转账凭证分3类编号;也可以采用现金收款、现金付款、银行存款收款、银行存款付款和转账凭证分5类编号;还可以用通用记账凭证统一编号的形式。一笔经济业务需要填制两张或两张以上记账凭证的,可以采用分数编号法编号,如7号会计事项的会计分录需要填制3张记账凭证,即可编成7(1/3)号、7(2/3)号和7(3/3)号。前面的整数为总顺序号,后面的分数为该项经济业务的分号,分母表示该项经济业务的记账凭证总张数,分子表示该项经济业务的顺序号。

(3)书写规范。相关要求同原始凭证。

(4)记账凭证可以根据每一张原始凭证填制,或者根据若干张同类原始凭证汇总填制,也可以根据原始凭证汇总表填制。但不得将不同内容和类别的原始凭证汇总填制在一张记账凭证上。

(5)除结账和更正错误的记账凭证可以不附原始凭证外,其他记账凭证必须附有原始凭证。如果一张原始凭证涉及几张记账凭证,可以把原始凭证附在一张主要的记账凭证后面,并在其他记账凭证上注明附有该原始凭证的记账凭证的编号或者附原始凭证复印件。一张原始凭证所列支出需要几个单位共同负担的,应当将其他单位负担的部分开给对方原始凭证分割单,进行结算。原始凭证分割单必须具备原始凭证的基本内容,如凭证名称、填制凭证日期、填制凭证单位名称或者填制人姓名、经办人的签名或者盖章、接受凭证单位名称、经济业务内容、数量、单价、金额和费用分摊情况等。

(6)如果在填制记账凭证时发生错误,应当重新填制。已经登记入账的记账凭证在当年内发现的错误,可以用红字填写一张与原内容相同的记账凭证,在摘要栏注明"注销某月某日某号凭证",同时用蓝字重新填制一张正确的记账凭证,注明"订正某月某日某号凭证"。如果会计科目没有错误,只是金额错误,也可以根据两者的差额另编一张调整凭证,调增用蓝字,调减用红字。发现以前年度记账凭证有错的,应当用蓝字填制一张更正的记账凭证。

(7)记账凭证填制经济业务事项后,如有空行,应当自金额栏最后一笔金额数字下的空行处至合计数上的空行处划线注销。

5.3.5 记账凭证的编制

1. 收款凭证

收款凭证的左上角为“借方科目”，应填写“库存现金”或“银行存款”科目；凭证上方的“年、月、日”应按填制日期填写；右上角填写编制收款凭证的顺序号；“附件×张”是指该记账凭证所附原始凭证的张数；“摘要”栏要填写所记录经济业务的简要说明；“贷方科目”栏填写与“库存现金”或“银行存款”相对应的会计科目（包括一级科目和明细科目）；“记账”是指该凭证已登记账簿的标记，防止经济业务事项重记或漏记；“金额”是指该项经济业务的发生额；最下边分别由有关人员签章，以明确经济责任。

【例 5—8】 企业 201×年 3 月 5 日收到 A 公司交来的预付货款 2 万元，出纳根据银行转来的进账单审核后填制收款凭证（见表 5—22）。

表 5—22 收 款 凭 证

借方科目：银行存款　　201×年 3 月 5 日　　附件 2 张

银收字 1 号

摘 要	贷方科目		金 额									记账
	总账科目	明细科目	百	十	万	千	百	十	元	角	分	
收到预付款	预收账款	A 公司			2	0	0	0	0	0	0	
合 计				¥	2	0	0	0	0	0	0	

会计主管：（签章）　记账：（签章）　复核：（签章）　出纳：（签章）　制单：（签章）

2. 付款凭证

付款凭证的编制方法与收款凭证的编制方法基本相同，只是左上角的“借方科目”换为“贷方科目”，凭证中间的“贷方科目”换为“借方科目”。对于现金和银行存款之间的相互划转业务，如从银行提取现金或将现金存入银行，一般只填写银行存款或现金的付款凭证，不编制收款凭证，以避免重复记账。

【例 5—9】 201×年 3 月 7 日，企业购入材料一批，买价 5 万元，进项税额 8 500 元，开出转账支票支付货款，见表 5—23。

表 5—23

付款凭证

贷方科目:银行存款　　　　201×年 3 月 7 日　　　　附件　3　张

银付字　1　号

摘要	借方科目		金额									记账
	总账科目	明细科目	百	十	万	千	百	十	元	角	分	
购买原材料	原材料				5	0	0	0	0	0	0	
	应交税费	应交增值税（进项税额）				8	5	0	0	0	0	
合　计				¥	5	8	5	0	0	0	0	

会计主管:(签章)　　记账:(签章)　　复核:(签章)　　出纳:(签章)　　制单:(签章)

3. 转账凭证

转账凭证将经济业务中所涉及的全部会计科目按照先借后贷的顺序记入"会计科目"栏中的"总账科目"和"明细科目",并按应借、应贷方向分别记入"借方金额"或"贷方金额"栏。其他项目的填列方法与收、付款凭证填列方法相同。

【例 5—10】　201×年 3 月 11 日,企业向 B 公司购买甲材料一批,增值税专用发票列明买价 1 万元,增值税 1 700 元,款暂欠,见表 5—24。

表 5—24

转账凭证

201×年 3 月 11 日　　　　附件　1　张

转字　1　号

摘要	会计科目		借方金额									贷方金额									记账
	总账科目	明细科目	百	十	万	千	百	十	元	角	分	百	十	万	千	百	十	元	角	分	
购买材料	原材料	甲材料			1	0	0	0	0	0	0										
	应交税费	应交增值税（进项税额）				1	7	0	0	0	0										
	应付账款	B公司												1	1	7	0	0	0	0	
合　计				¥	1	1	7	0	0	0	0		¥	1	1	7	0	0	0	0	

会计主管:(签章)　　记账:(签章)　　复核:(签章)　　出纳:(签章)　　制单:(签章)

4. 通用记账凭证

通用记账凭证的格式和填写方法与转账凭证相同。

【例 5—11】　201×年 3 月 16 日,向长城公司销售甲产品收入 20 000 元,增值税税额 3 400元,价税合计 23 400 元,货款尚未收到,见表 5—25。

表 5—25

记账凭证

201×年 3 月 16 日

附件 3 张

转字 1 号

摘要	会计科目		借方金额									记账	贷方金额									记账
	总账科目	明细科目	百	十	万	千	百	十	元	角	分		百	十	万	千	百	十	元	角	分	
销售甲产品,款暂欠	应收账款	长城公司			2	3	4	0	0	0	0											
	主营业务收入														2	0	0	0	0	0	0	
	应交税费	应交增值税(销项税额)														3	4	0	0	0	0	
合计				¥	2	3	4	0	0	0	0			¥	2	3	4	0	0	0	0	

会计主管： 记账： 复核： 出纳： 制单：

5.4 记账凭证的审核

为了保证会计信息的质量,记账凭证入账前必须由专人进行审核。记账凭证的审核主要包括以下几个方面：

1. 内容是否真实

审核记账凭证所记录的经济业务内容与所附原始凭证是否相符,内容是否真实。

2. 项目是否齐全

审核记账凭证中有关项目的填列是否完整,有关人员的签章是否完备。

3. 科目是否正确

审核记账凭证的应借应贷会计科目是否正确,账户的对应关系是否清晰、完整,核算内容是否符合会计准则的要求。

4. 金额是否正确

审核记账凭证上列示的总分类科目的金额和明细科目的金额是否正确,借贷方金额合计是否相等。

5. 书写是否正确

审核记账凭证的书写是否符合标准,数字是否清晰,更正是否正确。

在审核过程中,如果发现错误,应及时查明原因,按规定加以更正。经过审核无误的记账凭证才能作为登记账簿的依据。

5.5 会计凭证的传递与保管

5.5.1 会计凭证的传递

会计凭证的传递是指从会计凭证的取得或填制时起至归档保管过程中,在单位内部有关部门和人员之间的传送程序和传递时间。

科学合理的凭证传递有利于正确及时地进行会计核算，也有利于发挥会计的监督作用。各个单位应根据具体情况确定凭证的传递程序和方法，主要包括以下两方面内容：

1. 规定会计凭证的传递程序

根据经济业务的特点、内部机构组织、岗位分工以及各职能部门利用这种凭证进行经济管理的需要，规定各种凭证的传递程序，做到既使有关部门和人员了解经济业务的情况，及时办理凭证手续，又避免不必要的环节，提高效率。

2. 确定会计凭证在各个环节停留的时间

根据有关部门或人员使用会计凭证办理业务手续对时间的合理需要，确定其在各环节停留的时间，防止时间过久造成积压。

5.5.2　会计凭证的保管

会计凭证的整理保管是指会计凭证记账后的整理、装订、归档和存查工作。会计凭证的保管主要有下列要求：

1. 定期装订

会计凭证要定期装订成册，防止散失。原始凭证较多时可单独装订，但应在凭证封面注明所属记账凭证的日期、编号和种类，同时在所属的记账凭证上注明“附件另订”及原始凭证的名称和编号，以便查阅。

2. 要认真填好会计凭证封面

封面的主要内容有“单位及凭证名称”，要写全称；“启用日期”不要不填或只填月、日，要把年、月、日写全；“本期共××册、本册是第××册”要写清楚；“凭证张数××自×号至×号”填本册共多少张及其起讫号码；“保管期限”是按规定要求本册凭证应保管多少年；“会计主管”和“装订人”要由会计主管人员和装订人员分别签章，并在装订角封口处加盖骑缝章。

3. 会计凭证应加贴封条，防止抽换凭证

原始凭证不得外借，其他单位如有特殊原因确实需要使用的，经本单位会计机构负责人、会计主管人员批准，可以复印。向外单位提供的原始凭证复印件，应在专设的登记簿上登记并由提供人员和收取人员共同签名盖章。

学习小结

会计凭证是记录经济业务的发生和完成情况、明确经济责任并作为记账依据的书面证明，是重要的会计资料。会计凭证按填制的程序和用途不同，可以分为原始凭证和记账凭证两大类。原始凭证又称单据，是在经济业务发生或完成时取得或填制的，用以证明经济业务已经发生或完成情况的书面证明文件。原始凭证按照不同的标准可以进一步分为外来原始凭证、自制原始凭证，一次凭证、累计凭证、汇总凭证，通用凭证、专用凭证等。记账凭证又称记账凭单，是会计人员根据审核无误的原始凭证，按照经济业务事项的内容加以归类，并据以确定会计分录后所填制的会计凭证。它是登记账簿的直接依据。记账凭证按照不同的标准可以进一步分为专用记账凭证、通用记账凭证，单式记账凭证、复式记账凭证等。填制和审核会计凭证是会计核算的开始。本章的重点内容是凭证的填制和审核，难点内容是凭证的填制。

【关键词汇】

会计凭证　凭证分类　原始凭证　记账凭证　填制方法　凭证审核　传递与保管

【综合练习】

一、单项选择题

1. 下列各项中，属于累计凭证的是(　　)。

A. 收据　B. 限额领料单　C. 收料单　D. 工资汇总表

2. 原始凭证金额有错误的，正确的处理方法是(　　)。

A. 向单位负责人报告　B. 退回，不予接受

C. 由出具单位重开或更正　D. 本单位代为更正

3. 下列各项中，属于汇总原始凭证的是(　　)。

A. 科目汇总表　B. 汇总记账凭证　C. 限额领料单　D. 工资结算汇总表

4. 关于会计凭证的保管，下列说法中不正确的是(　　)。

A. 会计凭证应定期装订成册，防止散失

B. 会计主管人员和保管人员应在封面上签章

C. 原始凭证不得外借，其他单位如有特殊原因确实需要使用时，经本单位会计机构负责人、会计主管人员批准，可以复印

D. 经单位领导批准，会计凭证在保管期满前可以销毁

5. 付款凭证左上角的“贷方科目”可能登记的科目是(　　)。

A. 预付账款　B. 银行存款　C. 预收账款　D. 其他应付款

6. 下列各项中，不属于自制原始凭证的是(　　)。

A. 领料单　B. 成本计算单　C. 入库单　D. 火车票

7. 下列业务中，应该编制收款凭证的是(　　)。

A. 购买原材料用银行存款支付　B. 收到销售商品的款项

C. 购买固定资产，款项尚未支付　D. 销售商品，收到商业汇票一张

8. 根据连续反映某一时期不断重复发生而分次进行的特定业务编制的原始凭证是(　　)。

A. 一次凭证　B. 累计凭证　C. 记账凭证　D. 汇总原始凭证

9. 将库存现金送存银行，应填制的记账凭证是(　　)。

A. 库存现金收款凭证　B. 库存现金付款凭证

C. 银行存款收款凭证　D. 银行存款付款凭证

10. 根据同一原始凭证编制几张记账凭证，下列做法中不正确的是(　　)。

A. 编制原始凭证分割单

B. 采用原始凭证复印件

C. 不必做任何说明

D. 在未附原始凭证的记账凭证上注明所附原始凭证的记账凭证的种类和编号

11.(　　)是用来记录货币资金付款业务的凭证，它是由出纳人员根据审核无误的原始凭证填制的。

A. 收款凭证　B. 付款凭证　C. 转账凭证　D. 累计凭证

12. 填制记账凭证时，错误的做法是(　　)。

A. 根据每一张原始凭证填制

B. 根据若干张同类原始凭证汇总填制

C. 将若干张不同内容和类别的原始凭证汇总填制在一张记账凭证上

D. 根据原始凭证汇总表编制

13. 银行存款日记账由(　　)根据审核无误的银行存款收付款凭证和有关的现金付款凭证逐日逐笔顺序登记。

A. 会计主管人员　　B. 稽核人员　　C. 出纳人员　　D. 记账人员

14. 填制原始凭证时，“人民币捌仟元零五角整”的小写金额规范的是(　　)。

A. 8 000.50　　B. 8 000.5　　C. ￥8 000.50　　D. ￥8 000.5

15. 下列会计凭证中，属于外来原始凭证的是(　　)。

A. 销货发票　　B. 进货发票　　C. 记账凭证　　D. 材料入库单

16. 下列各项中，可以不附原始凭证的记账凭证是(　　)。

A. 更正错误的记账凭证　　B. 从银行提取现金的记账凭证

C. 以现金发放工资的记账凭证　　D. 职工临时性借款的记账凭证

17. 下列有关单式记账凭证的说法中，正确的是(　　)。

A. 单式记账凭证是指将每笔经济业务所涉及的全部会计科目及其内容在同一张记账凭证中反映的记账凭证

B. 单式记账凭证是指将每笔经济业务所涉及的每一个会计科目及其内容分别独立地反映的记账凭证

C. 其不便于会计分工记账以及按会计科目汇总

D. 其便于反映经济业务的全貌及账户的对应关系

18. 下列各项中，属于通用凭证的是(　　)。

A. 工资结算单　　B. 折旧计算表

C. 增值税专用发票　　D. 差旅费报销单

19. 下列各项中，不能作为会计核算的原始凭证的是(　　)。

A. 发货票　　B. 合同书　　C. 入库单　　D. 领料单

20. 关于原始凭证填制的基本要求，下列说法中不正确的是(　　)。

A. 从外单位取得的原始凭证，必须盖有填制单位的公章或财务专用章

B. 自制的原始凭证，必须有经办单位领导人或指定人员的签名或盖章

C. 凡填有大写和小写金额的原始凭证，大写和小写的金额必须相符

D. 职工外出的借款凭据，在其报账时必须退还给本人

二、多项选择题

1. 原始凭证的基本内容包括(　　)。

A. 原始凭证名称　　B. 接受原始凭证的单位名称

C. 经济业务的内容　　D. 凭证附件

2. 下列说法中，正确的有(　　)。

A. 已经登记入账的记账凭证，在当年内发现填写错误时，直接用蓝字重新填写一张正确

的记账凭证即可

B. 发现以前年度记账凭证有错误的，可以用红字填写一张与原内容相同的记账凭证，再用蓝字重新填写一张正确的记账凭证

C. 如果会计科目没有错误而只是金额错误，也可以将正确数字与错误数字之间的差额另填制一张调整的记账凭证，调增金额用蓝字，调减金额用红字

D. 发现以前年度记账凭证有错误的，应当用蓝字填制一张更正的记账凭证

3. 其他单位因特殊原因需要使用本单位的原始凭证，正确的做法是(　　)。

A. 可以外借

B. 将外借的会计凭证拆封抽出

C. 不得外借，经本单位会计机构负责人、会计主管人员批准，可以复制

D. 将向外单位提供的凭证复印件在专设的登记簿上登记

4. 在原始凭证上书写阿拉伯数字，正确的是(　　)。

A. 金额数字一律填写到角、分

B. 无角分的，角位和分位可写“00”或者符号“—”

C. 有角无分的，分位应当写“0”

D. 有角无分的，分位也可以用符号“—”代替

5. 涉及库存现金与银行存款之间的收付业务时，可以编制的记账凭证有(　　)。

A. 库存现金收款凭证　　B. 库存现金付款凭证

C. 银行存款收款凭证　　D. 银行存款付款凭证

6. 下列说法中，正确的是(　　)。

A. 记账凭证上的日期指的是经济业务发生的日期

B. 对于涉及“库存现金”和“银行存款”之间的经济业务，一般只编制收款凭证

C. 出纳人员不能直接依据有关收、付款业务的原始凭证办理收、付款业务

D. 出纳人员必须根据经会计主管或其指定人员审核无误的收、付款凭证办理收、付款业务

7. 关于记账凭证和原始凭证，下列说法中正确的是(　　)。

A. 原始凭证和记账凭证都称为会计凭证

B. 原始凭证根据实际发生或已完成的经济业务填制

C. 原始凭证是记账凭证的附件和填制记账凭证的依据

D. 原始凭证记录的是会计信息，记账凭证记录的是经济信息

8. 关于记账凭证，下列说法中正确的是(　　)。

A. 收款凭证是指用于记录现金和银行存款收款业务的会计凭证

B. 收款凭证分为现金收款凭证和银行存款收款凭证两种

C. 从银行提取库存现金的业务应该编制现金收款凭证

D. 从银行提取库存现金的业务应该编制银行存款付款凭证

9. 原始凭证的审核内容包括(　　)。

A. 有关数量、单价、金额是否正确无误　　B. 是否符合有关的计划和预算

C. 记录的经济业务的发生时间　　D. 有无违反财经制度的行为

10. 企业领料单属于(　　)。

A. 原始凭证　　B. 一次凭证　　C. 汇总凭证　　D. 累计凭证

11. 在编制记账凭证时，错误的做法有(　　)。

A. 编制复合会计分录

B. 一个月内的记账凭证连续编号

C. 将不同类型业务的记账凭证合并编制一张记账凭证

D. 从银行提取现金时只填制现金收款凭证

12. 下列各项中，可作为库存现金收入原始凭证的有(　　)。

A. 发票　　B. 转账支票　　C. 非经营性收据　　D. 内部收据

13. 下列业务中不需要编制银行存款收款凭证的有(　　)。

A. 以银行存款购入设备　　B. 接受投入一台设备

C. 从银行借入款项，存入银行　　D. 将资本公积转增资本

14. 原始凭证的合法性审核的内容包括(　　)。

A. 是否符合国家有关政策、法规、制度等规定

B. 是否符合规定的审核权限

C. 是否符合规定的审核程序

D. 有无财务主管审核签章

15. 下列记账凭证中，必须附原始凭证的有(　　)。

A. 所有收款凭证　　B. 所有付款凭证

C. 所有转账凭证　　D. 用于结账的记账凭证

三、判断题

1. 转账支票只能用于转账，而现金支票不仅可以用于提取现金还可以用于转账。(　　)

2. 所有的记账凭证都必须附有原始凭证，否则不能作为记账的依据。(　　)

3. 原始凭证原则上不得外借，其他单位如有特殊原因确实需要使用时，经本单位会计机构负责人、会计主管人员批准，可以外借。(　　)

4. 原始凭证是会计核算的原始资料和重要依据，是登记会计账簿的直接依据。(　　)

5. 发现以前年度记账凭证有错误，不必用红字冲销，直接用蓝字填制一张更正的记账凭证。(　　)

6. 记账凭证填制完经济业务事项后，如有空行，应当自金额栏最后一笔金额数字下的空行处至合计数上的空行处划线注销。(　　)

7. 对于真实、合法、合理但内容不够完善、填写有错误的原始凭证，会计机构和会计人员不予以接受。(　　)

8. 自制原始凭证都是一次凭证，外来原始凭证绝大多数是一次凭证。(　　)

9. 原始凭证发生的错误，正确的更正方法是由出具单位在原始凭证上更正。(　　)

10. 外来原始凭证遗失时，取得签发单位盖有财务章的证明，经单位负责人批准后可代作原始凭证。(　　)

11. 记账凭证对经济业务的发生和完成有证明效力。(　　)

12. 在证明经济业务的发生以及据以编制记账凭证的作用方面，自制原始凭证与外来原始凭证不具有同等效力。(　　)

13. 记账凭证的填制日期应是经济业务发生或完成日期。 （ ）
14. 所有的记账凭证都必须附有原始凭证才能作为记账的依据。 （ ）
15. 多栏式账簿主要适用于既需要记录金额，又需要记录实物数量的财产物资明细账户。 （ ）
16. 记账凭证采用专用记账凭证时，登记现金日记账的依据是现金收付款凭证和银行付款凭证。 （ ）
17. 现金收付业务较少的单位，不必单独设置现金日记账，可以银行对账单或其他方法代替现金日记账，以简化核算。 （ ）
18. 记账凭证是登记明细账的依据，原始凭证是登记总账的依据。 （ ）
19. 记账凭证的审核与编制不能由同一会计人员执行。 （ ）
20. 只要是真实的原始凭证，就可以以此编制记账凭证。 （ ）

四、业务题

企业 2016 年 3 月发生下列经济业务，请选择并编制专用记账凭证：

(1)2 日，提取现金 2 000 元备用；

(2)5 日，以存款购买材料 20 000 元(不考虑增值税)；

(3)11 日，销售产品一批，货款 50 000 元存入银行(不考虑增值税)；

(4)17 日，5 日购买的材料验收入库。

参考答案

一、单项选择题

1. B　2. C　3. D　4. D　5. B　6. D　7. B　8. B　9. B　10. C
11. B　12. C　13. C　14. C　15. B　16. A　17. B　18. C　19. B　20. D

二、多项选择题

1. ABC　2. CD　3. CD　4. ABC　5. BD　6. CD　7. ABC　8. ABD
9. ABCD　10. AB　11. CD　12. ACD　13. ABD　14. ABC　15. ABC

三、判断题

1. ×　2. ×　3. ×　4. ×　5. √　6. √　7. ×　8. ×　9. ×　10. ×
11. ×　12. ×　13. ×　14. ×　15. ×　16. √　17. ×　18. ×　19. √　20. ×

四、业务题

付款凭证

贷方科目:银行存款　　　　2016 年 3 月 2 日　　　　附件 2 张

银付字 1 号

摘 要	借方会计科目		金 额									记账
	总账科目	明细科目	百	十	万	千	百	十	元	角	分	
提现	库存现金					2	0	0	0	0	0	
合 计					¥	2	0	0	0	0	0	

会计主管:(签章)　记账:(签章)　复核:(签章)　出纳:(签章)　制单:(签章)

付款凭证

贷方科目:银行存款　　　　2016 年 3 月 5 日　　　　附件 3 张

银付字 2 号

摘 要	借方会计科目		金 额									记账
	总账科目	明细科目	百	十	万	千	百	十	元	角	分	
购买原材料	在途物资				2	0	0	0	0	0	0	
合 计				¥	2	0	0	0	0	0		

会计主管:(签章)　记账:(签章)　复核:(签章)　出纳:(签章)　制单:(签章)

收款凭证

借方科目:银行存款　　　　2016 年 3 月 11 日　　　　附件 2 张

银收字 1 号

摘 要	贷方会计科目		金 额									记账
	总账科目	明细科目	百	十	万	千	百	十	元	角	分	
收到销货款	主营业务收入				5	0	0	0	0	0	0	
合 计				¥	5	0	0	0	0	0	0	

会计主管:(签章)　记账:(签章)　复核:(签章)　出纳:(签章)　制单:(签章)

转账凭证

2016 年 3 月 17 日

附件 1 张

转字 1 号

摘要	会计科目		借方金额									贷方金额									记账
	总账科目	明细科目	百	十	万	千	百	十	元	角	分	百	十	万	千	百	十	元	角	分	
材料入库	原材料				2	0	0	0	0	0	0										
	在途物资													2	0	0	0	0	0	0	
合计				¥	2	0	0	0	0	0	0		¥	2	0	0	0	0	0	0	

会计主管:(签章)　记账:(签章)　复核:(签章)　出纳:(签章)　制单:(签章)

任务六　设置账簿与登记账簿

【知识体系】

- 会计账簿
  - 概述
    - 会计账簿的概念
    - 会计账簿与账户的关系
    - 会计账簿的分类
      - 按用途
        - 序时账簿
        - 分类账簿
        - 备查账簿
      - 按账页格式
        - 三栏式
        - 多栏式
        - 数量金额式
      - 按外在形式
        - 订本账
        - 活页账
        - 卡片账
  - 账簿的内容、启用与登记规则
  - 账簿的格式和登记方法
    - 日记账的格式和登记方法
    - 分类账的格式和登记方法
  - 错账更正
  - 对账与结账

【学习目标】

(1)了解会计账簿的概念、种类和基本内容；

(2)理解和掌握账簿的设置和登记方法；

(3)掌握账簿的登记规则以及更正错账和结账、对账的方法；

(4)根据经济业务的内容熟练填写账簿。

【情境导入】

如果你问会计是做什么的，可能很多人会说“会计是做账的”，由此可见账簿在会计核算中的地位和作用。设置和登记账簿是会计核算的中心环节，也是连接会计凭证和会计报表的中间环节，那么到底什么是账簿？账簿是什么样的？如何设置账簿？如何登记和审核账簿？带着这些问题，我们来学习本章的内容。

6.1 会计账簿概述

6.1.1 会计账簿的概念

虽然会计凭证真实记录了已经发生或完成的各项经济业务，但是由于经济业务复杂多样，而每张记账凭证也只能记录和反映个别经济业务，因此记账凭证记录的经济业务比较零散，缺乏系统性。为了全面、系统、连续地反映经济活动，可以通过设置账簿这一环节，把会计凭证所反映的分散的经济业务内容分类、连续、集中地登记到各种不同的会计账簿中，以获得总括的、分类的经济业务的核算资料。根据《会计法》的规定，各单位应按照国家统一的会计制度的规定和会计业务的需要设置会计账簿。

设置和登记账簿是编制会计报表的基础，是连接会计凭证与会计报表的中间环节，在会计核算中具有重要意义。

(1)通过设置和登记账簿，可以系统地归纳和积累会计核算的资料，为改善企业经营管理提供资料；

(2)通过设置和登记账簿，可以为编制会计报表提供依据；

(3)通过设置和登记账簿，可以为会计分析、会计检查以及考核提供依据。

重要知识　账簿的含义

会计账簿是指由一定格式、相互联系的账页组成的，以审核无误的会计凭证为依据，全面、系统、连续地记录各项经济业务的簿籍。

6.1.2 会计账簿与账户

账户存在于账簿之中，账簿中的每一账页都是账户的存在形式和载体。没有账簿，账户就不能独立存在。账簿序时、分类地记载经济业务，是在个别账户中完成的，因此，账簿只是一个外在形式，账户才是其内在的真实内容，两者的关系是形式和内容的关系。

6.1.3 会计账簿的分类

1. 按会计账簿的用途分类

会计账簿按其用途可分为序时账簿、分类账簿和备查账簿三类。

(1)序时账簿

序时账簿又称日记账，是按照经济业务发生或完成的先后顺序，逐日逐笔登记经济业务的账簿。序时账簿按其登记的业务范围不同，又可以分为特种序时账簿和普通序时账簿两种。特种序时账簿也称特种日记账，是用来记录某一类经济业务完成情况的日记账，可以反映、监督某一类重要的、发生频繁的经济业务情况。“库存现金日记账”“银行存款日记账”属于此类账簿。普通序时账簿也称普通日记账，是用来记录全部经济业务完成情况的日记账。会计实务中，由于经济业务复杂多样，采用普通序时账簿登记业务既不利于记账分工，也不利于登账，工作量较大，难以较清晰地反映各类经济业务的情况，在实际工作中很少使用。

(2)分类账簿

分类账簿是对全部经济业务事项按照会计要素的具体类别而设置账户并进行分类登记的账簿，简称分类账。按其反映内容的详细程度不同，分类账簿又分为总分类账簿和明细分类账簿。按照总分类账户分类登记经济业务事项的是总分类账，简称总账；按照明细分类账户分类登记经济业务事项的是明细分类账簿，简称明细账。总账总括地记录和反映经济业务的总体情况，是对明细账的统驭和控制；明细分类账记录经济业务的具体内容，是对总账的补充和说明。分类账簿提供的核算信息是编制会计报表的主要依据。

(3)备查账簿

备查账簿又称辅助登记簿，简称备查簿，是指对某些在序时账簿和分类账簿等主要账簿中不予登记或登记不详细的经济业务进行补充登记时使用的账簿，也称辅助账簿，如“租入固定资产登记簿”“应收、应付票据登记簿”。该种账簿可以提供一些有用的参考资料和信息。备查账不是每个单位都要设置的，各单位可以根据实际需要自行设置和登记。

备查账的记录和会计报表没有直接关系，因而是一种表外账簿。

2. 按账页格式不同分类

会计账簿按其账页格式不同，分为三栏式账簿、多栏式账簿、数量金额式账簿。

(1)三栏式账簿

三栏式账簿由三栏式账页组成。三栏式账簿是指设有“借方”“贷方”“余额”三个基本栏的账簿，用以反映某项资金的增减和结余情况。三栏式账簿适用于只需要进行金额核算的经济业务。总分类账，日记账，资本、债权、债务明细账一般采用三栏式账簿，见表6－1。

表6－1 三栏式账页

年		凭证字号	摘　要	借　方	贷　方	借或贷	余　额
月	日						

(2)多栏式账簿

多栏式账簿由多栏式账页组成。多栏式账页一般采用“借方”“贷方”“余额”三栏为基本结构，但会根据所反映经济业务的特点和要求在“借方”或“贷方”栏目下再分设若干专栏，以详细记载某一小类经济业务的情况。多栏式账页一般适用于需要进行分项目具体核算的经济业务，如收入、费用明细账一般采用多栏式账页，见表6－2。

表 6—2 多栏式账页

年		凭证字号	摘 要	借方(项目)					余 额
月	日							合 计	

(3)数量金额式账簿

数量金额式账簿由数量金额式账页组成。采用“借方”“贷方”“余额”三栏为基本结构，但在每栏下面再分设“数量”“单价”“金额”三小栏，以具体反映财产物资的实物数量和价值量。数量金额式账页适用于既需进行金额计算又需进行数量核算的财产物资的明细账，见表 6—3。

表 6—3 数量金额式账页

年		凭证字号	摘要	收 入			发 出			余 额		
月	日			数量	单价	金额	数量	单价	金额	数量	单价	金额

3. 按会计账簿的外表形式分类

按会计账簿的外表形式分类，分为订本式账簿、活页式账簿和卡片式账簿 3 类。

(1)订本式账簿

订本式账簿是在启用之前就将账页固定装订在一起，并对账页进行连续编号的一种账簿。订本式账簿的优点是可以避免账页散失、防止抽换账页；缺点是不能准确地为各账户预留账页，容易造成浪费，且一本账簿在同一时间内只能由一人记账，不便于记账分工。总分类账、库存现金日记账和银行存款日记账一般采用订本式账簿。

(2)活页式账簿

活页式账簿是指账簿登记完毕之前并不固定装订在一起，而是装在活页夹中，平时可以根据需要随时增加空白账页，也可随时抽调的账簿。活页式账簿便于分工记账，但平日登记时容易造成散失和被抽换，因此平日使用时要注意妥善保管。到年终使用完毕后，将本年度所有账页整理归类装订成册，再统一按页编号，妥善保管。明细分类账一般采用活页式账簿。

(3)卡片式账簿

卡片式账簿是由专门格式、分散的卡片做账页的账簿。这种账簿一般存放在卡片箱里保管，可以随取随放，随时增加新卡片，不需要每年更换，一般在实物保管、使用部门使用。严格意义上说，卡片账也是一种活页账。我国一般只对固定资产核算采用卡片式账簿。

6.2　会计账簿的内容、启用与登记规则

6.2.1　会计账簿的基本内容

(1)封面，主要标明账簿名称、记账单位和会计年度。

(2)扉页，主要填列账簿启用日期及截止日期、页数、册次、经管账簿人员一览表及签章、会计主管人员姓名和签章、账户目录等。

(3)账页，主要包括账户名称、记账日期、记账凭证的种类和编号、经济业务摘要、金额、总页次和分户页次等基本内容。

6.2.2　会计账簿的启用

启用会计账簿时，应在封面上写明单位名称和账簿名称，并在账簿扉页上填写“账簿启用登记表”。启用订本账应当从第一页到最后一页顺序编订页数，不得跳页、缺号。使用活页账时，页码应当按账户顺序排列使用，并定期装订成册，装订后再按实际使用的账页顺序编订页码，另加目录，记明每个账户的名称和页次。“账簿启用登记表”格式见表6—4。

表6—4　　**账簿启用登记簿**

单位名称：　　　　账簿名称：

账簿编号：　　　　账簿册数：

启用日期：　　　　账簿页数：

会计主管(签章)：　　　　记账员(签章)：

移交日期			移交人		接管日期			接管人		会计主管	
年	月	日	姓名	盖章	年	月	日	姓名	盖章	姓名	盖章

6.2.3　会计账簿的记账规则

(1)登记会计账簿时，应将会计凭证日期、编号、经济业务内容摘要、金额和其他有关资料逐项记入账内，做到数字准确、摘要清楚、登记及时、字迹工整。

(2)登记完毕后，要在记账凭证上签名或者盖章，并注明已经登账的符号，表示已经记账。

(3)账簿中书写的文字和数字上面要留有适当空格，不要写满格，一般应占格的1/2，为更正留有余地。

(4)登记账簿必须使用蓝黑墨水或碳素墨水书写，不得使用圆珠笔或者铅笔书写。

(5)下列情况可以使用红色墨水：按照红字冲账的记账凭证，冲销错误记录；在不设借、贷等栏的多栏式账页中，登记减少数；在三栏式账户的“余额栏”前如未印明余额方向的，在“余额”栏记负数余额；根据国家统一的会计准则的规定可以用红字登记的其他会计记录。

(6)各种账簿应按页次顺序连续登记，不得跳行、隔页。如发生跳行、隔页，应当将空行、空

页划线注销，或者注明“此行空白”“此页空白”字样，并由记账人员签名或者盖章。

(7)凡需要结余额的账户，结出余额后，应在“借或贷”栏目内写上“借”或“贷”字样。没有余额的账户，在“借或贷”栏内注明“平”，并在“余额”栏中注明“0”。库存现金日记账和银行存款日记账必须逐日结出余额。

(8)每一账页登记完毕结转下页时，应当结出本页合计数及余额，写在本页最后一行和下页第一行有关栏内，并在本页最后一行“摘要”栏内注明“过次页”字样，下页第一行“摘要”栏注明“承前页”字样；也可以将本页合计数及金额只写在下页第一行有关栏内，并在“摘要”栏内注明“承前页”字样，以保证账簿的连续性，便于对账和结账。对需要结计本月发生额的账户，结计“过次页”的本页合计数应当为自本月初起至本月末的发生额合计数，如库存现金日记账和银行存款日记账；对需要结计本年累计发生额的账户，结计“过次页”的本页合计数应当为自年初起至本页末的累计数，如主营业务收入、管理费用等；对既不需要结计本月发生额也不需要结计本年累计发生额的账户，可以只将每页末的余额结转次页。

(9)实行会计电算化的单位，应当定期打印总账和明细账。发生收款和付款业务的，在输入收款凭证和付款凭证的当天必须打印出库存现金日记账和银行存款日记账，并与库存现金核对无误。

6.3 会计账簿的格式和登记方法

6.3.1 日记账的格式和登记方法

1. 库存现金日记账的格式和登记方法

(1)库存现金日记账的格式

库存现金日记账是用来登记库存现金每天收入、付出、结存情况的账簿。库存现金日记账必须采用订本式账簿，其账页格式一般采用“借方(或收入)”“贷方(或支出)”“余额(或结余)”三栏式结构。

(2)库存现金日记账的登记方法

现金日记账由出纳人员根据与现金收付有关的记账凭证，按时间顺序逐日逐笔进行登记。

①日期栏：登记记账凭证的日期应与现金实际收付日期一致。

②凭证栏：据以记账的收付款凭证的种类和编号。据以登记现金日记账的记账凭证分别有“现金收款凭证”“现金付款凭证”和反映提取现金业务的“银行存款付款凭证”，分别在本栏简写为“现收”“现付”和“银付”字，并填写顺序号。

③摘要栏：说明登记入账的经济业务内容。要求文字简练，但能清晰表述经济业务内容。

④对方科目栏：现金收入的来源科目或现金支出的用途科目。其作用在于了解经济业务的来龙去脉。

⑤“收入”或“支出”栏：现金实际收付的金额。每日终了，应分别计算当日现金收入和现金支出的合计数，并结出余额。每日账面余额应与库存现金实存数核对，以检查现金收付是否有误，通常称为“日清”。每月终了，应根据每日合计分别计算全月现金收入和现金支出的合计数，并结出余额，通常称为“月结”，见表6—5。

表 6—5　　库存现金日记账

201×年		凭证字号	摘　要	借　方	贷　方	借或贷	余　额
1月	1日		上年转入			借	1 000
	3	现付字1号	购买材料		200	借	800
	3	银付字1号	提现备发工资	12 000		借	12 800
	3	现收字1号	销售产品款	200		借	13 000
	3		本日合计	12 200	200	借	13 000
	⋮	⋮	⋮	⋮	⋮	⋮	⋮
	31		本日合计	2 000	1 000	借	4 000
	31		本月合计	3 000	12 000	借	4 000

2. 银行存款日记账的格式和登记方法

(1)银行存款日记账的格式

与库存现金日记账一样,银行存款日记账应采用订本式,账页格式与现金日记账相似,一般采用三栏式账页,不过在“对方科目”栏和“摘要”栏之间增设“支票号”一栏。

(2)银行存款日记账的登记方法

银行存款日记账通常由出纳人员根据审核后的银行存款收、付款凭证以及库存现金付款凭证逐日逐笔顺序登记。单位进行银行存款收付业务时,经常需要向银行填制相应的票据(如支票等),为便于后期核查相关金额是否正确,在银行存款日记账的“支票号”栏内,应填入相应的票据号码。其余栏次的填写与库存现金日记账各栏次的填写类似,见表 6—6。

表 6—6　　银行存款日记账

201×年		凭证字号	支票种类及号数	摘　要	借　方	贷　方	借或贷	余　额
1月	1日			上年转入			借	20 000
	5	银付字1号	现支 720987	购买材料		10 000	借	10 000
	5	银付字2号		支付水电费		2 000	借	8 000
	5			本日合计		12 000	借	8 000
	7	银收字1号		销售产品款	20 000		借	28 000
	⋮	⋮		⋮	⋮	⋮	⋮	⋮
	31			本日合计	2 000	1 000	借	40 000
	31			本月合计	20 000	8 000	借	40 000

小思考

银行存款付款凭证是登记哪些账簿的依据？为什么？

6.3.2 总分类账的格式和登记方法

1. 总分类账的格式

总分类账(简称总账)根据一级科目开设,能够全面、系统、综合地反映企业所有的经济活动情况和财务收支情况,所有单位均应设置。总账采用订本式,其账页格式一般为三栏式,设置借方、贷方和余额三个基本金额栏目。

2. 总分类账的登记方法

总分类账可以根据记账凭证逐笔登记,也可以根据科目汇总表或汇总记账凭证等登记。如何登记总账取决于会计核算形式,这一部分内容将在后面介绍。

6.3.3 明细分类账的格式和登记方法

1. 明细分类账的格式

明细分类账是根据二级科目或明细科目开设账页,用于分类、连续地登记经济业务,提供明细核算资料的账簿。明细分类账一般用活页式,也可采用卡片式。其格式有三栏式、多栏式、数量金额式等多种。

(1)三栏式明细分类账

三栏式明细分类账,其金额栏分设“借方”“贷方”和“余额”三栏,适用于只需要进行金额核算,不需要进行数量核算的各类账户,如应收账款、应付账款、短期借款、实收资本等账户,见表6—7。

表6—7　　三栏式明细账

会计科目:应收账款

明细科目:甲公司

201×年		凭证字号	摘　要	借　方	贷　方	借或贷	余　额
1月	1日		上年结转			借	5 000
	12	转字5号	向甲公司销售产品	11 700		借	16 700

(2)多栏式明细分类账

多栏式明细分类账将属于同一个总账科目的各个明细科目合并在一张账页上进行登记。这种格式在账页的借方或贷方金额栏内按照明细项目设若干专栏。多栏式明细分类账适用于成本费用类、收入类科目的明细核算,如“生产成本”“制造费用”“管理费用”“财务费用” “销售费用” “主营业务收入”等账户。根据需要,可以在借方分设多栏,也可以在贷方分设多栏,见表6—8、表6—9。

表 6—8　　生产成本明细账

产品名称:甲产品

201×年 月	日	凭证字号	摘 要	借方(项目) 直接材料	直接人工	制造费用	合 计	余 额
1	1		上年结转	5 000	3 000	2 000	10 000	10 000
	5	转字 5 号	领用材料	8 000			8 000	18 000
	31	转字 29 号	工资分配		30 000		30 000	48 000
	31	转字 30 号	结转制造费用			10 000	10 000	58 000
	31	转字 31 号	结转完工产品成本	13 000	33 000	12 000	58 000	0

表 6—9　　主营业务收入明细账

产品名称:甲产品

201×年 月	日	凭证字号	摘 要	贷方(项目) 产品销售	劳务收入			余 额
1	1	转字 7 号	销售产品	10 000				10 000

(3)数量金额式明细分类账

数量金额式明细分类账,其借方(收入)、贷方(发出)、余额栏分别设置数量、单价、金额三个专栏,适用于既要进行金额核算又要进行数量核算的账户,如“原材料”“库存商品”等明细账,见表 6—10。

表 6—10　　原材料明细账

类别:原材料　　计量单位:千克

名称规格:A 材料　　存放地点:1# 仓库

编号:1008　　储备定额:2 000

201×年 月	日	凭证字号	摘要	收入 数量	收入 单价	收入 金额	发出 数量	发出 单价	发出 金额	余额 数量	余额 单价	余额 金额
1	1		上年转入							4 000	6	24 000
	3	转字 2 号	购入	2 000	6	12 000				6 000	6	36 000
	7	转字 35 号	车间领用				3 000	6	18 000	3 000	6	18 000

2. 明细分类账的登记方法

各种明细分类账一般根据记账凭证及所附原始凭证或原始凭证汇总表逐日逐笔登记,也可以定期汇总登记。如固定资产、债权债务等明细账一般逐日逐笔登记;原材料、库存商品、收入、费用等明细账可以逐笔登记,也可以定期汇总登记。

3. 总分类账和明细分类账的平行登记

平行登记是指对所发生的每项经济业务事项，都要以会计凭证为依据，一方面记入有关总分类账户，另一方面记入有关总分类账户所属明细分类账户的方法。平行登记要求做到所依据会计凭证相同，借贷方向相同，所属会计期间相同，记入总分类账户的金额与记入其所属明细分类账户的合计金额相等。

【例6—1】 201×年3月1日，企业的"原材料"和"应付账款"总分类账户及其所属明细分类账户的余额如下：

"原材料"总账账户为借方余额170 000元，其所属明细账户结存情况为："A材料"明细账户，结存2 000千克，单位成本为10元，金额计20 000元；"B材料"明细账户，结存5 000千克，单位成本为30元，金额计15 0000元。"应付账款"总账账户为贷方余额20 000元，其所属明细账户余额为："甲公司"明细账户，贷方余额8 000元；"乙公司"明细账户，贷方余额12 000元。

201×年3月份，企业发生的有关交易或事项及其会计处理如下：

(1)3月9日，向甲公司购入A材料500千克，单价10元，计5 000元；向乙公司购入B材料1 000千克，单价30元，计30 000元。A、B材料已验收入库，货款均尚未支付。

对发生的该交易或事项，企业记账凭证中会计分录如下(假定凭证编号转字1号)：

借：原材料——A材料　　5 000
　　　　　——B材料　　30 000
　贷：应付账款——甲公司　　5 000
　　　　　　　——乙公司　　30 000

(2)3月12日，向甲公司购入A材料300千克，单价10元，计3 000元；B材料500千克，单价30元，计15 000元。材料均已验收入库，货款尚未支付。

对发生的该交易或事项，企业记账凭证中会计分录如下(假定凭证编号转字2号)：

借：原材料——A材料　　3 000
　　　　　——B材料　　15 000
　贷：应付账款——甲公司　　18 000

(3)3月20日，以银行存款偿付前欠甲公司的货款18 000元、乙公司货款30 000元。

对发生的该交易或事项，企业记账凭证中会计分录如下(假定凭证编号银付字1号)：

借：应付账款——甲公司　　18 000
　　　　　　——乙公司　　30 000
　贷：银行存款　　48 000

(4)3月26日，生产车间为生产产品从仓库领用A材料1 000千克，金额为10 000元；领用B材料100千克，金额为3 000元。

对发生的该交易或事项，企业记账凭证中会计分录如下(假定凭证编号转字3号)：

借：生产成本　　13 000
　贷：原材料——A材料　　10 000
　　　　　　——B材料　　3 000

根据平行登记的要求，将上述交易或事项在"原材料"和"应付账款"总账账户及其所属的明细账户中进行登记，见表6—11至表6—16。

表 6—11　　　　总分类账

会计科目:原材料

201×年		凭证字号	摘　要	借　方	贷　方	借或贷	余　额
3 月	1 日		期初余额			借	170 000
	9	转字 1 号	购入材料	35 000		借	205 000
	12	转字 2 号	购入材料	18 000		借	223 000
	26	转字 3 号	领用材料		13 000	借	210 000

表 6—12　　　　原材料明细账

类别:原材料　　　　计量单位:千克

名称规格:A 材料　　　　存放地点:1＃仓库

编号:　　　　储备定额:5 000

201×年		凭证字号	摘要	收　入			发　出			余　额		
月	日			数量	单价	金额	数量	单价	金额	数量	单价	金额
3	1		期初余额							2 000	10	20 000
	9	转字 1 号	购入材料	500	10	5 000				2 500	10	25 000
	12	转字 2 号	购入材料	300	10	3 000				2 800	10	28 000
	26	转字 3 号	领用材料				1 000	10	10 000	1 800	10	18 000

表 6—13　　　　原材料明细账

类别:原材料　　　　计量单位:千克

名称规格:B 材料　　　　存放地点:1＃仓库

编号:　　　　储备定额:8 000

201×年		凭证字号	摘要	收　入			发　出			余　额		
月	日			数量	单价	金额	数量	单价	金额	数量	单价	金额
3	1		期初余额							5 000	30	150 000
	9	转字 1 号		1 000	30	30 000				6 000	30	180 000
	12	转字 2 号	购入材料	500	30	15 000				6 500	30	195 000
	26	转字 3 号	领用材料				100	30	3 000	6 400	30	192 000

表 6—14　　　　总分类账

会计科目:应付账款

201×年		凭证字号	摘　要	借　方	贷　方	借或贷	余　额
月	日						
3	1		期初余额			贷	20 000
	9	转字 1 号	购入材料		35 000	贷	55 000
	12	转字 2 号	购入材料		18 000	贷	73 000
	20	银付字 1 号	偿还货款	48 000		贷	25 000

表 6—15　　三栏式明细账

会计科目:应付账款

明细科目:甲公司

201×年		凭证字号	摘　要	借　方	贷　方	借或贷	余　额
月	日						
3	1		期初余额			贷	8 000
	9	转字 1 号	购入材料		5 000	贷	13 000
	12	转字 2 号	购入材料		18 000	贷	31 000
	20	银付字 1 号	偿还货款	18 000		贷	13 000

表 6—16　　三栏式明细账

会计科目:应付账款

明细科目:乙公司

201×年		凭证字号	摘　要	借　方	贷　方	借或贷	余　额
月	日						
3	1		期初余额			贷	12 000
	9	转字 1 号	购入材料		30 000	贷	42 000
	20	银付字 1 号	偿还货款	30 000		贷	12 000

根据平行登记的要点,记入总分类账户的金额与记入其所属明细分类账户金额的合计数必然相等,因此存在以下三个等式:

总账期初余额=所属明细账期初余额之和

总账本期借方(贷方)发生额=所属明细账本期借方(贷方)发生额之和

总账期末余额=所属明细账期末余额之和

我们可以利用这一系列等式对账簿记录进行核对,如果不相等,则说明记账一定有误;如果相等,一般来说,账簿记录是正确的。在实务中,这种核对一般是通过“总分类账户与明细分类账户发生额对照表”进行的,见表 6—17。

表 6—17　　总分类账户与明细分类账户发生额对照表　　单位:元

总分类账户	明细分类账户	期初余额	借方发生额	贷方发生额	期末余额
原材料	A 材料	20 000	8 000	10 000	18 000
	B 材料	150 000	45 000	3 000	192 000
	合　计	170 000	53 000	13 000	210 000
应付账款	甲公司	8 000	18 000	23 000	13 000
	乙公司	12 000	30 000	30 000	12 000
	合　计	20 000	48 000	53 000	25 000

小思考

如果利用对照表计算出来的结果符合以上三个会计等式，那么账簿记录一定是正确的吗？试举例说明。

6.4　错账更正

在日常核算过程中，可能会发生各种各样的差错，从而产生错账，如数字记错、账户记错、借贷方向相反、重记、漏记等，从而影响会计信息的准确性。对于这些错误，一旦发现，必须按照规定的方法进行更正，不许随意涂改、挖补、刮擦以及用药水消除字迹。如果在登账前发现凭证错误，只需重新填制凭证即可，但如果在登账后发现账簿记录错误，必须按照以下方法更正：

1. 划线更正法

在记账后、结账前，发现记账凭证准确无误，但是账簿记录中的文字或数字错误，可以采用划线更正法更正错误的账簿记录。

更正时，先在错误的文字或数字上划一条红线，表示将错误的文字或数字注销，但必须使原有的字迹仍能辨认，以备查考；然后在划线的上方用蓝字或黑字将正确的文字或数字填写在同一行的上方位置，并由更正人员在更正处盖章，以明确责任。需要注意的是，如果是数字错误，必须将整个数字全部划去，不能只划去错误部分。

例如，记账人员在记账时，误将记账凭证中的数字 2 007.50 误记为 2 001.50，正确更正方法如下：

2007.50　［张某］
~~2001.50~~

不允许这样更正：

7　［张某］
200~~1~~.50

2. 红字更正法

红字更正法又称红字冲销法，是指记账后发现记账凭证错误导致账簿记录发生错误，用红字冲销原错误账户或数字，以更正或调整账簿记录的一种方法，具体又分为两种情况：

(1)记账凭证中账户发生错误，从而导致账簿记录错误。

对于当年发生的这种错误，先用红字填制一张与原错误记账凭证内容完全相同的记账凭证，并据此用红字登记入账，冲销原错误记录，然后用蓝字填制一张正确的记账凭证，并据此用蓝字记账。需要注意的是，采用这种方法更正时，在冲销凭证的“摘要”栏注明“注销某月某日某号凭证”，同时在凭证“摘要”栏注明“订正某月某日某号凭证”，并按顺序编号。

【例 6—2】　企业生产车间日常耗用材料 300 元，填制下列凭证并已入账：

借：管理费用　　200

贷:原材料　　200

本例中,会计分录编制有误,借方科目应为“制造费用”,更正时先用红字填制一张与原错误记账内容完全相同的记账凭证,在“摘要”栏注明“注销某月某日某号凭证”,并据以红字入账,以冲销原错误凭证。

借:管理费用　　200

贷:原材料　　200

然后用蓝字填制一张正确的记账凭证,在“摘要”栏内写明“订正某月某日某号凭证”,并据以蓝字入账。

借:制造费用　　200

贷:原材料　　200

(2)记账凭证借贷方账户正确,但是所记金额大于应记金额(实际发生额),从而导致账簿记录错误。

对于这种错误,将所记金额与应记金额的差额用红字填制一张与原错误记账凭证相同的凭证,并据此红字登记入账,冲销并更正原错误,并在“摘要”栏注明“订正某月某日某号凭证”。

【例 6—3】 企业从银行提取现金 3 000 元备用,填制下列凭证并已入账:

借:库存现金　　30 000

贷:银行存款　　30 000

本例中金额错误,所记金额大于应记金额,更正时直接按照多记金额用红字作如下记账凭证并以红字登记入账,在“摘要”栏内写明“订正某月某日某号凭证”。

借:库存现金　　27 000

贷:银行存款　　27 000

3. 补充登记法

补充登记法是在记账后发现记账凭证与账簿中所记金额小于应记金额,而账户对应关系无误时采用的一种更正方法。

更正时,用蓝字编制一张与原记账凭证相同、金额为原少记金额的记账凭证,在“摘要”栏中注明“补记某月某日某号记账凭证”,并据以蓝字登记入账,以补充登记少记金额。

【例 6—4】 企业购入材料 20 000 元入库,填制下列凭证并已入账:

借:原材料　　2 000

贷:在途物资　　2 000

本例中金额错误,所记金额小于应记金额,更正时直接按照少记金额用蓝字作如下记账凭证并蓝字登记入账,在“摘要”栏内写明“补记某月某日某号记账凭证”:

借:原材料　　18 000

贷:在途物资　　18 000

重要知识　错账的更正方法

错账的更正方法包括划线更正法、红字更正法和补充登记法,一般适用于记账后、结账前发现的错账的更正,其适用范围及具体的更正方法不同。

6.5 对账与结账

6.5.1 对账

为了保证账簿记录的真实可靠，企业在记账后、结账前要定期进行对账工作。所谓对账，就是核对账目，定期将各类账簿进行核对，以做到账证、账账、账实相符。对账的主要内容一般包括账证核对、账账核对、账实核对。

1. 账证核对

账证核对是指账簿记录与会计凭证进行核对。核对的重点是会计账簿记录与原始凭证、记账凭证的时间、凭证号数、业务内容、金额和会计分录是否相符。如果发现账证不符，应重新对账簿记录和会计凭证进行复核，直到查出错误的原因为止，以保证账证相符。

2. 账账核对

账账核对是指对不同会计账簿之间的有关数字进行核对，检查相关资料是否相符。账账核对包括：

(1)总分类账簿之间的核对，包括全部总分类账户的期末借方余额合计数应与全部总分类账户的期末贷方余额合计数相等，全部总分类账户的本期借方发生额合计数应与全部总分类账户的本期贷方发生额合计数相符。

(2)总分类账簿与所属明细分类账簿核对，是指总分类账的期末余额应与所属各明细分类账的期末余额之和相符。

(3)总分类账簿与序时账簿核对相符。如现金日记账和银行存款日记账的余额与其总账余额相符。

(4)会计部门有关实物资产的明细账与财产物资保管部门或使用部门的明细账核对相符。

3. 账实核对

账实核对是指各项财产物资、债权债务等账面余额与实有数额之间的核对，主要内容有：

(1)现金日记账的账面余额与库存现金实有数额相核对。

(2)银行存款日记账的账面余额与银行对账单的余额相核对。

(3)各项财产物资明细账的账面余额与财产物资的实有数额相核对。

(4)有关债权债务明细账的账面余额与对方单位的账面记录相核对。

造成账实不符的原因是多方面的，如财产物资由于保管不善、计量不准、自然损耗等原因会导致账实不符，记账过程中的错误导致账实不符，由于时间上的差异形成未达账项而导致的账实不符等。各单位需要通过定期的财产清查来弥补这方面的漏洞，保证会计信息的真实可靠。

6.5.2 结账

1. 结账的含义

结账就是在把一定时期发生的经济业务全部登记入账的基础上，结算出每个账户的本期发生额和期末余额，结束本期账簿记录。

2. 结账的程序

(1)将本期发生的经济业务全部登记入账,并保证其正确性。对发生的错账、漏账等在结账前应及时更正,既不能提前结账,也不能将经济业务推至下期结账。

(2)根据权责发生制的要求,调整有关账项,合理确定本期应计的收入和应计的费用。

(3)将损益类账户转入"本年利润"账户,结平所有者权益类账户。

(4)结算出资产、负债、所有者权益账户的本期发生额和余额,并结转下期。

3. 结账的方法

结账时,应当结出每个账户的期末余额,需要结出当月(季、年)发生额的账户,如各项收入、费用账户,应单列一行登记发生额,在"摘要"栏内注明"本月(季)合计"或"本年累计"。结出余额后,应在余额前的"借或贷"栏内写"借"或"贷"字样。没有余额的账户写"平",并在金额栏写"0"。为了突出本期发生额及期末余额,表示本会计期间的会计记录已经截止或者结束,将本期与下期的会计记录明显分开,结账一般划"结账线"。划线时,月结、季结用单红线,年结划双红线。

(1)总账的结账方法。总账账户平时只需结计月末余额,不需要结计本月发生额。每月结账时,将月末余额计算出来并填在本月最后一笔经济业务记录的同一行内,并在下划通栏单红线。年终结账时,要将所有总账账户结计全年发生额和年末余额,在"摘要"栏内注明"本年累计"字样,并在"本年累计"行下划双红线。

(2)库存现金日记账、银行存款日记账和需要按月结计发生额的收入、费用等明细账的结账方法。每月结账时,在本月最后一笔经济业务下结出本月发生额和月末余额,并在"摘要"栏内注明"本月合计"字样,并在下面同栏划单红线。

(3)不需要按月结计发生额的债权、债务和财产物资等明细分类账的结账方法。对这类明细账,每次记账后,都随时在该行"余额"栏内结出余额,每月最后一笔余额即为月末余额。也就是说,月末余额就是本月最后一笔经济业务记录的同一行内的余额。月末结账时只需在最后一笔经济业务记录下划通栏单红线即可,无须再结计余额。

(4)需要结计本年累计发生额的收入、成本等明细账的结账方法。对这类明细账先进行月结,再在"本月合计"行的下一行"摘要"栏内注明"本年累计"字样,并结出自本年初始至本月末的累计发生额,再在下面通栏划单红线。12 月末的"本年累计"就是全年累计发生额,全年累计发生额下面划通栏双红线。

(5)年度终了结账时,有余额的账户,要将其余额结转到下一会计年度,并在"摘要"栏内注明"结转下年"字样;在下个会计年度新建有关会计账簿的第一行"余额"栏内填写上年结转的余额,并在"摘要"栏内注明"上年结转"字样。结转下年时,既不需要编制记账凭证,也不必将余额再记入本年账户的借方或贷方,使本年有余额的账户的余额变为零,而是使有余额的账户的余额如实反映在账户中,以免混淆有余额账户和无余额账户的区别。

学习小结

设置和登记账簿是编制会计报表的基础,是连接会计凭证与会计报表的中间环节。账簿设置按用途的不同,可以分为序时账簿、分类账簿和备查账簿三大类;账簿按外表形式的不同,可以分为订本账、活页账和卡片账三种。账簿按账页格式的不同,比较常见的可以分为三栏式、多栏式和数量金额式三种。登记账簿时要遵守登记规则，发生记账错误时，要按照规定的错账更正方法更正。常用的错账更正方法主要有划线更正法、红字更正法和补充登记法。记完账后，为了保证账簿记录的真实可靠，还应定期做好对账工作。对账一般包括账证核对、账实核对和账账核对。为了向编制会计报表提供依据，还必须定期进行结账。结账包括月结、季结和年结三种。本章的重点是账簿的分类、账簿的设置和登记方法、错账的更正方法、对账及结账。本章的难点是账簿的登记及错账的更正方法。

【关键词汇】

会计账簿　账簿设置　记账规则　登记方法　错账更正　对账　结账

【综合练习】

一、单项选择题

1. 现金日记账应该(　　)结出发生额和余额。

A. 每月　B. 每笔　C. 每隔 3～5 天　D. 每日

2. 不需要在会计账簿扉页上的启用表中填列的内容是(　　)。

A. 账簿页数　B. 记账人员　C. 科目名称　D. 启用日期

3. 下列各项中，应使用数量金额式账簿的是(　　)。

A. 应收账款明细账　B. 管理费用明细账　C. 制造费用明细账　D. 原材料明细账

4. 对账时，账账核对不包括(　　)。

A. 总账各账户的余额核对　B. 总账与明细账之间的核对

C. 总账与备查账之间的核对　D. 总账与日记账的核对

5. 登记账簿时，正确的做法是(　　)。

A. 文字或数字的书写必须占满格

B. 书写可以使用蓝黑墨水、圆珠笔或铅笔

C. 用红字冲销错误记录

D. 发生的空行、空页一定要补充书写

6. 按照(　　)可以把账簿分为序时账簿、分类账簿和备查账簿。

A. 账户用途　B. 账页格式　C. 外形特征　D. 账簿的性质

7. 银行存款日记账是根据(　　)逐日逐笔登记的。

A. 银行存款收、付款凭证　B. 转账凭证

C. 库存现金收款凭证　D. 银行对账单

8. 在我国，总分类账要选用(　　)。

A. 活页式账簿　B. 自己认为合适的账簿

C. 卡片式账簿　D. 订本式账簿

9. 下列各项中，不属于对账的是(　　)。

A. 账簿记录与原始凭证之间的核对

B. 总分类账簿与其所属明细分类账簿之间的核对

C. 现金日记账的期末余额合计与现金总账期末余额的核对

D. 财产物资明细账账面余额与财产物资实存数额的核对

10. 下列各项中,不可以作为总分类账登记依据的是( )。

A. 记账凭证 B. 科目汇总表 C. 汇总记账凭证 D. 明细账

11. 下列各项中,应该使用多栏式账簿的是( )。

A. 应收账款明细账 B. 管理费用明细账 C. 库存商品 D. 原材料

12. 下列各项中,不采用订本式账簿的是( )。

A. 总分类账 B. 现金日记账 C. 银行存款日记账 D. 实收资本明细账

13. 更正错账时,划线更正法的适用范围是( )。

A. 记账凭证上会计科目或记账方向错误,导致账簿记录错误

B. 记账凭证正确,在记账时发生错误,导致账簿记录错误

C. 记账凭证上会计科目或记账方向正确,所记金额大于应记金额,导致账簿记录错误

D. 记账凭证上会计科目或记账方向正确,所记金额小于应记金额,导致账簿记录错误

14. 记账人员根据记账凭证登记完账簿后要在记账凭证上注明已记账的符号主要是为了( )。

A. 便于明确记账责任 B. 避免错行或隔页 C. 避免重记或漏记 D. 防止凭证丢失

15. 下列各项中,不适于建立备查账的是( )。

A. 租入的固定资产 B. 应收票据 C. 受托加工材料 D. 购入的固定资产

16. 下列项目中,( )是连接会计凭证和会计报表的中间环节。

A. 财产清查 B. 复式记账 C. 设置和登记账簿 D. 编制会计分录

17. 下列账簿中,一般情况下不需根据记账凭证登记的是( )。

A. 日记账 B. 总分类账 C. 明细分类账 D. 备查账

18. 下列关于对账的表述中,不正确的是( )。

A. 建立健全对账制度有利于提高会计核算质量

B. 对账的内容包括账证核对、账账核对、账实核对、账表核对

C. 账证核对是指账簿记录与原始凭证、记账凭证的核对

D. 账实核对是指各项财产物资的账面数与实有数之间的核对

19. 收回货款 1 500 元存入银行,记账凭证误填为 15 000 元,并已入账。正确的更正方法是( )。

A. 采用划线更正法

B. 用蓝字借记“银行存款”,贷记“应收账款”

C. 用蓝字借记“应收账款”,贷记“银行存款”

D. 用红字借记“银行存款”,贷记“应收账款”

20. 关于会计账簿的记账规则,下列表述中不正确的是( )。

A. 记账时应使用蓝、黑墨水的钢笔,不得使用圆珠笔(银行的复写账簿除外)或铅笔

B. 账页登记满时,应办理转页手续

C. 使用活页式账簿时,应先将其装订成册,以防止散失

D. 在不设借贷等栏的多栏式账页中登记减少数时,可以使用红色墨水记账

21. 期末,企业将有关债权债务明细账账面余额与对方单位的账面记录进行核对,这种对账属于( )的内容。

A. 账证核对 B. 账账核对 C. 账实核对 D. 账表核对

22. 能够总括反映企业某一经济业务增减变动的会计账簿是(　　)。

A. 总分类账　　B. 两栏式账　　C. 备查账　　D. 序时账

23. 下列账簿中,可以跨年度连续使用的是(　　)。

A. 总账　　B. 备查账　　C. 日记账　　D. 多数明细账

24. 下列情况中,不可以用红色墨水记账的是(　　)。

A. 冲账的记账凭证,冲销错误记录

B. 在不设借贷等栏的多栏式账页中,登记减少数

C. 在三栏式账户的余额栏前,印明余额方向的,在余额栏内登记负数余额

D. 在三栏式账户的余额栏前,未印明余额方向的,在余额栏内登记负数余额

25. 下列表述中,不正确的是(　　)。

A. 每一账页登记完毕结转下页时,应当结出本页合计数及余额,写在本页最后一行和下页第一行有关栏内,并在摘要栏内注明"过次页"和"承前页"字样

B. 对不需要按月结计本期发生额的账户,需要随时结出余额

C. 总账账户年终结账时需要结出全年发生额和年末余额

D. 年度终了结账时,有余额的账户需要编制记账凭证并将其余额结转下年

二、多项选择题

1. 记账错误主要表现为漏记、重记和错记三种。错记又表现为(　　)等。

A. 会计科目错记　　B. 记账方向错记　　C. 金额错记　　D. 记账墨水错用

2. 可采用三栏式明细分类账核算的有(　　)。

A. 库存商品　　B. 应收账款　　C. 管理费用　　D. 实收资本

3. 出纳人员可以登记和保管的账簿有(　　)。

A. 现金日记账　　B. 银行存款日记账　　C. 现金总账　　D. 银行存款总账

4. 下列各项中,属于账实核对的有(　　)。

A. 现金日记账账面余额与现金实际库存数的核对

B. 银行存款日记账账面余额与银行对账单的核对

C. 财产物资明细账账面余额与财产物资实存数额的核对

D. 应收、应付款明细账账面余额与债务、债权单位核对

5. 下列各项中,属于序时账的有(　　)。

A. 现金日记账　　B. 银行存款日记账

C. 应收账款明细账　　D. 主营业务收入明细账

6. 下列关于会计账簿的更换和保管的表述中,正确的有(　　)。

A. 总账、日记账和多数明细账每年更换一次

B. 变动较小的明细账可以连续使用,不必每年更换

C. 备查账不可以连续使用

D. 会计账簿由本单位财务会计部门保管半年后,交由本单位档案管理部门保管

7. 下列各项中,需要划双红线的有(　　)。

A. 在"本月合计"的下面　　B. 在"本年累计"的下面

C. 在12月末的"本年累计"的下面　　D. 在"本年合计"下面

8. 下列各项中，可以作为库存现金日记账借方登记的依据的有（　　）。

A. 库存现金收款凭证　　B. 库存现金付款凭证

C. 银行存款收款凭证　　D. 银行存款付款凭证

9. 下列错账更正方法中，可用于更正因记账凭证错误而导致账簿记录错误的方法有（　　）。

A. 划线更正法　　B. 差数核对法　　C. 红字更正法　　D. 补充登记法

10. 在会计实务中，下列情况中可以使用红色墨水的有（　　）。

A. 结账时划线

B. 表示冲减的数额

C. 采用划线更正法进行错账更正

D. 在不设借、贷方向的账页中表示减少发生额

11. 账证核对是指核对账簿记录与原始凭证、记账凭证的（　　）是否一致，记账方向是否相符。

A. 时间　　B. 凭证字号　　C. 金额　　D. 内容

12. 对账工作主要包括（　　）。

A. 账证核对　　B. 账账核对　　C. 账实核对　　D. 账表核对

13. 对于划线更正法，下列说法中正确的是（　　）。

A. 划红线注销时必须使原有字迹仍可辨认

B. 对于错误的数字，应当全部划红线更正，不得只更正其中的错误数字

C. 对于文字错误，可只划去错误的部分

D. 对于错误的数字，可以只更正其中的错误数字

14. 必须逐日结出余额的账簿是（　　）。

A. 现金总账　　B. 银行存款总账　　C. 现金日记账　　D. 银行存款日记账

15. 按照账页格式的不同，会计账簿分为（　　）。

A. 两栏式账簿　　B. 三栏式账簿　　C. 数量金额式账簿　　D. 多栏式账簿

16. 不同类型经济业务的明细分类账可根据管理需要，依据（　　）逐日逐笔登记或定期登记。

A. 记账凭证　　B. 科目汇总表　　C. 原始凭证　　D. 汇总原始凭证

17. 账页包括的内容是（　　）。

A. 账户名称　　B. 记账凭证的种类和号数

C. 摘要栏　　D. 总页次和分页次

18. 账簿按照外形特征可以分为（　　）。

A. 活页式账簿　　B. 备查账簿　　C. 订本式账簿　　D. 卡片式账簿

19. 下列各项中，适合采用多栏式明细账格式核算的是（　　）。

A. 资本公积　　B. 制造费用　　C. 生产成本　　D. 预付账款

20. 关于结账，以下说法中正确的有（　　）。

A. 总账账户应按月结出本月发生额和月末余额

B. 现金日记账应按月结出本月发生额和月末余额

C. 应收账款明细账应在每次记账后随时结出余额

D. 年终应将所有总账账户结计全年发生额和年末余额

三、判断题

1. 月结时，收入、费用类账户需要结出本月发生额和余额，记入最后一笔记录下的借方和贷方栏内，并在“摘要”栏内注明“本月合计”字样，同时在该行下划双红线，以完成月结工作。（　）

2. 账簿中书写的文字和数字上面要留有适当空间，不要写满格，一般应占格距的三分之一。（　）

3. 固定资产、债权、债务、库存商品、原材料、产成品等明细账应逐日逐笔登记。（　）

4. 登记账簿要用蓝黑墨水或者碳素墨水书写，绝对不得使用圆珠笔或者铅笔书写。（　）

5. 年末结算时，应当在全年累计发生额下面划通栏的双红线。（　）

6. 由于编制的记账凭证会计科目错误，导致账簿记录错误，更正时，可以将错误的会计科目划红线注销，然后在划线上方填写正确的会计科目。（　）

7. 所有的明细账，年末都必须更换。（　）

8. 结账时，没有余额的账户应当在“借或贷”栏内用“0”表示。（　）

9. 固定资产明细账不必每年更换，可以连接使用。（　）

10. 任何单位，对账工作应该每年至少进行一次。（　）

11. 为便于管理，“应收账款”“应付账款”的明细账必须采用多栏式明细分类账格式。（　）

12. 明细账一般使用活页式账簿，以便于根据实际需要，随时添加账页。（　）

13. 在明细账的核算中，只需要进行金额核算的，必须使用三栏式明细账。（　）

14. 在账簿记录中有可能出现红字。（　）

15. 如果在结账前发现账簿记录有文字或数字错误，而记账凭证没有错误，则可采用划线更正法，不可以采用红字更正法。（　）

16. 企业的序时账簿和分类账簿必须采用订本式账簿。（　）

17. 登记账簿时，发生的空行、空页一定要补充书写，不得注销。（　）

18. 新旧账有关账户之间转记余额，不必编制记账凭证。（　）

19. 登记账簿的唯一依据是审核无误的原始凭证。（　）

四、业务题

根据给定资料开设并登记银行存款——江苏银行水渡口支行，账号为2465278961的人民币户日记账，并结账。

假设所给定账页第一行“年月日”栏为“201×年1月20日”，“摘要”栏为“承前页”，“收入（借方）金额”栏为“312 446”，“付出（贷方）金额”栏为“108 753”，“结余金额”栏为“746 921”；第二行至倒数第六行内容略；倒数第五行“年月日”栏为“201×年1月31日”，“摘要”栏为“本月合计及余额”，“收入（借方）金额”栏为“375 645”，“付出（贷方）金额”栏为“275 050”，“结余金额”栏为“847 516”。请先将上述数据过入账页的相应行次，并接着登记201×年2月份日记账并结账。201×年2月发生经济业务如下：

(1)2月5日，购入材料10 000元，增值税1 700元，以存款支付。(银付字1号)
(2)2月7日，收到A公司欠款3万元存入银行。(银收字1号)
(3)2月12日，提取现金2 000元备用。(银付字2号)
(4)2月18日，以存款偿还短期借款2万元。(银付字3号)

参考答案

一、单项选择题

1. D　2. C　3. D　4. C　5. C　6. A　7. A　8. D　9. C　10. D
11. B　12. D　13. B　14. C　15. D　16. C　17. D　18. B　19. D　20. C
21. C　22. A　23. B　24. C　25. D

二、多项选择题

1. ABCD　2. BD　3. AB　4. ABCD　5. AB　6. AB　7. CD　8. AD
9. CD　10. ABCD　11. ABCD　12. ABC　13. ABC　14. CD　15. BCD　16. ACD
17. ABCD　18. ACD　19. BC　20. BCD

三、判断题

1. ×　2. ×　3. ×　4. ×　5. √　6. ×　7. ×　8. ×　9. √　10. √
11. ×　12. √　13. ×　14. √　15. √　16. ×　17. ×　18. √　19. ×

四、业务题

银行存款日记账

201×年		凭证号数	摘　要	对方科目	借　方	贷　方	余　额
月	日						
1	20		承前页		312 446	108 753	746 921
			略				
			略				
1	31		本月合计及余额		375 645	275 050	847 516
2	5	银付字1号	购买材料	在途物资		10 000	837 516
				应交税费		1 700	835 816
	7	银收字1号	收回欠款	应收账款	30 000		865 816
			过次页		30 000	11 700	865 816

银行存款日记账

201×年		凭证号数	摘　要	对方科目	借　方	贷　方	余　额
月	日						
			承前页		30 000	11 700	865 816
2	12	银付字2号	提现	库存现金		2 000	863 816
	18	银付字3号	偿还短期借款	短期借款		30 000	833 816
	28		本月合计及余额		30 000	43 700	833 816

任务七　财产清查

【知识体系】

- 财产清查
  - 财产清查概述
    - 财产清查的概念
    - 财产清查的分类
      - 清查范围
      - 清查时间
    - 财产清查的程序
  - 财产盘存制度
    - 实地盘存
    - 永续盘存
  - 财产清查方法
    - 货币资金
      - 库存现金
      - 银行存款
    - 实物财产
    - 往来款项
  - 财产清查结果处理
    - 盘亏
    - 盘盈

【学习目标】

(1)了解财产清查的概念及种类；

(2)掌握财产盘存制度的区别；

(3)掌握货币资金、实物及往来款项的清查方法；

(4)理解未达账项的概念，能够编制银行存款余额调节表；

(5)熟练掌握财产清查结果的账务处理。

【情境导入】

刚毕业的大学生张亮参加公司的财产清查工作。该公司由于主要管理人员调离，需要对公司财产进行全面清查，清查结果是：材料短缺 100 千克，价值 3 000 元；办公室少了一台电脑；现金有白条抵库现象。张亮借助于在校期间学习的理论知识，对上述现象马上做出反应。假设你是张亮，你知道如何进行财产清查吗？对清查后的结果，你知道如何处理吗？

7.1　财产清查及盘存制度

7.1.1　财产清查的概念

财产清查是根据账簿记录，对企业的各项财产物资、货币资金以及往来款项进行盘点或核对，查明各项财产物资的实存数与账存数是否相符，并据以调整会计账簿，为定期编制会计报表提供准确、完整、系统的核算信息的一种会计核算方法。

如前所述，任何一个单位都应依据日常发生的各项经济业务，及时填制和审核会计凭证，并根据审核无误的会计凭证登记账簿。但由于各种自然和人为原因，并不能完全保证账簿记录的账存数与各项财产物资的实有数相符，会出现账实不符的现象。

造成账实不符的原因有很多，主要包括：(1)在财产物资收发过程中，由于计量、检验不准确导致数量、品种、质量等差错；(2)财产收发过程中，发生错收、错付或在填制凭证、登记账簿时错记、漏记、重记；(3)在财产物资保管中，由于物理或化学反应等原因而发生自然损耗或升溢；(4)由于管理不善或工作人员失职造成财产短缺、损坏或变质；(5)由于意外事故或自然灾害造成非常损失；(6)因贪污盗窃、营私舞弊等违法行为导致财产损失；(7)因未达账项引起账实不符。

上述原因有些可以避免，有些无法避免。为了保证会计信息的真实性，必须运用财产清查这一方法，对各项财产物资进行盘点，及时发现问题，明确经济责任，做到账实相符。

7.1.2　财产清查的作用

1. 保证会计资料的真实性、可靠性

通过财产清查，查明各项财产物资的实存数，与账存数核对，如有不符，查明原因，明确责任，及时调整账簿，进行相应的会计处理，做到账实相符，从而确保编制财务报表的真实可靠。

2. 保证各项财产物资的安全和完整

通过财产清查，及时查明各项财产物资的保管现状，是否存在物资短缺、变质、损毁或贪污盗窃、非法挪用等问题，以便采取相应措施，建立健全管理制度，确保财产物资的安全与完整。

3. 充分挖掘各项财产的潜力，加速资金周转

通过财产清查，查明各项财产物资的库存和使用情况，合理安排生产经营活动。对于存储不足的财产物资应及时补充，对于积压的应及时处理或出售，充分利用各项财产物资，加速资金周转，提高资金使用效率及经济效益。

7.1.3　财产清查的分类

财产清查按不同的标志可以有不同的分类。

1. 按清查的对象和范围可以分为全面清查和局部清查

(1)全面清查

全面清查是指对所有的财产物资进行盘点和核对。其特点是清查内容全面，范围广泛，参加的部门、人员多，花费时间长。一般来说，以下几种情况需要进行全面清查：①企业编制年度财务会计报告前，为保证年终决算会计资料的真实性和完整性；②单位进入清产核资时；③单

位破产、撤销、合并、分立或改变隶属关系时；④中外合资、国内联营前；⑤企业股份制改制前；⑥单位主要负责人调整工作前。

(2)局部清查

局部清查是指根据需要对本单位部分财产物资进行清查。其特点是清查内容少，范围小，投入的人力少，花费的时间短，根据需要可以随时进行，但专业性较强。一般来说，以下几种情况需要进行局部清查：①对于库存现金应由出纳员于每日业务终了时清点，做到日清月结；②对于银行存款和银行借款，应由出纳员至少每月与银行核对一次；③对于材料、在产品和产成品除年度清查外，应有计划地每月重点抽查；④对于贵重的财产物资，应每月盘点一次；⑤对于债权债务，应在年度内至少核对一至两次，有问题应及时核对，及时解决，避免发生坏账。

2. 按清查的时间可分为定期清查和不定期清查

(1)定期清查

定期清查是指根据管理制度的规定或预先计划安排的时间对财产进行的清查，一般在年末、季末或月末结账时进行。由于清查对象的不确定性，该项清查可以是全面清查也可以是局部清查。

(2)不定期清查

不定期清查是指根据需要进行的临时清查。同定期清查一样，该项清查可以是全面清查也可以是局部清查。一般有以下几种情况：①更换财产物资的保管人员时，要对其所保管的财产物资进行清查，以明确经济责任；②因自然灾害或意外事故导致财产物资发生非常损失时，为查明损失情况，应对相关财产物资进行清查；③上级主管部门和财政、税务、银行以及审计部门进行临时检查时；④兼并、重组、清算、迁移以及改变隶属关系时；⑤进行清产合资时。

7.1.4 财产清查的一般程序

财产清查是一项复杂、细致、量大的工作，涉及面广，涉及的部门、人员多。为有计划地开展这项工作，在财产清查之前，应充分做好组织、物质及业务上的工作准备。

1. 组织准备

应在财务总监或总会计师及有关主管厂长的领导下，成立由财务部门牵头，有设备、技术、生产、行政及有关部门参加的财产清查领导小组，具体负责财产清查的领导和组织工作。

(1)编制详细计划。根据上级和有关部门要求，财产清查小组必须研究制定财产清查的详细计划，如确定清查的对象和范围，安排调查工作的进度等。

(2)建立清查组织。根据清查工作的需要，配备财产清查人员，并在清查过程中做好具体组织、检查和督促工作，及时研究和处理清查中出现的问题。

(3)写出清查总结报告。在清查结束后，应将发生的盘亏、盘盈及处理意见，以书面形式报告上级和有关部门审批处理，做好清查收尾工作。

2. 业务准备

物质和业务上的准备是进行财产清查的关键。财产清查前，各业务部门特别是会计部门和会计人员应主动配合，积极做好以下各项准备工作：

(1)会计部门和会计人员应在进行财产清查前，将有关账目登记齐全，结出余额，将总分类账中的货币资金、财产物资和债权债务的有关账户与所属的明细分类账、日记账核对清楚，做到账簿记录完整、计算准确、账证相符、账账相符，为财产清查提供可靠的依据。

(2)财产物资部门和保管人员应将截至清查日的所有经济业务,办理好凭证手续,全部登记入账,并结出余额。对所保管的各项财产物资,应整理、排列清楚,挂上标签,标明品种、规格和结存数量,以便盘点查对。

(3)准备好各种必要的计量和有关清查的登记册表。在清查地点准备好各种计量器具,并严格检查校正度量衡器具,保证计量准确。为清查人员准备好登记用的各种表格,如盘点表、实存账存对比表,还要在盘点表中预先抄写填列各项财产物资的编号、名称、规格和存放地点等。

(4)银行存款、借款需要与银行联系,及时取得对账单,以便查对。

7.1.5　财产盘存制度

企业财产物资的数量要靠盘存来确定,常用的方法有实地盘存制和永续盘存制。

1. 实地盘存制

实地盘存制也称“定期盘存制”“以存计销制”,是指期末通过对财产物资的实地盘点,确定期末财产物资结存数量的方法。在该方法下,各项财产物资平时在账簿中只登记增加数,不登记减少数,月末根据实地盘存的结存数来倒推当月财产物资的减少数,再据以登记有关数量。

本期减少数＝期初结存数＋本期增加数－期末结存数

实地盘存制下账簿登记情况如表7－1所示。

表7－1

201×年		摘　要	收　入			发　出			结　存		
月	日		数量	单价	金额	数量	单价	金额	数量	单价	金额
7	2	上月结余							70	10	700
	5	购入	200	10	2 000						
	7	发出									
	12	购入	500	10	5 000						
	27	发出									
	31	合计	700		7 000	500	10	5 000	270	10	2 700

表7－1中采用实地盘存制,本期发出数500＝期初结存数70＋本期增加数700－期末结存数270。采用实地盘存制,关键是确定期末财产物资的库存数量。

采用实地盘存制,期初数在账上,期末数靠盘点,发出数靠计算。该方法无须通过账面连续记录得出期末财产物资数量,并假定除期末库存以外的财产物资均已出售从而倒推出本月减少数。采用该方法的优点是:平时对财产物资的发出或销售和结存数量不必逐笔登记,简化日常核算工作,工作量较小。正因如此,实地盘存制无法连续反映财产物资的增减变化,把因失窃等管理不善而减少的财产物资也视为销售。该方法的缺点是:不能随时反映财产物资收入、发出和结存的动态,无法结算出日常的账面余额,不便于管理人员掌握财产物资的情况,不利于管理。

该制度一般适用于一些价值低、品种杂、进出频繁的商品以及数量不稳定、损耗大且难以控制的鲜活商品。

2. 永续盘存制

永续盘存制也称“账面盘存制”，是指对各项物资的增加或减少，都必须根据会计凭证逐笔或逐日在有关账簿中进行连续登记，并随时结算出该项财产物资的结存数的一种方法。在该方法下，日常会计核算在账簿中不仅登记财产物资的增加数，而且登记其减少数，并随时计算其结存数。

期末结存数＝期初结存数＋本期增加数－本期减少数

永续盘存制下账簿登记情况如表 7－2 所示。

表 7－2

201×年		摘要	收入			发出			结存		
月	日		数量	单价	金额	数量	单价	金额	数量	单价	金额
7	2	上月结余							70	10	700
	5	购入	200	10	2 000				270	10	2 700
	7	发出				150	10	1500	120	10	1 200
	12	购入	500	10	5 000				620	10	6 200
	27	发出				350	10	3 500	270	10	2 700
	31	合计	700		7 000	500		5 000	270	10	2 700

采用永续盘存制，各项财产物资平时在账簿中既登记增加数，又登记减少数，并随时结出财产物资结存数量，因此可随时反映出财产物资的收入、发出和结存情况，并在数量和金额两方面进行控制，加强了对财产物资的管理。在实际工作中大多数企业采用该方法。其缺点是，在财产物资品种复杂、繁多的企业，其明细分类核算工作量较大。

采用这种制度也可能发生账实不符的情况，如损坏、丢失、变质等，所以仍需对各项财产物资进行盘点清查，以查明账实不符的原因。

需要注意的是，无论是实地盘存制还是永续盘存制，均需要进行实地盘点，但两者盘点的目的不同，前者是为了倒推得出本期发生数，后者是为了达到账实一致。

7.2 财产清查方法

7.2.1 货币资金的清查方法

货币资金的清查主要包括库存现金、银行存款和其他货币资金的清查。

1. 库存现金的清查

库存现金的清查应采用实地盘点的方法。除库存现金的出纳人员要做到日清月结、账款相符外，单位还应组织清查人员对库存现金进行定期或不定期清查，先确定库存现金的实存数，然后与库存现金日记账的账面余额核对，以查明账实是否相符和盈亏情况。

在进行库存现金清查时，为了明确经济责任，出纳人员必须在场。清查人员要认真审核收付凭证和账簿记录，在清查过程中应查明现金收付业务或现金的管理工作是否遵守现金的管理制度，如不能用白条、收据抵充库存现金。库存现金盘点后，应根据盘点的结果及时与库存现金日记账的余额核对，确定差异后填制“库存现金盘点报告表”(也称现金盘点表)。该表是反映库存现金实存数的原始凭证，也是查明账实不符的原因和调整账簿记录的依据。现金盘点表是对现金进行账项调整和对比分析的原始凭证，应由清查人员、出纳人员签名或盖章，并由会计机构负责人或会计主管人员审核后签名或盖章方能生效。库存现金盘点报告表的一般格式如表7—3所示。

表7—3　　**库存现金盘点报告表**

单位名称：　　年　月　日　　单位：元

实存金额	账存金额	对比结果		备　注
		盘　盈	盘　亏	

会计主管：　　盘点人员：　　出纳员：

2. 银行存款的清查

银行存款的清查通常采用核对账目法，即通常由银行向存款单位交送对账单，由存款单位按照对账单上记载的银行存款收付业务与本单位的银行存款日记账逐笔核对，查明有无未达账项的财产清查方法。核对前，首先把清查日止所有银行存款的收付业务登记入账，对发生的错账、漏账应及时查清、更正。然后与银行的对账单逐笔核对，若两者余额相符，一般说明无错误；若两者不相符，一是双方本身记账有误，二是可能存在未达账项。

未达账项是指企业与银行之间由于凭证传递时间的差异，导致双方记账时间的不同，也就是说一方已经接到相关凭证并登记入账，而另一方没有接到相关凭证还未入账的事项。未达账项一般有四种情况：

(1)企业已收款入账，银行未收款入账。例如，企业销售产品收到转账支票送存银行，根据“进账单”回单联登记银行存款增加，而银行由于款项尚未收妥，不能立刻入账，从而形成“企业已收，银行未收”的未达账项。

(2)企业已付款入账，银行未付款入账。例如，企业开出购货的转账支票，根据支票存根登记银行存款减少，而银行尚未接到支票，未登记银行存款减少，从而形成“企业已付，银行未付”的未达账项。

(3)银行已收款入账，企业未收款入账。例如，银行收到外单位采用托收承付结算方式购货所付的款项，已登记银行存款增加，而企业未收到银行通知而没入账，从而形成“银行已收，企业未收”的未达账项。

(4)银行已付款入账，企业未付款入账。例如，银行代企业支付水电费，已登记银行存款减少，而企业未收到结算凭证从而未入账，形成“银行已付，企业未付”的未达款项。

上述任何一种未达账项的存在，都会使企业银行存款日记账余额与银行提供的对账单余额不符。第一和第四种情况会使企业银行存款日记账余额大于银行对账单余额，而第二和第三种情况会使企业银行存款日记账余额小于银行对账单余额。

在与银行对账时，应首先查明有无未达账项，如果存在未达账项，可编制“银行存款余额调节表”予以调整。“银行存款余额调节表”的编制应在企业银行存款日记账余额和银行对账单余额的基础上，分别加上未收款项，减去未付款项，调整后双方余额应该相符，并且是企业当时实际可动用的款项。其公式如下：

企业银行存款日记账余额+银行已收企业未收-银行已付企业未付=银行对账单余额
+企业已收银行未收-企业已付银行未付

现举例说明“银行存款余额调节表”的具体编制方法。

【例7—1】 某企业201×年7月31日银行存款日记账的余额为300 000元，银行发来的对账单所列本企业银行存款余额为289 000元。经核对，发现未达账项如下：

(1)28日企业开出现金支票4 000元，持票人尚未兑现；

(2)29日银行代收A公司货款12 000元，企业尚未收到通知；

(3)30日企业收到转账支票24 000元，并送存银行，银行尚未入账；

(4)31日银行代扣水电费，合计3 000元，企业尚未收到相关单据。

根据以上未达账项，编制“银行存款余额调节表”，如表7—4所示。

表7—4 **银行存款余额调节表**

201×年7月31日 单位:元

项　目	余　额	项　目	余　额
企业银行存款余额	300 000	银行对账单余额	289 000
加:银行已收,企业未收	12 000	加:企业已收,银行未收	24 000
减:银行已付,企业未付	3 000	减:企业已付,银行未付	4 000
调节后存款余额	309 000	调节后存款余额	309 000

经过银行存款余额调节表调节后，如果双方余额相等，则表明双方记账基本正确。如果不相符，则说明记账有误，应及时查明原因，采用正确的方法予以更正。

编制银行存款余额调节表的目的是为了消除未达账项，核对银行存款账面有无差错，不能根据银行存款余额调节表在银行日记账上进行调整，不能把该表作为记账的原始依据。企业只有在接到有关正式结算凭证后，才能编制记账凭证并据以记账。

小思考

企业未达账项可以避免吗？银行存款余额调节表一般需要多长时间编制一次？

7.2.2 实物财产的清查方法

实物财产是指具有实物形态的各种财产，包括原材料、半成品、在产品、产成品、低值易耗品、包装物和固定资产等。由于这些财产的实物形态、重量、体积、堆放的方式各不相同，清查的方法也不同。常用的方法包括以下三种：

1. 实地盘点法

实地盘点法是指在财产物资存放现场逐一清点数量或用计量仪器确定其实存数的一种方法。这种方法适应范围较广，数字准确可靠，清查质量较高，大多数财产物资可采取这种方法，但是其工作量大。

2. 技术推算法

技术推算法是利用技术方法，通过技术推算确定财产物资实存数量的一种方法。技术推算法适用于大量堆放、价廉笨重、不易逐一清点的财产物资，如大量堆放的原煤、砂石等。具体方法是：将实物整理成近似某种几何体，通过量方、计尺等方法，然后按数据计算其数量。该方法盘点数字不够准确，但工作量较小。

3. 抽样盘点法

抽样盘点法是通过测算总体积或总重量，再抽样盘点单位体积和单位重量，然后测算出总数的方法。这种方法适用于那些价值小、数量多、质量比较均匀的财产物资，如煤、盐、装包前的粮食等。

无论采用哪种盘点方法，为了明确经济责任，在进行盘点时，实物保管人员必须在场，并参加盘点工作。对各项财产物资的盘点结果，应如实地逐项记录在"盘存单"上，并由盘点人员和实物保管人员共同签章，以示负责。"盘存单"是记录各项财产物资实存数量的书面证明，也是财产清查工作的原始凭证之一。"盘存单"的一般格式如表7—5所示。

表7—5　　盘存单

单位名称：							
财产类别：			编号：				
盘点时间：			存放地点：				
编号	名称	规格	单位	数量	单价	金额	备注
盘点人签章：			实物保管人签章：				

盘点完毕后，将"盘存单"中所记录的实存数额与账面结存余额核对。如发现某项财产物资出现账实不符情况，需要填制"实存账存对比表"，用以记录财产物资盘盈或盘亏的数额。"实存账存对比表"是财产清查的重要报表，是调整账面记录的原始凭证，也是分析盈亏原因、明确经济责任的重要依据，应认真填报。"实存账存对比表"的一般格式如表7—6所示。

表7—6　　实存账存对比表

单位名称：				年　月　日								
编号	类别及名称	计量单位	单价	实　存		账　存		对比结果				备注
								盘盈		盘亏		
				数量	金额	数量	金额	数量	金额	数量	金额	
盘点人签章：						会计签章：						

7.2.3　往来款项的清查方法

往来款项是单位与其他单位或个人之间的各种应收账款、应付账款、预收账款、预付账款以及其他应收、应付款项。为了保证往来款项账目的正确性,并促使及时清算,防止长期拖欠,应对往来款项及时清查。

往来款项的清查一般采用“函证核对法”,即向往来结算单位发函调查核实账目。清查单位应在其往来款项记录准确的基础上,按每一往来单位编制“往来款项对账单”,送交对方单位进行核对,确定债权债务是否相符。该对账单一式两联,其中一联作为回单,如对方单位核对相符,应在回单上注明“核对无误”字样,并盖章退回;如数额不符,对方单位应在回单联上注明情况,以便进一步核对。核对时,双方都应对往来款项采用调节余额的方法,核对调整后的款项是否相符。往来对账单的一般格式如图7—1所示。

×××单位:

根据我单位账簿记录,贵公司与我单位的往来款项情况如下:

结账日期	欠贵公司	贵公司欠
年　月　日止		
年　月　日止		

请贵公司核对无误后签章证明,将此信寄回;如不符,请将情况(包括:时间、内容、金额、不符原因)告知。

清查单位(盖章)

年　月　日

(沿此虚线剪开,将以下回单联寄回)

往来款项对账单(回联)

×××单位:

你单位寄来的“往来款项对账单”已收到,经核对相符无误。(核对不符、不符的情况如下:)

×××单位(盖章)

年　月　日

图7—1　往来对账单的一般格式

往来款项清查结束后,应编制“往来款项清查结果报告表”。在表中,对有财务争议的款项、无法收回以及无法清偿的款项,应予以详细说明,以便及时采取措施,避免相互之间的长期拖欠,减少坏账损失。对于无法收回或无法支付的款项应进行核销处理,但应在备查簿上记录。往来款项清查结果报告表的一般格式如表7—7所示。

表7—7　往来款项清查结果报告表

明细账户名称	账面结余金额	清查结果		发生日期	核对不符单位及原因分析					备注
		核对相符金额	核对不符金额		核对不符单位名称	争执中款项	未达账项	无法收回或偿还款项	其他	
清查人员签章:					记账签章:					

7.3　财产清查结果的处理

财产清查后,其结果有两种:一是实存数与账存数一致,即账实相符;二是实存数与账存数不一致，即账实不符，也就是盘盈或是盘亏。当实存数大于账存数时，称为盘盈；反之，则称为盘亏。当实存数与账存数虽然一致但实存的财产物资出现严重质量问题而不能按正常的财产物资使用时，称为毁损。上述无论哪种情况，都要认真核对数字，按规定程序上报批准后再进行处理。对于长期不清或有争议的债权、债务也要上报，待批准后处理，以保证账实相符。

7.3.1　财产清查结果的处理程序

财产清查的结果必须按国家有关会计准则、制度的规定进行认真处理。其主要步骤如下：

1. 核准金额，查明原因

在对财产清查结果进行具体处理前，应对有关凭证中所记录的盈亏数据进行核实，并对各项财产物资盈亏的原因进行分析，以便确定处理方法，提出处理意见，并及时报送相关领导和部门批准。

2. 调整账簿，做到账实相符

在有关领导和部门审批之前，根据"现金盘点报告表""实存账存对比表"等已核实的资料，编制记账凭证，并据以登记有关账簿，使各项财产物资账实相符。

3. 进行批准后的账务处理

在相关领导和部门对所提出的处理意见进行批示后，企业应该严格按照批复意见进行财务处理，编制有关记账凭证，登记账簿，并追回由于责任者个人原因造成的损失。

7.3.2　财产清查结果的账务处理

7.3.2.1　账户设置

为核算和监督企业在财产清查中出现的各种财产盘盈、盘亏、毁损及其处理情况，应设置"待处理财产损溢"账户。该账户属于双重性质账户，下设"待处理流动资产损溢"和"待处理固定资产损溢"两个明细分类账户，以进行明细分类核算。该账户借方登记各项财产物资的盘亏或毁损数额和各项盘盈财产经批准后的转销数；贷方登记各项财产物资的盘盈数额和各项盘亏或毁损财产经批准后的转销数。按规定，企业的各项盘盈、盘亏必须在期末结账前处理完毕，所以该账户期末无余额。

上述"待处理财产损溢"账户的核算内容与结构如图 7—2 所示。

借方	贷方
发生的待处理财产的盘亏、毁损数 转销已批准处理的财产盘盈数	发生的待处理财产的盘盈数 转销已批准处理的财产盘亏、毁损数
期末本账户无余额	期末本账户无余额

图 7—2　待处理财产损溢

7.3.2.2　账务处理

1. 库存现金盘盈、盘亏的账务处理

对库存现金清查结果的检查，应按情况处理：如属于违反库存现金管理的有关规定的，应及时予以纠正。如属于账实不符的，应查明原因，并将库存现金短缺或溢余数额先记入"待处理财产损溢”账户，待查明原因后按情况处理：

(1)如果现金短缺，属于应由责任人赔偿或保险公司赔偿的部分，计入其他应收款；属于无法查明原因的，计入管理费用。

(2)如果现金溢余，属于应支付给有关人员或单位的，计入其他应付款；属于无法查明原因的，计入营业外收入。

【例 7—2】 某企业在财产清查中发现库存现金溢余 100 元。

在审批前，根据“库存现金盘点报告表”确定的库存现金盘盈数，调整账面记录，编制会计分录如下：

借：库存现金　　100

　　贷：待处理财产损溢——待处理流动资产损益　　100

【例 7—3】 经反复核查，上述库存现金溢余无法查明原因。根据批准处理意见，转销作为营业外收入。

借：待处理财产损溢——待处理流动资产损溢　　100

　　贷：营业外收入　　100

小思考

> 如果将例 7—2 中库存现金溢余的原因改为属于出纳人员个人所有，根据批准处理意见，应将现金归还出纳人员，该如何进行账务处理？

【例 7—4】 某企业在财产清查中，发现库存现金短缺 500 元。

在审批前，根据“库存现金盘点报告表”确定的库存现金盘亏数，调整账面记录，编制会计分录如下：

借：待处理财产损溢——待处理流动资产损溢　　500

　　贷：库存现金　　500

【例 7—5】 经查，上述库存现金短缺中 50 元应由出纳员小李赔偿，另外 450 元无法查明原因。在经批准后，根据批准处理意见，转销库存现金盘亏，编制会计分录如下：

借：其他应收款——小李　　50

　　管理费用　　450

　　贷：待处理财产损溢——待处理流动资产损益　　500

【例 7—6】 收到上述出纳员小李赔偿现金 50 元。

借：库存现金　　50

　　贷：其他应收款——小李　　50

2. 存货盘盈、盘亏和毁损的账务处理

(1)存货盘盈的账务处理

企业盘盈的各种材料、库存商品等存货，经查明是由于收发计量或核算上的误差等原因造成的，应及时办理存货的入账手续，调整存货账簿记录。按盘盈存货的同类或类似存货的市场价格调增存货入账价值，借记有关存货类账户，贷记“待处理财产损溢”账户。经有关部门批准后，从“待处理财产损溢”账户转出，并冲减管理费用。

【例 7—7】 某企业在财产清查中盘盈甲材料 100 千克，该材料的市场价格为每千克 50 元。

在审批前，根据"账存实存对比表"确定的材料盘盈数调整账面记录，编制会计分录如下：

借：原材料——甲材料　　5 000
　　贷：待处理财产损溢——待处理流动资产损溢　　5 000

【例 7—8】 经有关部门批准，同意冲减管理费用。

借：待处理财产损溢——待处理流动资产损溢　　5 000
　　贷：管理费用　　5 000

(2)存货的盘亏和毁损的账务处理

企业在财产清查中发现存货盘亏和毁损，在报批前应先借记"待处理财产损溢"，贷记存货类账户，使账实相符。经批准后，应按不同情况分别处理：

①属于定额内的自然损耗，按规定计入管理费用。

②属于计量收发差错、管理不善造成的，能确定过失人的，应由过失人赔偿；属于保险责任范围的，应向保险公司索赔；扣除过失人或保险公司的赔偿后的余额转作管理费用。

③属于自然灾害等非常损失所造成的存货毁损，在扣除保险公司的赔款和残值后，将净损失计入营业外支出。

【例 7—9】 某企业在财产清查中发现甲产品盘亏 2 000 元，其中 150 元属于定额内损耗，属于保管人员王某失职的损失为 50 元，应责成过失人赔偿，保险公司经核实后同意赔偿总价值的 50%，其余为管理不善造成的。

在审批前，根据"账存实存对比表"确定的库存商品盘亏数调整账面记录，编制会计分录如下：

借：待处理财产损溢——待处理流动资产损溢　　2 000
　　贷：库存商品——甲产品　　2 000

经批准后，转销商品盘亏的会计分录如下：

借：其他应收款——王某　　50
　　其他应收款——保险公司　　1 000
　　管理费用　　950
　　贷：待处理财产损溢——待处理流动资产损溢　　2 000

【例 7—10】 收到保管员王某赔偿的现金 50 元，收到由保险公司开出的转账支票一张，金额 1 000 元。

借：库存现金　　50
　　银行存款　　1 000
　　贷：其他应收款——王某　　50
　　　　其他应收款——保险公司　　1 000

3. 固定资产盘盈和盘亏的账务处理

(1)固定资产盘盈的账务处理

企业在财产清查中盘盈固定资产，应作为前期差错处理，在按管理权限报经批准处理前应先通过"以前年度损益调整"科目核算，并按重置成本确定其入账价值，借记"固定资产"账户，贷记"以前年度损益调整"账户。

【例 7—11】 某企业在财产清查中，盘盈一台全新的机器设备，该设备同类产品市场价格为 100 000 元，假设不考虑增值税，该企业在盘盈固定资产时应做如下会计处理：

借：固定资产　　100 000
　　贷：以前年度损益调整　　100 000

(2)固定资产盘亏的账务处理

企业在发生固定资产盘亏时，按盘亏固定资产的净值，借记"待处理财产损溢"账户；按已计提的累计折旧，借记"累计折旧"账户；按固定资产原价，贷记"固定资产"账户。报经批准后，按以下情况进行账务处理：

①盘亏固定资产的净值计入营业外支出。

②属于过失人造成的，应由过失人负责赔偿；属于保险责任范围的，应向保险公司索赔，在会计上做其他应收款处理。

盘亏的固定资产应办理注销手续，并将"固定资产卡片"从原来的归类中抽出，另行保管，同时应在"固定资产登记簿"上作相应的记录。

【例 7—12】 某企业在财产清查中盘亏设备一台，账面原值为 150 000 元，已计提折旧 10 000元，假定不考虑增值税。

在审批前，根据"账存实存对比表"确定的固定资产盘亏数调整账面记录，编制会计分录如下：

借：待处理财产损溢——待处理固定资产损溢　　140 000
　　累计折旧　　10 000
　　贷：固定资产　　150 000

经批准后，根据批准处理意见，转销固定资产盘亏的会计分录如下：

借：营业外支出　　140 000
　　贷：待处理财产损溢——待处理固定资产损溢　　140 000

学习小结

财产清查是通过财产物资、货币资金和往来款项进行实地盘点与核对，以查明其实存数与账存数是否相符的一种专门的会计核算方法。按财产清查的对象和范围分，可将财产清查分为全面清查和局部清查；按财产清查的时间划分，可将财产清查分为定期清查和不定期清查。财产清查的盘存制度包括实地盘存制和永续盘存制。财产清查的内容包括货币资金、实物以及往来款项的清查。财产清查结果的处理应按照审批前和审批后进行，做到账实相符。

【关键词汇】

全面清查　局部清查　定期清查　不定期清查　盘存制度　未达款项　银行存款余额调节表　盘盈　盘亏　待处理财产损溢

【综合练习】

一、单项选择题

1. 出纳人员发生变动时，应对其保管的库存现金进行清查，这种财产清查属于(　　)。

A. 全面清查和定期清查　　B. 局部清查和不定期清查

C. 全面清查和不定期清查　　D. 局部清查和定期清查

2. 年终决算前进行的财产清查属于(　　)。

A. 局部清查和定期清查　　B. 全面清查和定期清查

C. 全面清查和不定期清查　　D. 局部清查和不定期清查

3. 存货和贵重物资(　　)应清查一次。

A. 每天　　B. 每月　　C. 每季度　　D. 每年

4. 实际发生坏账损失时，一方面记入"坏账准备"账户的借方，一方面记入(　　)账户的贷方。

A. 资产减值损失　　B. 坏账准备　　C. 管理费用　　D. 应收账款

5. 在企业与银行双方记账无误的情况下，银行存款日记账与银行对账单余额不一致是由于有(　　)存在。

A. 应收账款　　B. 应付账款　　C. 未达账项　　D. 其他货币资金

6. 对于盘亏、毁损的存货，经批准后进行账务处理时，不可能涉及的借方账户是(　　)。

A. 其他应收款　　B. 营业外支出　　C. 营业外收入　　D. 原材料

7. 盘亏的固定资产应该通过(　　)科目核算。

A. 固定资产清理　　B. 待处理财产损溢

C. 以前年度损益调整　　D. 材料成本差异

8. 关于"银行存款余额调节表"，下列说法中正确的是(　　)。

A. 企业可根据"银行存款余额调节表"调整账簿

B."银行存款余额调节表"是重要的原始凭证

C."银行存款余额调节表"调节后的余额一般是企业可以动用的实际存款数

D."银行存款余额调节表"调节平衡后，说明企业与银行双方记账绝对无错误

9. 库存现金的清查是通过(　　)进行的。

A. 实地盘点法　　B. 账账核对法　　C. 技术分析法　　D. 征询法

10. 下列说法中不正确的是(　　)。

A. 在清查小组盘点现金时，出纳人员必须在场

B."现金盘点报告表"需要清查人员和出纳人员共同签字盖章

C. 要根据"现金盘点报告表"进行账务处理

D. 不必根据"现金盘点报告表"进行账务处理

11. 对往来款项进行清查，应该采用的方法是(　　)。

A. 技术推算法　　B. 与银行核对账目法C. 实地盘存法　　D. 发函询证法

12. 对财产清查结果进行正确账务处理的主要目的是保证(　　)。

A. 账表相符　　B. 账账相符　　C. 账实相符　　D. 账证相符

13. 下列关于财产清查程序的说法中错误的是(　　)。

A. 在进行财产清查前要确定清查对象、范围，明确清查任务

B. 清查之前,需要制定清查方案,具体安排清查内容、时间、步骤、方法

C. 清查时本着先认定质量、后清查数量的原则来进行清查

D. 清查结束后需要根据盘存单填制实物、往来账项清查结果报告表

14. 对盘盈的固定资产进行计量,常用的会计计量属性是(　　)。

A. 历史成本　　B. 重置成本　　C. 可变现净值　　D. 现值

15. 库存现金清查中对无法查明原因的长款,经批准应记入(　　)账户。

A. 其他应收款　　B. 其他应付款　　C. 营业外收入　　D. 管理费用

16."待处理财产损溢"科目未转销的借方余额表示(　　)。

A. 等待处理的财产盘盈

B. 等待处理的财产盘亏

C. 尚待批准处理的财产盘盈数大于尚待批准处理的财产盘亏和毁损数的差额

D. 尚待批准处理的财产盘盈数小于尚待批准处理的财产盘亏和毁损数的差额

17. 一般来说,在企业进行清产核资时,应对财产进行(　　)。

A. 全面清查　　B. 局部清查　　C. 实地盘点　　D. 定期清查

18. 对原材料、库存商品盘点后应先编制(　　)。

A. 实存账存对比表　　B. 盘存单　　C. 余额调节表　　D. 对账单

19. 在财产清查中,通过"账存实存对比表"发现:账存甲材料 100 000 元,实存甲材料 110 000元,原因待查,在未批准处理前,下列账务处理中正确是(　　)。

A. 借:原材料——甲材料　　10 000
　　贷:待处理财产损溢——流动资产损溢　　10 000

B. 借:原材料——甲材料　　10 000
　　贷:营业外收入　　10 000

C. 借:固定资产——甲材料　　10 000
　　贷:待处理财产损溢——非流动资产损溢　　10 000

D. 借:待处理财产损溢——流动资产损溢　　10 000
　　贷:原材料——甲材料　　10 000

20. 下列记录中,可以作为调整账面数字的原始凭证的是(　　)。

A. 盘存单　　B. 实存账存对比表

C. 银行存款余额调节表　　D. 往来款项对账单

21. 银行存款日记账余额为 56 000 元,调整前银行已收、企业未收的款项为 2 000 元,企业已收、银行未收款项为 1 200 元,银行已付、企业未付款项为 3 000 元,则调整后存款余额为(　　)元。

A. 56 200　　B. 55 000　　C. 58 000　　D. 51 200

22. 在实际工作中,企业一般以(　　)作为财产物资的盘存制度。

A. 收付实现制　　B. 权责发生制　　C. 永续盘存制　　D. 实地盘存制

23. 华为公司 2016 年 6 月 30 日银行存款日记账的余额为 100 万元,经逐笔核对,未达账项如下:银行已收、企业未收 2 万元;银行已付、企业未付 1.5 万元。调整后的企业银行存款余额应为(　　)万元。

A. 100　　B. 100.5　　C. 102　　D. 103.5

24. 对银行存款进行清查，应该采用的方法是(　　)。

A. 定期盘点法　　B. 与银行核对账目法

C. 实地盘存法　　D. 和往来单位核对账目法

25、对于天然堆放的矿石，一般采用(　　)法进行清查。

A. 技术推算　　B. 抽查检验　　C. 询证核对　　D. 实地盘点

26、某企业盘点中发现盘亏一台设备，原始价值 50 000 元，已计提折旧 10 000 元。根据事先签订的保险合同，保险公司应赔偿 30 000 元，则扣除保险公司赔偿后剩余的净损失 10 000 元应记入(　　)账户。

A. 累计折旧　　B. 营业外支出　　C. 管理费用　　D. 资本公积

27. 全面清查和局部清查是按照(　　)来划分的。

A. 财产清查的范围　B. 财产清查的时间　C. 财产清查的方法　D. 财产清查的性质

28. 编制银行存款余额调节表时，本单位银行存款调节后的余额等于(　　)。

A. 本单位银行存款余额＋本单位已记增加而银行未记增加的账项－银行已记增加而本单位未记增加的账项

B. 本单位银行存款余额＋银行已记增加而本单位未记增加的账项－银行已记减少而本单位未记减少的账项

C. 本单位银行存款余额＋本单位已记增加而银行未记增加的账项－本单位已记增加而银行未记增加的账项

D. 本单位银行存款余额＋银行已记减少而本单位未记减少的账项－银行已记增加而本单位未记增加的账项

29. 盘盈的固定资产应该通过(　　)科目核算。

A. 固定资产清理　　B. 待处理财产损溢

C. 以前年度损益调整　　D. 材料成本差异

30. 银行存款清查中发现的未达账项应编制(　　)。

A. 对账单　　B. 实存账存对比表　C. 盘存单　　D. 银行余额调节表

二、多项选择题

1. 某企业进行固定资产清查时盘亏设备一台，原值 9 000 元，已经计提折旧 4 000 元，保险公司赔偿 2 000 元(款项尚未收到)。按照规定，其账务处理正确的有(　　)。

A. 借：待处理财产损溢　　5 000
　　累计折旧　　4 000
　　贷：固定资产　　9 000

B. 借：其他应收款　　2 000
　　营业外支出　　3 000
　　贷：待处理财产损溢　　5 000

C. 借：其他应收款　　3 000
　　贷：待处理财产损溢　　3 000

D. 借：营业外支出　　5 000
　　贷：待处理财产损溢　　5 000

2. 关于库存现金的清查，下列说法中正确的有（　　）。

A. 库存现金应该每日清点一次

B. 库存现金应该采用实地盘点法

C. 在清查过程中可以用借条、收据充抵库存现金

D. 要根据盘点结果编制“现金盘点报告表”

3. 库存现金盘亏的账务处理中可能涉及的科目有（　　）。

A. 库存现金　　B. 管理费用　　C. 其他应收款　　D. 营业外支出

4. 下列关于全面清查的说法中，正确的有（　　）。

A. 年终决算前，为了确保年终决算会计资料真实、正确，需进行一次全面清查

B. 单位成立、撤销、分立、合并或改变隶属关系，需进行全面清查

C. 开展清查核资，需要进行全面清查

D. 单位财务负责人调离工作，需要进行全面清查

5. 关于银行存款的清查，下列说法中正确的是（　　）。

A. 不需要根据“银行存款余额调节表”作任何账务处理

B. 对于未达账项，等以后有关原始凭证到达后再作账务处理

C. 如果调整之后双方的余额不相等，则说明银行或企业记账有误

D. 对于未达账项，需要根据“银行存款余额调节表”作账务处理

6. 财产清查中查明的各种财产物资的盘亏，根据不同的原因，报经审批后可能列入的账户有（　　）。

A. 营业外支出　　B. 其他应收款　　C. 管理费用　　D. 营业外收入

7. 某机械制造企业在财产清查中，发现账外原材料一批，估计价值为 80 000 元，并按规定报经批准。会计机构对此应做的会计分录有（　　）。

A. 借：待处理财产损溢　　80 000
　　贷：原材料　　80 000

B. 借：待处理财产损溢　　80 000
　　贷：营业外收入　　80 000

C. 借：原材料　　80 000
　　贷：待处理财产损溢　　80 000

D. 借：待处理财产损溢　　80 000
　　贷：管理费用　　80 000

8. 造成账实不符的原因主要有（　　）。

A. 财产物资的自然损耗　　B. 财产物资收发计量错误

C. 财产物资的毁损、被盗　　D. 会计账簿漏记、重记、错记

9. 产生未达账项的情况有（　　）。

A. 企业已收款入账而银行尚未收款入账　　B. 企业已付款入账而银行尚未付款入账

C. 银行已收款入账而企业尚未收款入账　　D. 银行已付款入账而企业尚未付款入账

10. 关于往来款项和库存现金的清查，下列说法中正确的有（　　）。

A. 往来款项的清查一般采用实地盘点法

B. 往来款项的清查要按每一个经济往来单位填制“往来款项对账单”

C. 采用发函询证法，对方单位经过核对相符后，在回联单上加盖公章退回，表示已经核对

D. “现金盘点报告表”不能作为调整账簿记录的原始凭证，不能根据“现金盘点报告表”进行账务处理

11. 下列各项中，需要通过“待处理财产损溢”账户核算的有（ ）。

A. 库存现金短缺　　B. 原材料盘亏

C. 发现账外固定资产　　D. 应收账款无法收回

12. 进行局部财产清查时，正确的做法是（ ）。

A. 现金每月清点一次　　B. 银行存款每月至少与银行核对一次

C. 贵重物品每月至少盘点一次　　D. 债权债务每年至少核对一两次

13. 财产清查是对（ ）的盘点或核对，确定其实存数，查明账存数与实存数是否相符的专门方法。

A. 货币资金　　B. 实物资产　　C. 往来款项　　D. 实收资本

14. 下列各项中，属于造成账实不符的原因的有（ ）。

A. 计量、检验不准确而发生品种、数量或质量上的差错

B. 财务处理中出现的漏记、重记、错记或计算上的错误

C. 财产物资在保管中发生自然损耗或自然灾害导致财产毁损

D. 管理不善、工作人员失职及不法分子的营私舞弊、贪污失职

15. 银行存款的清查，下列说法中正确的有（ ）。

A. 经过银行存款余额调节表调整后，若双方账目没有差错，它们应该相符，且其金额表示企业可动用的银行存款实有数

B. 编制银行存款余额调节表的目的是为了消除未达账项的影响，核对银行存款账目有无错误

C. 银行存款余额调节表是原始凭证，可以根据该表在银行存款日记账上登记

D. 在清查过程中若发现长期存在的未达账项，应查明原因及时处理

16. 以下关于清查方法的表述中正确的有（ ）。

A. 库存现金和银行存款的清查，采用实地盘点法

B. 量大成堆而又价值不高、难以清点的煤炭，应采用技术推算法

C. 往来款项的清查，一般采用查询核对法或账单核对法进行清查

D. 对实物资产的数量进行清查的同时，还要对其质量进行鉴定，可根据不同的实物采用物理法、化学法和直接观察法等不同的检查方法

17. 使企业银行存款日记账的余额小于银行对账单余额的未达账项有（ ）。

A. 企业已收款记账而银行尚未收款记账　　B. 企业已付款记账而银行尚未付款记账

C. 银行已收款记账而企业尚未收款记账　　D. 银行已付款记账而企业尚未付款记账

18. 某企业在财产清查中，盘盈材料一批，价值 2 000 元，批准前后编制的会计分录为（ ）。

A. 借：待处理财产损溢　　2 000

　　贷：原材料　　2 000

B. 借：原材料　　2 000

　　贷：待处理财产损溢　　2 000

C. 借:待处理财产损溢　　2 000
　　贷:管理费用　　2 000

D. 借:待处理财产损溢　　2 000
　　贷:营业外收入　　2 000

19. 下列记录中,可以作为调整账面数字的原始凭证有(　　)。

A. 盘存单　　B. 实存账存对比表

C. 银行存款余额调节表　　D. 库存现金盘点报告表

20. 以下资产可以采用实地盘点法进行清查的是(　　)。

A. 库存现金　　B. 银行存款　　C. 原材料　　D. 固定资产

三、判断题

1.“银行存款余额调节表”编制完成后,可以作为调整企业银行存款余额的原始凭证。(　　)

2. 财产清查就是对各项实物资产进行定期盘点和核对。(　　)

3. 未达账项包括企业未收到凭证而未入账的款项和企业、银行都未收到凭证而未登记入账的款项。(　　)

4.“盘存单”需经盘点人员和实物保管人员共同签章方能有效。(　　)

5. 定期清查和不定期清查对象的范围均既可以是全面清查,也可以是局部清查。(　　)

6. 非正常原因造成的存货盘亏损失经批准后应该计入营业外支出。(　　)

7. 存货发生盘亏时,应根据不同的原因做出不同的处理,若属于一般经营性损失或定额内损失,记入“管理费用”科目。(　　)

8. 财产清查中发现的盘盈、盘亏,在报经有关领导审批之前,会计无须编制分录,等相关管理机构批准后,再根据财产盘盈、盘亏的数字,编制会计分录。(　　)

9. 在进行库存现金和存货清查时,出纳人员和实物保管人员不得在场。(　　)

10. 实地盘存制能随时反映存货的收入、发出和结存动态。(　　)

11. 对应付账款应采用询证法进行清查。(　　)

12. 每日终了,银行存款日记账必须结出余额,并与银行对账单核对相符。(　　)

13. “盘存单”和“实存账存对比表”是记录盘点结果的书面证明,是调整账簿记录的重要原始凭证。(　　)

14. 企业财产清查中,发现账外设备一台,报经批准后,应冲减营业外支出。(　　)

15. 单位撤销、合并或改变隶属关系、更换财产物资保管人员时,需要进行全面清查。(　　)

16. 全面清查是对企业所有财产物资进行全面的盘点和核对,包括各种在途材料、委托单位物资。(　　)

17. 财政、税务、银行以及审计部门对企业的检查属于全面清查和定期清查。(　　)

18. 流动性较大的材料物资,年末清查一次就可以了。(　　)

19. 因为银行对账单上对银行存款的每一笔经济业务都反映得详细且真实,所以可以用银行对账单代替企业的银行存款日记账。这样,大大减少每日的工作量,且免去每月对账和编制银行存款余额调节表的烦琐。(　　)

20. 技术推算法是指利用技术方法推算财产物资账存数的方法。　　（　　）

四、计算分析题

1.［资料］　甲公司20×6年3月31日银行存款日记账的账面余额为54 000元，银行转来对账单的余额为83 000元。经逐笔核对，发现以下未达账项：

（1）企业送存转账支票60 000元，并已登记银行存款增加，但银行尚未记账。

（2）企业开出转账支票45 000元，但持票单位尚未到银行办理转账，银行尚未记账。

（3）企业委托银行代收某公司购货款48 000元，银行已收妥并登记入账，但企业尚未收到收款通知，尚未记账。

（4）银行代企业支付电话费4 000元，银行已登记企业银行存款减少，但企业未收到银行付款通知，尚未记账。

［要求］　根据上述资料，编制“银行存款余额调节表”。

2.［资料］　某企业201×年6月30日对存货和固定资产清查发现有关情况如下：

（1）库存A产品账面结存数量2 000件，单位成本35元，金额70 000元；实存1 985件，盘亏15件，价值525元。经查明系保管人员过失所致，经批准责令赔偿。

（2）甲材料账面结存数量250千克，每千克20元，金额5 000元，全部毁损，作为废料处理，计价100元。经查明由于自然灾害所致，其损失经批准作为非常损失处理。

（3）发现账外机器一台，估计原价8 000元，七成新，原因待查，经批准同意转销处理。

（4）乙材料账面结存数量120吨，每吨成本100元，价值12 000元，实存118吨，盘亏2吨，价值200元。经查明属于定额内损耗，经批准作转销处理。

（5）丙材料账面结存数量300千克，每千克10元，价值3 000元；实存310千克，盘盈10千克，价值100元。经查明为收发计量差错原因造成，经批准作转销处理。

［要求］　根据以上资料，编制存货和固定资产清查结果审批前后的会计分录。

3.［资料］　某企业在201×年6月进行存货清查时发现下列情况：

（1）甲材料账面余额为800千克，单价20元，共计16 000元；而实际盘存数量为660千克，盘亏140千克。原因待查。

（2）乙材料账面余额为6 800千克，单价15元，共计102 000元；而实际盘存数量为6 880千克，盘盈80千克。原因待查。

（3）丙材料账面余额为110千克，单价8元，共计880元；而实际盘存数量为106千克，盘亏4千克。原因待查。

（4）库存商品A账面余额为1 500件，实际单位成本60元，共计90 000元，因火灾造成A商品全部毁损。

经查：

甲材料盘亏140千克中：①属于保管员失职而丢失100千克，已批准由保管员李某赔偿80%，另外20%转作企业的营业外支出；②属于收发计量上的误差40千克，已批准作为管理费用处理。

乙材料盘盈80千克，均属于收发计量上的误差所致，已批准做冲减企业的管理费用处理。

丙材料盘亏4千克，均属于材料保管过程中的自然损耗，已批准作为管理费用处理。

火灾毁损的库存商品A中，可收回的残料已作价500元并入库；保险公司同意按净损失的75%进行赔偿，其余损失已批准作为企业的营业外支出处理。保险公司的赔款尚未收到。

［要求］ 根据以上情况，分别编制查明原因前和批准后处理的有关会计分录。

4.［资料］ 某工业企业201×年12月清查往来账时，发现以下业务长期挂在账上：

(1)长期挂在企业账上的应付甲厂货款的尾数32元，由于对方机构撤销无法支付，经批准作为营业外收入处理。

(2)没收逾期未退回的包装物押金480元，经批准作为营业外收入处理。

(3)职工张某暂借款45元，由于该职工调出企业无法收回，经批准作为管理费用处理。

(4)由于对方单位撤销，应收而无法收回的企业销货款400元，经批准作为管理费用处理。

［要求］ 根据以上经济业务编制会计分录(该企业采用直接转销法核算坏账)。

【参考答案】

一、单项选择题

1. B　2. B　3. B　4. D　5. C　6. C　7. B　8. C　9. A　10. D
11. D　12. C　13. C　14. B　15. C　16. D　17. A　18. B　19. A　20. B
21. B　22. C　23. B　24. B　25. A　26. B　27. A　28. B　29. C　30. D

二、多项选择题

1. AB　2. ABD　3. ABC　4. AC　5. ABC　6. ABC　7. CD　8. ABCD
9. ABCD　10. BC　11. AB　12. BCD　13. ABC　14. ABCD　15. ABD　16. BD
17. BC　18. BC　19. BD　20. ACD

三、判断题

1. ×　2. ×　3. ×　4. √　5. √　6. √　7. √　8. ×　9. ×　10. ×
11. √　12. ×　13. ×　14. ×　15. ×　16. √　17. ×　18. ×　19. ×　20. ×

四、计算分析题

1.

银行存款余额调节表

项　目	金　额	项　目	金　额
企业银行存款日记账余额	54 000	银行对账单余额	83 000
加：银行已收、企业未收款	48 000	加：企业已收、银行未收款	60 000
减：银行已付、企业未付款	4 000	减：企业已付、银行未付款	45 000
调节后的存款余额	98 000	调节后的存款余额	98 000

2.

(1)借：待处理财产损溢——待处理流动资产损溢　525

　　贷：库存商品——A产品　525

	借方	贷方
借:其他应收款	525	
贷:待处理财产损溢——待处理流动资产损溢		525
(2)借:待处理财产损溢——待处理流动资产损溢	4 900	
贷:原材料——甲材料		4 900
借:营业外支出	4 900	
贷:待处理财产损溢——待处理流动资产损溢		4 900
(3)借:固定资产	5 600	
贷:以前年度损溢调整		5 600
(4)借:待处理财产损溢——待处理流动资产损溢	200	
贷:原材料——乙材料		200
借:管理费用	200	
贷:待处理财产损溢——待处理流动资产损溢		200
(5)借:原材料 ——丙材料	100	
贷:待处理财产损溢——待处理流动资产损溢		100
借:待处理财产损溢——待处理流动资产损溢	100	
贷:管理费用		100

3. 查明原因前:

(1)甲材料盘亏

借:待处理财产损溢——待处理流动资产损溢	2 800	
贷:原材料——甲材料		2 800

(2)乙材料盘盈

借:原材料——乙材料	1 200	
贷:待处理财产损溢——待处理流动资产损溢		1 200

(3)丙材料盘亏

借:待处理财产损溢——待处理流动资产损溢	32	
贷:原材料——丙材料		32

(4)A 商品全部毁损

借:待处理财产损溢——待处理流动资产损溢	90 000	
贷:库存商品——A 商品		90 000

查明原因批准后:

(1)借:其他应收款	1 600	
营业外支出	400	
管理费用	800	
贷:待处理财产损溢——待处理流动资产损溢		2 800
(2)借:待处理财产损溢——待处理流动资产损溢	1 200	
贷:管理费用		1 200
(3)借:管理费用	32	
贷:待处理财产损溢——待处理流动资产损溢		32
(4)借:原材料	500	

其他应收款　　67 125
营业外支出　　22 375
　贷:待处理财产损溢——待处理流动资产损溢　　90 000

4.(1)借:应付账款——甲厂　　32
　　贷:营业外收入　　32

(2)借:其他应付款——押金　　480
　贷:营业外收入　　480

(3)借:管理费用　　45
　贷:其他应收款——张某　　45

(4)借:管理费用　　400
　贷:应收账款　　400

任务八　编制财务会计报告

【知识体系】

- 财务会计报告
  - 财务会计报告概述
    - 编制财务会计报告的意义
    - 财务会计报告的目标
    - 财务会计报告的构成
    - 财务会计报告的编制要求
    - 财务会计报告编制前的准备工作
  - 资产负债表
    - 资产负债表的概念和作用
    - 资产负债表的格式和内容
    - 资产负债表的编制方法
      - 填列方法
      - 资料来源
  - 利润表
    - 利润表的概念和作用
    - 利润表的结构
    - 利润表的编制方法

【学习目标】

(1)了解资产负债表的概念、结构和编制原理；

(2)理解并掌握资产负债表的编制方法；

(3)理解利润表的概念、结构和编制基础；

(4)理解并掌握利润表的编制方法；

(5)理解资产负债表和利润表之间的关系。

【情境导入】

小李是淮华公司(增值税一般纳税人)的会计人员。会计期末，面对一堆会计凭证、总账账簿及相关明细账户的期末余额，小李需要编制企业财务会计报告。你认为财务会计报告的内容包括哪些？如何按要求编制资产负债表和利润表？

8.1　财务会计报告概述

8.1.1　财务会计报告的意义

财务会计报告是指企业对外提供的反映企业某一特定日期的财务状况和某一会计期间的经营成果、现金流量等会计信息的书面文件。

8.1.2 财务会计报告的目标

财务会计报告使用者通常包括投资者、债权人、政府及相关机构、企业管理人员、职工和社会公众等。不同的报表使用者对财务会计报告所提供信息的要求各有侧重。

(1)股东(投资者)主要关注投资的内在风险和投资的报酬。

(2)债权人主要关注的是其所提供给企业的资金是否安全，自己的债权是否能够按期如数收回(按时收回本息)。

(3)政府及相关机构最关注的是国家资源的分配和运用情况，需要了解与经济政策(如税收政策)的制定、国民收入的统计等有关方面的信息。

(4)企业管理人员最关注的是企业财务状况的好坏、经营业绩的大小以及现金的流动情况。

(5)企业职工最关注的是企业为其所提供的就业机会及其稳定性、劳动报酬高低和职工福利好坏等方面的资料，而上述情况又与企业的资本结构及其盈利能力等情况密切相关。

(6)社会公众主要关注与自身利益及社会利益相关的某些特定的企业财务会计信息。

重要知识　财务会计报告的目标

财务会计报告的目标，就是为财务会计报告使用者提供与企业财务状况、经营成果和现金流量等有关的会计信息，反映企业管理层受托责任履行的情况，有助于财务报告使用者做出经济决策。

8.1.3 企业财务会计报告的构成

财务会计报告由会计报表和会计报表附注两部分组成。其中，会计报表是财务会计报告的主体和核心，也是企业对外披露会计信息的主要手段，由资产负债表、利润表、现金流量表和所有者权益变动表组成。

(1)企业财务会计报告分为年度和中期财务报告。

中期财务报告是指以中期为基础编制的财务报告，中期是指短于一个完整的会计年度的报告期间。半年度、季度和月度财务会计报告统称为中期财务会计报告。

(2)财务会计报告包括会计报表及其附注和其他应当在财务会计报告中披露的相关信息的资料。

一套完整的财务报告至少包括“四表一注”，即资产负债表、利润表、现金流量表、所有者权益变动表和附注。中期财务报告至少应当包括资产负债表、利润表、现金流量表和附注。

(3)会计报表是财务会计报告的主要组成部分，又包括三张基本会计报表：

①资产负债表是反映企业某一特定日期财务状况的静态报表；

②利润表是反映企业在一定期间经营成果的动态报表；

③现金流量表是反映企业在一定期间现金及现金等价物流入和流出情况(现金流量情况)的动态报表。

(4)各期间财务会计报告编制的时间要求和基本内容如下：

①月度财务会计报告。在每月终了后 6 日内报出，至少应当包括资产负债表和利润表。

②季度财务会计报告。在每季度终了后的 15 日内报出，包括的内容与月度财务会计报告基本相同。

③半年度财务会计报告。在每半年度终了后 60 日内报出，包括资产负债表、利润表、现金流量表和会计报表附注。

④年度财务会计报告。在每年度终了后 4 个月内对外提供，包括财务会计报告的全部内容。

我国《小企业会计制度》规定，小企业的年度财务会计报告包括资产负债表、利润表和会计报表附注，小企业可以根据需要选择是否编制现金流量表。

我国《财务会计报告条例》规定，年度结账日为公历年度每年的 12 月 31 日；半年度、季度、月度结账日分别为公历年度每半年、每季、每月的最后一天。

8.1.4　财务会计报告的编制要求

1. 数字真实

企业编制财务会计报告应以实际发生的交易和事项为依据，如实反映财务状况、经营成果和现金流量。

2. 计算准确

企业在编制财务会计报告之前，要依照有关法规按期结账，认真对账和进行财产清查，做到账证相符、账账相符和账实相符。在编报以后，必须做到账表相符，并使各种报表之间的数字相互衔接。

3. 内容完整

财务会计报告应当全面地披露企业的财务状况、经营成果和现金流量，完整地反映企业财务活动的过程和结果，以满足各有关方面对会计信息的需要。

4. 编报及时

为了使会计信息使用者及时了解企业的财务信息，企业应按照规定的时间和程序，及时编制和报送财务会计报告，以保证财务会计报告的时效性；否则，即使财务会计报告的编制真实可靠、内容完整，但由于编报不及时，也可能失去其应有的价值。因此，企业必须加强日常核算，做好记账、算账和结账工作。当然，企业不能为赶编财务会计报告而提前结账，更不能为了提前报送而影响财务会计报告的质量。

5. 便于理解

企业财务会计报告提供的信息应当清晰明了，易于理解和运用。如果财务会计报告晦涩难懂，不可理解，财务会计报告使用者就不能据以做出准确的判断，所提供的信息也会毫无用处。编制财务会计报告的这一要求是建立在财务会计报告使用者具有一定阅读财务会计报告能力的基础之上的。

8.1.5　财务会计报告编制前的准备工作

1. 全面财产清查

企业在编制年度财务会计报告前，应当按照下列规定，全面清查资产、核实债务：

(1)结算款项；

(2)原材料、在产品、自制半成品、库存商品等各项存货的实存数量与账面数量是否一致,是否有报废损失和积压物资等;

(3)各项投资是否存在,投资收益是否按照国家统一的会计制度规定进行确认和计量;

(4)房屋建筑物、机器设备、运输工具等各项固定资产的实存数量与账面数量是否一致;

(5)在建工程的实际发生额与账面记录是否一致;

(6)需要清查、核实的其他内容。

企业还应当在年度中间根据具体情况,对各项财产物资和结算款项进行重点抽查、轮流清查或者定期清查。

2. 检查会计事项的处理结果

企业在编制财务会计报告前,除应当全面清查资产、核实债务外,还应当完成下列工作:

(1)账证核对。

(2)账账核对。

(3)检查相关的会计核算是否按照国家统一的会计制度的规定进行。

(4)对于国家统一的会计制度没有规定统一核算方法的交易、事项,检查其是否按照会计核算的一般原则进行确认和计量以及相关账务处理是否合理。

(5)检查是否存在因会计差错、会计政策变更等原因需要调整前期或者本期相关项目。

8.2 资产负债表

8.2.1 资产负债表的概念和作用

1. 资产负债表的概念

资产负债表是反映企业在某一特定日期(如月末、季末、半年末、年末等)的财务状况的会计报表。

重要知识 资产负债表的编制原理

资产负债表根据"资产=负债+所有者权益"这一会计恒等式,依照一定的分类标准和顺序,将企业在一定日期的全部资产、负债和所有者权益项目进行适当分类、汇总、排列后编制而成的。

2. 资产负债表的作用

通过编制资产负债表,可以反映企业资产的构成及其状况,分析企业在某一日期所拥有的经济资源及其分布情况;可以反映企业某一日期的负债总额及其结构,分析企业目前与未来需要支付的债务数额;可以反映企业所有者权益的情况,了解企业现有的投资者在企业资产总额中所占的份额。通过资产负债表,可以帮助报表使用者全面了解企业的财务状况,分析企业的债务偿还能力,从而为未来的经济决策提供参考信息。

8.2.2　资产负债表的结构和内容

8.2.2.1　资产负债表的结构

重要知识　资产负债表的结构

资产负债表项目的分布构成资产负债表的格式。资产负债表一般由表首和正表两部分组成。表首说明报表的名称、编制单位、编制日期、货币计量单位等；正表是资产负债表的主体，其结构国际上主要有账户式和报告式两种。我国企业的资产负债表采用账户式结构。

通过账户式资产负债表，可以反映资产、负债、所有者权益之间的内在关系，即“资产＝负债＋所有者权益”。资产负债表的基本格式如表 8－1 所示。

表 8－1　　**资产负债表**　　会企 01 表

编制单位：××××　　201×年××月××日　　单位：元

资　产	行次	期末余额	年初余额	负债和所有者权益	行次	期末余额	年初余额
流动资产：				流动负债：			
货币资金				短期借款			
交易性金融资产				交易性金融负债			
应收票据				应付票据			
应收账款				应付账款			
预付款项				预收款项			
应收利息				应付职工薪酬			
应收股利				应交税费			
其他应收款				应付利息			
存货				应付股利			
其他流动资产				其他应付款			
流动资产合计				其他流动负债			
非流动资产：				流动负债合计			
可供出售金融资产				非流动负债：			
持有至到期投资				长期借款			
长期应收款				应付债券			
长期股权投资				递延所得税负债			
投资性房地产				负债合计			
固定资产				所有者权益：			

续表

资　产	行次	期末余额	年初余额	负债和所有者权益	行次	期末余额	年初余额
在建工程				实收资本(或股本)			
工程物资				资本公积			
固定资产清理				盈余公积			
无形资产				未分配利润			
递延所得税资产				所有者权益合计			
非流动资产合计							
资产总计				负债及所有者权益总计			

8.2.2.2　资产负债表的内容

1. 资产项目

(1)流动资产,包括:货币资金、交易性金融资产、应收票据、应收账款、预付款项、应收利息、应收股利、其他应收款、存货、一年内到期的非流动资产等。

(2)非流动资产,包括:可供出售金融资产、持有至到期投资、长期应收款、长期股权投资、投资性房地产、固定资产、在建工程、无形资产、开发支出、商誉、长期待摊费用等。

2. 负债项目

(1)流动负债,包括:短期借款、交易性金融负债、应付票据、应付账款、预收款项、应付职工薪酬、应交税费、应付利息、应付股利、其他应付款、一年内到期的非流动负债等。

(2)非流动负债,包括:长期借款、应付债券、长期应付款、专项应付款、预计负债等。

3. 所有者权益项目

所有者权益项目包括:实收资本(或股本)、资本公积、盈余公积和未分配利润等。

8.2.3　资产负债表的编制方法

8.2.3.1　资产负债表各项目的填列方法

根据《企业会计准则——应用指南》,资产负债表中主要项目的填列方法如下:

1. 资产项目的填列方法

(1)"货币资金"项目:本项目应根据"库存现金""银行存款""其他货币资金"科目期末余额的合计数填列。其他货币资金为外埠存款、银行汇票存款、银行本票存款、银行卡存款、信用证保证金存款等的合计数。

(2)"交易性金融资产"项目:应根据"交易性金融资产"科目的期末余额填列。

(3)"应收票据"项目:应根据"应收票据"科目的期末余额填列(如有相应的坏账准备,还应该减去其坏账准备的余额)。其中已贴现的商业承兑汇票,应在会计报表附注中单独披露。

(4)"应收账款"项目:应根据"应收账款"和"预收账款"科目所属各明细科目的期末借方余额合计减去"坏账准备"科目中有关应收账款计提的坏账准备期末余额后的金额填列。

(5)"预付账款"项目:应根据"预付账款"和"应付账款"科目所属各明细科目的期末借方余额合计数填列。

(6)"应收利息"项目:应根据"应收利息"科目的期末余额填列。企业购入到期还本付息债券应收的利息，不包括在本项目内。

(7)“应收股利”项目：根据“应收股利”科目的期末余额填列。

(8)“其他应收款”项目：本项目应根据“其他应收款”科目的期末余额减去“坏账准备”项目中有关其他应收款计提的坏账准备期末余额后的金额填列。

(9)“存货”项目：存货＝材料采购＋在途物资＋原材料＋库存商品＋周转材料＋生产成本＋制造费用＋发出商品等－存货跌价准备。

(10)“其他流动资产”项目：反映企业除以上流动资产项目外的其他流动资产。本项目应根据有关科目的期末余额填列。如其他流动资产价值较大的，应在会计报表附注中披露其内容和金额。

(11)“长期应收款”项目：应该根据“长期应收款”科目余额扣除一年内(含一年)到期的长期应收款和相应的坏账准备后的金额填列。

(12)“长期股权投资”项目：应根据“长期股权投资”科目的期末余额，减去“长期投资减值准备”科目中有关长期股权投资减值准备期末余额后的金额填列。

(13)“固定资产”项目：根据“固定资产”科目的期末余额减去“累计折旧”“固定资产减值准备”备抵科目余额后的净额填列。

(14)“在建工程”项目：根据“在建工程”科目的期末余额减去“在建工程减值准备”项目期末余额后的金额填列。

(15)“工程物资”项目：应根据“工程物资”科目的期末余额填列。

(16)“固定资产清理”项目：根据“固定资产清理”科目的期末借方余额填列。如“固定资产清理”科目期末为贷方余额，以“－”号填列。

(17)“无形资产”项目：根据“无形资产”科目的期末余额减去“累计摊销”“无形资产减值准备”科目期末余额后的金额填列。

2. 负债项目的填列方法

(1)“短期借款”项目：根据“短期借款”科目的期末余额填列。

(2)“应付票据”项目：根据“应付票据”科目的期末余额填列。

(3)“应付账款”项目：根据“应付账款”和“预付账款”科目所属各明细科目的期末贷方余额合计数填列。

(4)“预收账款”项目：根据“预收账款”和“应收账款”科目所属各明细科目的期末贷方余额合计数填列。

(5)“应付职工薪酬”项目：根据“应付职工薪酬”科目的期末余额填列。如“应付职工薪酬”科目期末为借方余额，应以“－”号填列。

(6)“应交税费”项目：根据“应交税费”科目的期末贷方余额填列。如“应交税费”科目期末为借方余额，应以“－”号填列。

(7)“应付利息”：根据“应付利息”科目的期末余额填列。

(8)“应付股利”：根据“应付股利”科目的期末余额填列。

(9)“其他应付款”项目：根据“其他应付款”科目的期末余额填列。

(10)“其他流动负债”项目：根据有关科目的期末余额填列。如其他流动负债价值较大的，应在会计报表附注中披露其内容和金额。

(11)“长期借款”项目：根据“长期借款”科目扣除将于一年内(含一年)到期的长期借款后

的余额填列。

(12)“应付债券”项目:根据“应付债券”科目扣除将于一年内(含一年)到期的应付债券后的余额填列。

(13)非流动负债各项目中将于一年内(含一年)到期的,应在“一年内到期的非流动负债”项目内单独反映。

3. 所有者权益项目的填列方法

(1)“实收资本(或股本)”项目:根据“实收资本(或股本)”科目的期末余额填列。

(2)“资本公积”项目:根据“资本公积”科目的期末余额填列。

(3)“盈余公积”项目:应根据“盈余公积”科目的期末余额填列。

(4)“未分配利润”项目:根据“本年利润”科目和“利润分配”科目的余额计算填列。未弥补的亏损,在本项目内以“—”号填列。

8.2.3.2 资产负债表的资料来源

通常,资产负债表的各项目均需填列“年初余额”和“期末余额”两栏,其中:资产负债表的“年初余额”栏内各项数字,应根据上年末资产负债表的“期末余额”栏内所列数字填列。如果本年度资产负债表规定的各项目的名称和内容与上年不一致,则应对上年年末资产负债表各项目的名称和数字按照本年度的规定进行调整,填入本表“年初余额”栏内。

资产负债表的“期末余额”栏则根据会计报表编报时间,可为月末、季末或年末的数字。“期末余额”主要是通过对本会计期间的会计核算记录的数据加以归集、整理而成,其资料来源有以下几个方面:

1. 根据有关总分类账户的期末余额直接填列

如“交易性金融资产”“短期借款”“应付票据”“应付职工薪酬”等项目,应根据“交易性金融资产”“短期借款”“应付票据”“应付职工薪酬”各总账账户的期末余额直接填列。

2. 根据有关总分类账户的期末余额分析计算填列

如“货币资金”项目,应根据“库存现金”“银行存款”“其他货币资金”三个总账账户期末余额的合计数填列;“存货”项目,应根据“原材料”“委托加工物资”“周转材料”“库存商品”“生产成本”“材料成本差异”等总账账户期末余额的分析汇总数,再减去“存货跌价准备”账户余额后的净额填列;“固定资产”项目,应根据“固定资产”账户的期末余额减去“累计折旧”“固定资产减值准备”账户余额后的净额填列。

3. 根据明细分类账户余额分析、计算后填列

如“应收账款”项目,应根据“应收账款”和“预收账款”两个总分类账户所属的相关明细账户的期末借方余额合计数填列;“应付账款”项目,应根据“应付账款”和“预付账款”两个总分类账户所属的相关明细账户的期末贷方余额合计数填列。

4. 根据有关总账账户和明细分类账户余额分析、计算后填列

如“长期借款”项目,应根据“长期借款”总账账户余额扣除“长期借款”账户所属的明细分类账户中将在一年内到期且企业不能自主将清偿义务展期的长期借款后的金额计算填列,将于一年内到期且企业不能自主清偿义务展期的长期借款数,应当填列在流动负债下“一年内到期的非流动负债”项目中;“长期待摊费用”项目,应根据“长期待摊费用”总账账户余额扣除将于一年内摊销的金额后的数字填列,将于一年内摊销完毕的数字,应当填列在流动资产下“一年内到期的非流动资产”项目中。

【例 8－1】 淮华科技有限责任公司 201×年 12 月份试算平衡表资料如表 8－2 所示。

表 8－2　　**试算平衡表(局部)**

编制单位:淮华科技有限责任公司　　201×年 12 月　　单位:元

会计科目	期初余额		本期发生额		期末余额	
	借方	贷方	借方	贷方	借方	贷方
库存现金	4 100		6 000	5 300	5 000	
银行存款	500 000		2 061 990	1 329 612	1 232 378	
应收票据	204 321.50		738 270	0	942 591.5	
应收账款	150 000		341 640	341 640	150 000	
预付账款	95 800		40 000	0	135 800	
其他应收款	1 800		2 500	2 500	1 800	
在途物资			282 800	282 800	0	
原材料	368 700		282 800	579 500	72 000	
库存商品	31 358.50		744 280	679 102	96 536.5	
固定资产	3 450 000		905 000		4 355 000	
累计折旧		64 000		42 000		106 000
无形资产			500 000		500 000	
短期借款		150 000		900 000		1 050 000
应付票据		6 800				6 800
应付账款		10 000				10 000
应付职工薪酬			188 800	188 800	0	0
应交税费		25 200	158 270	200 880.98		67 810.98
应付利润				9 906.76		9 906.76
应付利息				4 062.5		4 062.5
其他应付款		3 380		22 318		25 898
实收资本		4 450 000		1 550 000		6 000 000
盈余公积				18 575.18		18 575.18
本年利润		96 700	939 000	939 000	0	96 700
利润分配			28 481.94	123 834.52		95 352.58
生产成本			744 280	744 280	0	0
制造费用			69 280	69 280	0	0
主营业务收入			923 000	923 000	0	0
其他业务收入			15 000	15 000	0	0

续表

会计科目	期初余额		本期发生额		期末余额	
	借方	贷方	借方	贷方	借方	贷方
营业外收入			1 000	1 000	0	0
主营业务成本			679 102	679 102	0	0
其他业务成本			12 000	12 000	0	0
营业税金及附加			142.8	142.8	0	0
销售费用			32 790	32 790	0	0
管理费用			43 730	43 730	0	0
营业外支出			2 000	2 000	0	0
合计	4 806 080	4 806 080	9 742 156.74	9 742 156.74	7 491 106	7 491 106

根据上述资料编制12月份资产负债表，如表8—3所示。

表8—3 **资产负债表**

编制单位:淮华科技有限责任公司 201×年12月31日 单位:元

资　产	期末余额	年初余额	负债和所有者权益	期末余额	年初余额
流动资产:		略	流动负债:		略
货币资产	1 237 378		短期借款	1 050 000	
交易性金融资产			交易性金融负债		
应收票据	942 591.50		应付票据	6 800	
应收账款	150 000		应付账款	10 000	
预付账款	135 800		预收账款		
应收利息			应付职工薪酬		
应收股利			应交税费	67 810.98	
其他应收款	1 800		应付利息	4 062.50	
存货	168 536.50		应付利润(股利)	9 906.76	
一年内到期的非流动资产			其他应付款	25 898	
其他流动资产			一年内到期的非流动负债		
流动资产合计	2 636 106		其他流动负债		
非流动资产:			流动负债合计	1 174 478.24	
可供出售金融资产			非流动负债:		
持有至到期投资			长期借款		
长期应收款			应付债券		

续表

资　产	期末余额	年初余额	负债和所有者权益	期末余额	年初余额
长期股权投资			长期应付款		
投资性房地产			预计负债		
固定资产	4 249 000		其他非流动负债		
在建工程			非流动负债合计		
工程物资			负债合计	1 174 478.24	
固定资产清理			所有者权益(或股东权益):		
无形资产	500 000		实收资本(或股本)	6 000 000	
开发支出			资本公积		
商誉			减:库存股		
长期待摊费用			盈余公积	18 575.18	
其他非流动资产			未分配利润	192 052.58	
非流动资产合计	4 749 000		所有者权益(或股东权益)合计	6 210 627.76	
资产合计	7 385 106		负债和所有者权益(或股东权益)合计	7 385 106	

8.3　利润表

8.3.1　利润表的概念和作用

1. 利润表的概念

利润表是反映企业一定会计期间经营成果的会计报表。它是根据“收入－费用＝利润”这一会计恒等式,依照费用在企业所发挥的功能进行适当分类、汇总、排列后与收入相匹配编制而成的。与资产负债表相比较,利润表的性质具有两个显著特征:

一是利润表反映的是报告期间而不是报告时点的动态财务数据;

二是利润表中所列数据是报告期间相关业务项目的累计数而不是结余数。

2. 利润表的作用

(1)通过利润表可以反映企业一定会计期间的收入、费用以及利润情况,并据以分析判断企业的经营成果。

(2)通过利润表可以评价企业的获利能力,预测企业未来的盈利趋势,并为企业管理当局决定未来经营决策提供依据。

(3)通过利润表可以分析企业利润增减变动的主要原因,研究如何改进企业经营管理,采取有效措施,提高盈利水平。

8.3.2 利润表的结构

重要知识 利润表的结构

利润表由表首和正表两部分组成，表首说明报表的名称、编制单位、编制日期、货币计量单位等；正表是利润表的主体，其格式主要有单步式和多步式两种。按照我国《企业会计准则——应用指南》的规定，我国企业的利润表采用多步式。

多步式利润表的主要编制步骤和内容如下：

第一步，以营业收入为基础，减去营业成本、营业税金及附加、销售费用、管理费用、财务费用，资产减值损失，加上公允价值变动收益（减去公允价值变动损失）和投资收益（减去投资损失）计算营业利润。

第二步，以营业利润为基础，加上营业外收入，减去营业外支出，计算出利润总额。

第三步，以利润总额为基础，减去所得税费用，计算出净利润（或亏损）。

多步式利润表反映了构成营业利润、利润总额、净利润、每股收益的各项要素的情况，有助于使用者从不同利润类别中了解企业经营成果的不同来源。

8.3.3 利润表的编制方法

利润表各项目均需填列“本期金额”和“上期金额”两栏。

1. 利润表各项目的填列方法

利润表中各项目的数据来源主要是根据各损益类科目的发生额分析填列。

（1）“营业收入”项目：应根据“主营业务收入”和“其他业务收入”科目的发生额分析填列。如果该科目借方记录有销售退回等事项，应抵减本期的销售收入，按营业收入净额填列本项目。

（2）“营业成本”项目：应根据“主营业务成本”和“其他业务成本”科目发生额分析填列。如果该科目贷方发生额登记有销售退回等事项，应抵减相应借方发生额后的成本填列本项目。

（3）“营业税金及附加”项目：根据“营业税金及附加”科目的发生额分析填列。

（4）“销售费用”项目：应根据“销售费用”科目的发生额分析填列。

（5）“管理费用”项目：应根据“管理费用”科目的发生额分析填列。

（6）“财务费用”项目：应根据“财务费用”科目的发生额分析填列。

（7）“资产减值损失”项目：应根据“资产减值损失”科目的发生额分析填列。

（8）“公允价值变动损益”项目：应根据“公允价值变动损益”科目的发生额分析填列（如果是贷方发生额就加上，如果是借方发生额就减去）。

（9）“投资收益”项目：应根据“投资收益”科目的发生额分析填列。如果为投资净损失，本项目用“－”号填列。

（10）“营业利润”项目：计算填列，如为亏损，本项目以“－”号填列。

（11）“营业外收入”“营业外支出”项目：分别根据“营业外收入”“营业外支出”科目的发生额分析填列。

（12）“利润总额”项目：计算填列，如为亏损，本项目以“－”号填列。

(13)“所得税费用”项目:根据“所得税费用”科目的余额分析填列。

(14)“净利润”项目:计算填列,如为亏损,本项目以“－”号填列。

(15)“每股收益”项目:净利润除以总股数计算填列。

2. 月份利润表“本年累计数”栏各项目的填列方法

利润表“本年累计数”:根据上月利润表的“本年累计数”栏的数字,加上本月利润表的“本月数”栏的数字填列。

3. 年度利润表相关栏目的填列办法

在编制年度利润表时,应将“本期金额”栏改为“上期金额”栏,填列上年全年累计实际发生数,从而与“本年累计数”栏各项目进行比较。

如果上年度利润表与本年度利润表的项目名称和内容不一致,应对上年度报表项目的名称和数字按本年度的规定进行调整,填入利润表的“上年数”栏内。

12 月份利润表的“本年累计数”,就是年度利润表的“本年累计数”,可以直接转抄。年终,应将年报中的“净利润”数字与“本年利润”科目结转到“利润分配——未分配利润”科目的数字相核对,检查报表编制和账簿记录的正确性。

以下简要举例说明利润表的编制方法。

【例 8—2】 淮华有限责任公司 201×年度有关损益类科目累计发生额如表 8—4 所示。

表 8—4　　**201×年度损益类科目累计发生额表**　　单位:元

科目名称	借方发生额	贷方发生额
主营业务收入		3 050 000
主营业务成本	1 550 000	
其他业务收入		40 000
其他业务成本	20 000	
营业税金及附加	150 000	
销售费用	100 000	
管理费用	150 000	
财务费用	80 000	
投资收益		160 000
营业外收入		90 000
营业外支出	40 000	
所得税费用	310 000	

根据上述资料编制的 201×年该公司利润表如表 8—5 所示。

表 8—5　　**利 润 表**　　会企 02 表

编制单位:××　　201×年度　　单位:元

项　目	行次	本月数	本年累计数
一、营业收入			3 090 000

续表

项　目	行次	本月数	本年累计数
减:营业成本			1 570 000
营业税金及附加			150 000
销售费用			100 000
管理费用			150 000
财务费用			80 000
资产减值损失			
加:公允价值变动收益			
投资收益			160 000
其中:对联营企业和合营企业的投资收益			
二、营业利润			1 200 000
加:营业外收入			90 000
减:营业外支出			40 000
其中:非流动资产处置损失			
三、利润总额			1 250 000
减:所得税费用			310 000
四、净利润			940 000
五、每股收益			
(一)基本每股收益			
(二)稀释每股收益			
六、其他综合收益			
七、综合收益总额			

学习小结

财务会计报告是企业财务会计工作的最终产物。它是企业根据日常的会计核算资料收集、加工和汇总后形成的,是会计核算账务处理程序的最后一个步骤,又是连接下一个会计期间的起点。一套完整的会计报表通常由资产负债表、利润表、现金流量表、所有者权益变动表和附表组成。会计报表按照不同的标准进行分类。

【关键词汇】

财务会计报告　资产负债表　利润表

【综合练习】

一、单项选择题

1. 会计报表是反映各单位在一定时期(　　)的一种报告文件。

A. 财务结构、变现能力　　B. 经营状况、获利能力

C. 财务状况、经营成果　　D. 经营状况、变现能力

2. 会计报表中各项目数字的直接来源是(　　)。

A. 原始凭证　　B. 日记账　　C. 记账凭证　　D. 账簿记录

3. 在下列各个会计报表中,属于企业对外的静态报表的是(　　)。

A. 利润表　　B. 所有者权益变动表

C. 现金流量表　　D. 资产负债表

4. 下列有关附注的说法中,不正确的是(　　)。

A. 附注不属于财务会计报表的组成部分

B. 附注是对在会计报表中列示项目的描述或明细资料

C. 附注是对未能在会计报表中列示项目的说明

D. 附注是财务会计报告的组成部分

5. 按照会计报表反映的经济内容分类,资产负债表属于反映(　　)的报表。

A. 某一特定日期的财务状况　　B. 经营成果

C. 对外报表　　D. 月报

6.(　　)是指企业对外提供的反映企业某一特定日期财务状况和某一会计期间经营成果、现金流量情况的书面文件。

A. 资产负债表　　B. 利润表

C. 会计报表附注　　D. 财务会计报告

7. 会计报表编制的根据是(　　)。

A. 原始凭证　　B. 记账凭证　　C. 科目汇总表　　D. 账簿记录

8. 在资产负债表中,资产按照其流动性排列时,下列排列方法正确的是(　　)。

A. 存货　无形资产　货币资金　交易性金融资产

B. 交易性金融资产　存货　无形资产　货币资金

C. 无形资产　货币资金　交易性金融资产　存货

D. 货币资金　交易性金融资产　存货　无形资产

9. 我国现行会计制度规定,企业每个(　　)都要编制资产负债表。

A. 月末　　B. 季末　　C. 半年度　　D. 年末

10. 下列各项中,直接根据总分类账户余额填列资产负债表项目的是(　　)。

A. 固定资产清理　　B. 应收账款　　C. 未分配利润　　D. 存货

11. 资产负债表中的各报表项目(　　)。

A. 都按有关账户期末余额直接填列

B. 必须对账户发生额和余额进行分析计算才能填列

C. 应根据有关账户的发生额填列

D. 有的项目可以直接根据账户期末余额填列,有的项目需要根据有关账户期末余额分析填列

12. 某企业某年某月末应收账款总分类账户的借方余额为192 000元，其中应收账款明细账户中借方余额合计为194 000元，贷方余额合计为2 000元，则应列入资产负债表中“应收账款”项目期末数的应为(　　)元。

A. 192 000　　B. 194 000　　C. 2 000　　D. 196 000

13. 资产负债表的格式一般采用(　　)。

A. 账户式　　B. 报告式　　C. 单步式　　D. 多步式

14. 资产负债表中资产项目是按(　　)进行排列的。

A. 资产的数额大小　　B. 资产的流动性大小

C. 资产的重要程度　　D. 资产的创利能力

15. 在编制资产负债表时，下列各项中需要根据其明细科目及“预付账款”科目的余额填列的有(　　)。

A. 应付债券　　B. 应付账款　　C. 实收资本　　D. 存货

16. 资产负债表的下列项目中，需要根据几个总账账户的期末余额进行汇总填列的是(　　)。

A. 应付职工薪酬　　B. 短期借款　　C. 货币资金　　D. 资本公积

17. 资产负债表中所有者权益部分是按照(　　)顺序排列的。

A. 实收资本、盈余公积、资本公积、未分配利润

B. 资本公积、实收资本、盈余公积、未分配利润

C. 资本公积、实收资本、未分配利润、盈余公积

D. 实收资本、资本公积、盈余公积、未分配利润

18. 资产负债表中，“应收账款”项目应根据(　　)填列。

A.“应收账款”总分类账户的期末余额

B.“应收账款”总分类账户所属各明细分类账户期末借方余额合计数

C.“应收账款”总分类账户所属各明细分类账户期末贷方余额合计数

D.“应收账款”和“预收账款”总分类账户所属各明细分类账户期末借方余额的合计数

19. 资产负债表中的“存货”项目，应根据(　　)。

A.“存货”账户的期末借方余额直接填列

B.“原材料”账户的期末借方余额直接填列

C.“原材料”“生产成本”和“库存商品”等账户的期末借方余额之和填列

D.“原材料”“在产品”和“库存商品”等账户的期末借方余额之和填列

20. 某企业“应付账款”明细账期末余额情况如下：X企业贷方余额为200 000元，Y企业借方余额为180 000元，Z企业贷方余额为300 000元。假如该企业“预付账款”明细账均为借方余额，则根据以上数据计算的反映在资产负债表上的应付账款项目的数额为(　　)元。

A. 680 000　　B. 320 000　　C. 500 000　　D. 80 000

21. 编制会计报表时，以“资产＝负债＋所有者权益”这一会计等式作为编制依据的会计报表是(　　)。

A. 利润表　　B. 所有者权益变动表

C. 资产负债表　　D. 现金流量表

22. 编制会计报表时，以“收入－费用＝利润”这一会计等式作为编制依据的会计报表

是(　　)。

A. 利润表　　B. 所有者权益变动表

C. 资产负债表　　D. 现金流量表

23. 依照我国的会计准则，利润表采用的格式为(　　)。

A. 单步报告式　　B. 多步报告式　　C. 账户式　　D. 混合式

24. 编制利润表主要是根据是(　　)。

A. 资产、负债及所有者权益各账户的本期发生额

B. 资产、负债及所有者权益各账户的期末余额

C. 损益类各账户的本期发生额

D. 损益类各账户的期末余额

25. 某年 12 月 31 日编制的利润表中“本期金额”一栏反映了(　　)。

A. 12 月 31 日利润或亏损的形成情况　　B. 1 月至 12 月累计利润或亏损的形成情况

C. 12 月份利润或亏损的形成情况　　D. 第 4 季度利润或亏损的形成情况

26. 下列各项中，不会影响营业利润金额增减的是(　　)。

A. 资产减值损失　　B. 财务费用　　C. 投资收益　　D. 营业外收入

27. 企业本月利润表中的营业收入为 450 000 元，营业成本为 216 000 元，营业税金及附加为 9 000 元，管理费用为 10 000 元，财务费用为 5 000 元，销售费用为 8 000 元，则其营业利润为(　　)元。

A. 217 000　　B. 225 000　　C. 234 000　　D. 202 000

28. 利润表的项目共分为三个层次，其排列顺序是(　　)。

A. 主营业务利润、利润总额、净利润　　B. 营业利润、利润总额、净利润

C. 营业利润、净利润、利润总额　　D. 净利润、利润总额、营业利润

29. 反映企业在一定会计期间经营成果的报表是(　　)。

A. 资产负债表　　B. 利润表　　C. 现金流量表　　D. 产品成本报表

30. 为了具体反映利润表的形成情况，我国现行利润表的结构一般采用(　　)报告结构。

A. 单步式　　B. 账户式　　C. 多步式　　D.“丁”字形

二、多项选择题

1. 为了发挥财务会计报告的作用，保证财务会计报告信息的质量，企业编制财务会计报告必须做到(　　)。

A. 计算准确　　B. 编报及时

C. 数字真实　　D. 内容完整并便于理解

2. 按现行制度规定，企业会计报表主要包括(　　)和附注。

A. 资产负债表　　B. 利润表

C. 现金流量表　　D. 所有者权益变动表

3. 会计报表按其所提供的会计资料的重要程度可分为(　　)。

A. 主表　　B. 附表　　C. 个别会计报表　　D. 合并会计报表

4. 企业财务会计报表按其编报的时间不同，分为(　　)。

A. 半年度报表　　B. 月度报表　　C. 季度报表　　D. 年度报表

5. 会计报表按其报送对象进行分类可分为(　　)。

A. 对外会计报表　B. 对内会计报表　C. 个别会计报表　D. 合并会计报表

6. 单位编制财务会计报告的主要目的,就是为(　　)、社会公众等财务会计报告的使用者进行决策提供会计信息。

A. 投资者　B. 债权人

C. 政府及相关机构　D. 单位管理人员

7. 资产负债表提供的信息,可以帮助管理者(　　)。

A. 分析企业资产的结构及其状况

B. 分析企业目前与未来需要支付的债务数额

C. 分析企业的盈利能力

D. 分析企业的现金流量情况

8. 报表使用者通过利润表可以了解以下信息(　　)。

A. 企业资产变动情况

B. 企业收入、成本和费用及利润的实现情况

C. 企业的获利能力

D. 投资者投入资本的保值增值能力

9. 季度和月度的财务会计报告通常仅指会计报表,至少应当包括(　　)。

A. 利润表　B. 利润分配表　C. 资产负债表　D. 现金流量表

10. 下列各项中可以通过资产负债表反映的有(　　)。

A. 某一时点的财务状况　B. 某一时点的偿债能力

C. 某一期间的经营成果　D. 某一期间的获利能力

11. 资产负债表的数据来源,可以通过以下几种方式取得(　　)。

A. 根据总账科目余额直接填列　B. 根据总账科目余额计算填列

C. 根据记账凭证直接填列　D. 根据明细科目余额计算填列

12. 下列项目中列在资产负债表左方的有(　　)。

A. 固定资产　B. 无形资产　C. 非流动资产　D. 流动资产

13. 资产负债表中"预收账款"项目应根据(　　)总分类账户所属各明细分类账户期末贷方余额合计填列。

A. 预付账款　B. 应收账款　C. 应付账款　D. 预收账款

14. 下列项目中,列在资产负债表右方的有(　　)。

A. 非流动资产　B. 非流动负债　C. 流动负债　D. 所有者权益

15. 资产负债表正表的格式,国际上通常有(　　)。

A. 单步式　B. 多步式　C. 账户式　D. 报告式

16. 资产负债表的"存货"项目应根据(　　)总账科目的合计数填列。

A. 库存商品　B. 原材料　C. 生产成本　D. 库存现金

17. 在编制资产负债表时,应根据总账科目的期末借方余额直接填列的项目有(　　)。

A. 固定资产清理　B. 交易性金融资产　C. 短期借款　D. 应付利息

18. 直接根据总分类账户余额填列的资产负债表项目有(　　)。

A. 交易性金融资产　B. 固定资产　C. 实收资本　D. 短期借款

19. 下列各项中，属于资产负债表中流动负债项目的有(　　)。

A. 应付职工薪酬　　B. 应付股利　　C. 应交税费　　D. 应付票据

20. 不能直接根据总分类账户余额填列的资产负债表项目有(　　)。

A. 固定资产原价　　B. 未分配利润　　C. 存货　　D. 应收账款

21. 下列账户中，可能影响资产负债表中"应付账款"项目金额的有(　　)。

A. 应收账款　　B. 预收账款　　C. 应付账款　　D. 预付账款

22. 资产负债表中"应收账款"项目应根据(　　)之和减去"坏账准备"账户中有关应收账款计提的坏账准备期末余额填列。

A."应收账款"科目所属明细科目的借方余额

B."应收账款"科目所属明细科目的贷方余额

C."应付账款"科目所属明细科目的贷方余额

D."预收账款"科目所属明细科目的借方余额

23. 资产负债表的下列项目中，在经济业务发生相反变化时应用负号表示的有(　　)。

A. 应付职工薪酬　　B. 应交税费　　C. 应付账款　　D. 应付股利

24. 资产负债表中的"未分配利润"项目应根据(　　)填列。

A."本年利润"账户余额　　B."利润分配"账户余额

C."盈余公积"账户余额　　D."资本公积"账户余额

25. 下列各项中影响企业营业利润的项目有(　　)。

A. 投资收益　　B. 所得税费用

C. 营业税金及附加　　D. 销售费用

26. 构成企业利润总额的项目有(　　)。

A. 营业利润　　B. 所得税费用

C. 营业外收入　　D. 营业外支出

27. 利润表中的"营业收入"项目填列所依据的是(　　)。

A."主营业务收入"发生额　　B."本年利润"发生额

C."其他业务收入"发生额　　D."投资收益"发生额

28. 下列各项中，影响利润总额计算的项目有(　　)。

A. 营业收入　　B. 营业外支出　　C. 营业外收入　　D. 投资收益

29. 利润表中的"营业成本"项目填列所依据的是(　　)。

A."营业外支出"发生额　　B."主营业务成本"发生额

C."其他业务成本"发生额　　D."营业税金及附加"发生额

30. 下列各项中，属于利润表提供的信息的有(　　)。

A. 实现的营业收入　　B. 发生的营业成本

C. 营业利润　　D. 企业的利润或亏损总额

三、判断题

1. 财务会计报告本身并非会计核算的目的，而是通过财务会计报告所披露的信息帮助财务会计报告的使用者总结和评价企业财务状况、经营成果和现金流量，便于他们做出合理的经济决策。(　　)

2. 财务会计报告是指单位根据经过审核的会计账簿记录和有关资料编制并对外提供的反映单位某一特定日期财务状况和某一会计期间经营成果、现金流量的文件。（　　）

3. 会计报表按其反映的内容，可以分为动态会计报表和静态会计报表，资产负债表是反映在某一时期企业财务状况的会计报表。（　　）

4. 会计报表项目数据的直接来源是原始凭证和记账凭证。（　　）

5. 个别报表和合并报表都是由企业在自身会计核算基础上对账簿记录进行加工而编制的会计报表。（　　）

6. 会计报表按照报送对象不同，可以分为个别会计报表和合并会计报表。（　　）

7. 中期财务报表是指以一年的中间日为资产负债表日编制的财务报表。（　　）

8. 资产负债表是反映企业在特定日期资产、负债和所有者权益情况的报表。（　　）

9. 编制资产负债表时，如“应收账款”账户所属明细账有贷方余额，应反映在“预收款项”项目内。（　　）

10. 编制资产负债表时，如“应付账款”账户所属明细账有借方余额，应反映在“预收款项”项目内。（　　）

11. 资产负债表中“长期借款”项目，应根据“长期借款”总账余额直接填列。（　　）

12. “应付职工薪酬”项目，反映企业根据有关规定应付给职工的工资、职工福利、社会保险费、住房公积金、工会经费、职工教育经费，但不包括非货币性福利、辞退福利等薪酬。（　　）

13. 资产负债表是总括反映企业特定日期资产、负债和所有者权益情况的动态报表，通过它可以了解企业的资产构成、资金的来源构成和企业债务的偿还能力。（　　）

14. 资产负债表中的“固定资产”项目，应根据“固定资产”账户余额减去“累计折旧”“固定资产减值准备”等账户的期末余额后的金额填列。（　　）

15. 利润表是反映企业一定日期经营状况的会计报表。（　　）

16. 利润表中各项目根据损益类各账户的期末余额分析填列。（　　）

17. 如果企业“投资收益”账户本月为借方发生额，填列利润表时应以“—”号填列在“投资收益”项目内。（　　）

18. 利润表中“营业税金及附加”项目不包括增值税。（　　）

19. 利润表中的各项目应根据有关损益账户的本期发生额或余额分析计算填列。（　　）

20. 营业利润扣减掉管理费用、销售费用、财务费用和所得税后得到净利润。（　　）

四、简答题

1. 什么是财务会计报告？它由哪几部分内容组成？

2. 企业编制财务会计报告的要求有哪些？

3. 什么是资产负债表？资产负债表编制的理论依据是什么？具体项目编制的依据又是什么？

4. 什么是利润表？利润表编制的理论基础是什么？我国采用何种格式的利润表？

5. 资产负债表和利润表披露的会计信息分别有哪些？

五、实务题

1. [目的]　练习资产负债表的编制。

［资料］　南海公司201×年12月31日有关总账和明细账的期末余额见表8—5。

表8—5　　总账账户和有关明细账户余额表

201×年12月31日　　单位：元

资产账户	借或贷	余额	负债和所有者权益账户	借或贷	余额
库存现金	借	2 770	短期借款	贷	288 400
银行存款	借	935 780	应付票据	贷	19 600
交易性金融资产	借	114 140	应付账款	贷	71 400
应收票据	借	17 360	——丙企业	贷	73 000
应收账款	借	76 165	——丁企业	借	1 600
——甲企业	借	79 800	预收账款	贷	14 700
——乙企业	贷	3 635	——C公司	贷	14 700
预付账款	借	35 840	其他应付款	贷	7 070
——A公司	借	36 000	应付职工薪酬	贷	7 000
——B公司	贷	160	应交税费	贷	28 000
其他应收款	借	8 995	应付利润	贷	22 974
材料采购	借	3 500	长期借款	贷	567 840
原材料	借	813 127	其中：一年内到期	贷	185 000
生产成本	借	362 458	实收资本	贷	3 518 830
库存商品	借	75 600	资本公积	贷	140 000
长期股权投资	借	174 200	盈余公积	贷	89 600
固定资产	借	2 836 800	利润分配		
累计折旧	贷	983 920	——未分配利润		2 961
在建工程	借	256 760			
无形资产	借	17 300			
长期待摊费用	借	31 500			
其中：一年内摊销完毕	借	15 000			
合　计		4 778 375	合　计		4 778 375

［要求］　根据上述资料编制资产负债表（填列本期数栏）

2.［目的］　练习资产负债表的编制。

［资料］　南海公司201×年12月31日有关账户的余额资料如下：

账户名称	借方金额	账户名称	贷方金额
库存现金	1 000	短期借款	40 000
银行存款	30 740	应付账款	64 800
应收账款	53 400	应交税费	16 400
原材料	56 000	实收资本	454 000
库存商品	72 460	本年利润	248 000
生产成本	12 800	累计折旧	143 200
固定资产	650 000		
利润分配	90 000		
合计	966 400		

其中:"应收账款"明细账户金额:A公司借方余额81 900,B公司贷方余额25 中 300,C公司贷方余额3 200;"应付账款"明细账户金额:D公司贷方余额102 000,E公司借方余额37 200。

[要求] 根据上述资料,计算资产负债表中的货币资金、存货、应收账款、预付账款、固定资产、应付账款、预收账款、未分配利润、短期借款、实收资本等项目的金额,并列出必要的计算过程。

3.[目的] 练习利润表的编制。

[资料] 亨达公司利润的结算平时采用表结法,年终采用账结法。201×年12月末转入"本年利润"账户的各损益类账户全年累计发生额见表8—6。

表8—6 单位:元

账户名称	借或贷	年末累计额
主营业务收入	贷	2 605 900
营业税金及附加	借	130 000
主营业务成本	借	2 120 000
投资收益	贷	8 250
销售费用	借	42 800
管理费用	借	31 350
财务费用	借	12 380
其他业务收入	贷	30 900
其他业务成本	借	19 500
营业外收入	贷	16 000
营业外支出	借	8 020
所得税费用	借	98 010

[要求] 根据上述资料,编制亨达公司201×年利润表(填列本期数栏)。

4.[目的] 练习利润表的编制。

[资料] 大海公司为增值税一般纳税人,201×年12月份发生下列经济业务:

(1)企业销售材料一批,价款10 000元,增值税销项税额1 700元,货款及税金采用商业汇票结算,收到面额为11 700元的商业承兑汇票一张。

(2)企业按合同发出商品一批,价款130 000元,增值税销项税额22 100元,该货款已于上月预收,金额为100 000元(该企业未单独设置"预收账款"账户)。

(3)企业用银行存款支付专设的销售部门销售产品的运杂费5 000元,向慈善机构支付捐款5 000元。

(4)企业以银行存款支付本季度的短期借款利息1 000元(未采用预提方式)。

(5)月末,结算本月应付行政管理部门人员的工资及福利12 000元。

(6)月末,按规定计算本月的销售产品的消费税等销售税金2 500元。

(7)月末,结转已售产品的生产成本85 000元,已售材料的成本5 000元。

(8)月末,经批准盘盈存货的价值500元。

(9)假设企业按月计算所得税费用,本月没有任何调整事项,企业根据利润总额计算企业本期应缴纳的所得税(所得税率为25%)。

[要求] (1)根据上述材料编制会计分录。

(2)填制该企业201×年12月份利润表。

参考答案

一、单项选择题

1. C	2. D	3. D	4. A	5. A	6. D	7. D	8. D	9. A	10. A
11. D	12. B	13. A	14. B	15. B	16. C	17. D	18. D	19. C	20. C
21. C	22. A	23. B	24. C	25. C	26. D	27. D	28. B	29. B	30. C

二、多项选择题

1. ABCD	2. ABCD	3. AB	4. ABCD	5. AB	6. ABCD	7. AB	8. BCD
9. ACD.	10. AB	11. ABD	12. ABCD	13. BD	14. BCD	15. CD	16. ABC
17. AB	18. ACD	19. ABCD	20. ABCD	21. CD	22. AD	23. ABCD	24. AB
25. ACD	26. ABCD	27. AC	28. ABCD	29. BC	30. ABCD		

三、判断题

1. √	2. √	3. ×	4. ×	5. ×	6. ×	7. ×	8. √	9. √	10. ×
11. ×	12. ×	13. ×	14. √	15. ×	16. ×	17. √	18. √	19. ×	20. ×

四、简答题

1. 财务会计报告是指企业对外提供的反映企业某一特定日期的财务状况和某一会计期间的经营成果和现金流动情况等会计信息的书面文件。财务会计报告由会计报表和会计报表附注两部分组成。

2. (1)数字真实;(2)计算准确;(3)内容完整;(4)编报及时;(5)便于理解。

3. 资产负债表是反映企业某一特定日期财务状况的会计报表。它是根据“资产＝负债＋所有者权益”这一会计恒等式,依照一定的分类标准和顺序,将企业在一定日期的全部资产、负债和所有者权益项目进行适当分类、汇总、排列后编制而成的。资产负债表中的具体项目根据有关总分类账户和明细分类账户的期末余额直接填列或分析计算填列。

4. 利润表是反映企业在一定会计期间经营成果的会计报表。它是根据“收入－费用＝利润”这一会计恒等式,依照费用在企业所发挥的功能进行适当分类、汇总、排列后与收入相匹配编制而成的。利润表的格式主要有单步式利润表和多步式利润表两种,我国的利润表采用多步式。

5. 资产负债表披露的会计信息包括流动资产金额、非流动资产金额、资产总计、流动负债金额、非流动负债金额、所有者权益金额以及负债和所有者权益总计;利润表披露的信息包括营业收入、营业成本、营业利润、利润总额以及净利润等。

五、实务题

1.

资产负债表

会企01表

编制单位：南海公司　　201×年12月31日　　单位：元

资　产	期末余额	年初余额	负债和所有者权益	期末余额	年初余额
流动资产：			流动负债：		
货币资金	938 550		短期借款	288 400	
交易性金融资产	114 140		应付票据	19 600	
应收票据	17 360		应付账款	73 160	
应收账款	79 800		预收账款	18 335	
预付账款	37 600		其他应付款	7 070	
应收利息			应付职工薪酬	7 000	
应收股利			应交税费	28 000	
其他应收款	8 995		应付利息		
存货	1 254 685		应付利润	22 974	
一年内到期的非流动资产	15 000		一年内到期的非流动负债	185 000	
其他流动资产	2 466 130		其他流动负债	649 539	
流动资产合计			流动负债合计		
非流动资产：		（略）	非流动负债：	382 840	（略）
可供出售金融资产			长期借款		
持有至到期投资	174 200		应付债券		
长期股权投资			长期应付款		
投资性房地产	1 852 880		其他非流动负债	382 840	
固定资产	256 760		非流动负债合计	1 032 379	
在建工程			负债合计		
固定资产清理	17 300		所有者权益：	3 518 830	
无形资产	16 500		实收资本	140 000	
长期待摊费用			资本公积	89 600	
其他非流动资产	2 317 640		盈余公积	2 961	
非流动资产合计			未分配利润	3 751 391	
			所有者权益合计		
资产总计	4 783 770		负债和所有者权益总计	4 783 770	

2.(1)货币资金＝1 000＋30 740＝31 740(元)。

(2)存货＝56 000＋72 460＋12 800＝141 260(元)。

(3)应收账款＝81 900(元)。

(4)预付账款＝37 200(元)。

(5)固定资产＝650 000－143 200＝506 800(元)。

(6)应付账款＝102 000(元)。

(7)预收账款＝25 300＋3 200＝28 500(元)。

(8)未分配利润＝248 000－90 000＝158 000(元)。

(9)短期借款＝40 000(元)。

(10)实收资本＝454 000(元)。

3.

利润表

编制单位:亨达公司　　　　201×年12月　　　　单位:元

项　目	本期金额	上期金额
一、营业收入	2 636 800	
减:营业成本	2 139 500	
营业税金及附加	130 000	
销售费用	42 800	
管理费用	31 350	
财务费用	12 380	
资产减值损失		
加:公允价值变动收益		
投资收益	8 250	
其中:对联营企业和合营企业的收益		
二、营业利润	289 020	
加:营业外收入	16 000	
减:营业外支出	8 020	
三、利润总额	297 000	
减:所得税费用	98 010	
四、净利润	198 990	
五、每股收益		
(一)基本每股收益		
(二)稀释每股收益		

4. 会计分录:

(1)借:应收票据　　11 700
　　贷:其他业务收入　　10 000
　　　应交税费——应交增值税(销项税额)　　1 700

(2)借:应收账款　　152 100
　　贷:主营业务收入　　130 000
　　　应交税费——应交增值税(销项税额)　　22 100

(3)借:销售费用　　5 000
　　营业外支出　　5 000
　　贷:银行存款　　10 000

(4)借:财务费用　　1 000
　　贷:银行存款　　1 000

(5)借:管理费用　　12 000
　　贷:应付职工薪酬　　12 000
(6)借:营业税金及附加　　2 500
　　贷:应交税费　　2 500
(7)借:主营业务成本　　85 000
　　贷:库存商品　　85 000
　借:其他业务成本　　5 000
　　贷:原材料　　5 000
(8)借:待处理财产损溢　　500
　　贷:管理费用　　500
(9)借:所得税费用　　6 250
　　贷:应交税费——应交所得税　　6 250

利润表

编制单位:大海公司　　201×年12月　　单位:元

项　目	本期金额	上期金额
一、营业收入	140 000	
减:营业成本	90 000	
营业税金及附加	2 500	
销售费用	5 000	
管理费用	11 500	
财务费用	1 000	
资产减值损失		
加:公允价值变动收益		
投资收益		
其中:对联营企业和合营企业的收益		
二、营业利润	30 000	
加:营业外收入		
减:营业外支出	5 000	
三、利润总额	25 000	
减:所得税费用	6 250	
四、净利润	18 750	
五、每股收益		
(一)基本每股收益		
(二)稀释每股收益		

任务九　熟悉会计核算组织程序

【知识体系】

- 会计核算组织程序概述
  - 会计循环
  - 会计核算组织程序的概念与种类
  - 会计核算组织程序的意义
  - 设计会计核算组织程序的原则
- 记账凭证核算组织程序
  - 记账凭证核算组织程序的含义
  - 记账凭证核算组织程序的凭证、账簿组织
  - 记账凭证核算组织程序下账务处理的基本步骤
  - 记账凭证核算组织程序的优缺点与适用范围
- 科目汇总表核算组织程序
  - 科目汇总表核算组织程序的含义
  - 科目汇总表核算组织程序的凭证、账簿
  - 科目汇总表核算组织程序下账务处理的基本步骤
  - 科目汇总表核算组织程序的优缺点与适用范围
  - 科目汇总表编制方法
- 汇总记账凭证核算组织程序
  - 汇总记账凭证核算组织程序的含义
  - 汇总记账凭证核算组织程序的凭证、账簿组织
  - 汇总记账凭证核算组织程序下账务处理的基本步骤
  - 汇总记账凭证核算组织程序的优缺点与适用范围

【学习目标】

(1)熟练掌握常用核算组织程序的具体内容与运用方法;

(2)掌握不同核算组织程序的种类、特点、适用范围;

(3)理解凭证、账簿组织与核算程序的关系;

(4)理解会计核算程序及会计循环的概念。

【情境导入】

当你学习了原始凭证和记账凭证,学习了日记账、明细分类账、总分类账,学习了财务报表之后,你是否已经明白了它们之间的关系?进一步讲,针对不同规模、不同行业、不同管理要求的企业,如何协调和组织它们之间的关系,即如何组织自己的账务处理程序,才能使我们的会计工作做到高效?学习完账务处理程序这一任务,你会有一个明确的答案。

9.1 会计核算组织程序概述

9.1.1 会计循环

单位的会计核算是一项复杂而细致的工作，需要由多名会计人员利用各种会计方法相互配合、相互协作、共同完成。为了科学地组织会计工作，提高会计核算的工作效率，各单位都应当按照国家统一会计制度和会计工作规范的要求，结合本单位的实际情况和具体条件，确定适合本单位的账务处理程序。合理的账务处理程序的基本要求是：(1)要适合本单位经济活动的特点；(2)要能满足本单位经营管理的需要；(3)有利于简化核算手续，提高会计核算工作的质量和效率；(4)有利于会计人员的分工协作，便于建立岗位责任制；(5)要能适应会计电算化的要求。

会计循环，是指会计主体在一定会计期间从经济业务的发生取得或填制会计凭证起，到登记账簿、编制会计报表止的一系列处理程序。它是按照会计期间，周而复始地进行的会计核算工作。一个完整的会计循环可概括为：(1)根据原始凭证填制记账凭证，采用复式记账法为经济业务编制会计分录；(2)根据编制的记账凭证登记有关账户，包括日记账、明细分类账和总分类账；(3)根据分类账户的记录编制结账(调整)前试算表；(4)月末，按照权责发生制的要求编制调整分录并予以过账；(5)编制结账分录并登记入账，结清损益类账户(月末或年末)和利润账户(年末)；(6)根据全部账户数据资料编制结账后试算表；(7)根据账户的数据资料编制会计报表，包括资产负债表和利润表等。

以上七个环节全面地反映了一个会计主体在一定会计期间的会计核算工作的所有内容，构成了一个完整的会计循环。其中前三个环节属于会计主体日常的会计核算工作内容；后四个环节属于会计主体在会计期末的会计核算工作内容。会计循环的过程如图 9—1 所示。

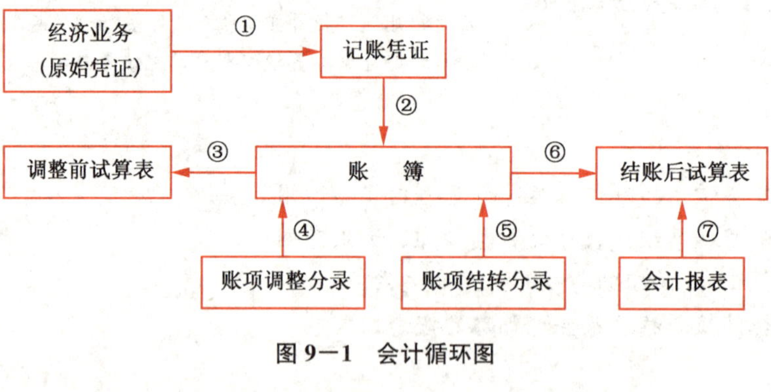

图 9—1　会计循环图

在会计循环过程中，任何会计主体要核算和监督所发生的经济业务，都应采用适合的会计核算方法，而会计凭证的取得和填制、会计账簿的登记和会计报表的编制，就是会计主体在会计核算中常用的三种方法。在持续经营的企业，会计循环正是通过各种记账凭证的填制、各种账簿的登记和各种会计报表的编制在每一个会计期间周而复始地不断进行的，进而形成了有序的会计循环。

9.1.2 会计核算组织程序的概念与种类

会计核算组织程序也称账务处理程序或会计核算形式，是指在会计循环中，会计主体采用的会计凭证、会计账簿、会计报表的种类和格式与记账程序有机结合的方法和步骤。企业在会计实务中所使用的会计凭证(特别是其中的记账凭证)、会计账簿和会计报表种类繁多，格式也各不相同。一个特定的会计主体应当根据选定的业务处理程序和方法，选择一定种类和格式的会计凭证(特别是其中的记账凭证)、会计账簿和会计报表。这就决定了不同的会计主体所采用的会计凭证、会计账簿和会计报表的种类及格式也有所不同。因而，对其所发生的经济业务如何进行具体处理，特别是如何在有关的总分类账户中进行登记，有着不同的做法。也就是说，即使对于同样内容的经济业务进行账务处理，由于所采用的会计凭证、会计账簿和会计报表的种类与格式不同，采用不同记账程序的会计主体也有着截然不同的做法，也会形成各不相同的账务处理程序。这个程序在不同的会计主体是采用不同的组织方法来完成的。

目前，我国常采用的会计核算组织程序主要有以下三种：(1)记账凭证核算组织程序；(2)科目汇总表核算组织程序；(3)汇总记账凭证核算组织程序。

重要知识　会计核算组织程序

会计核算组织程序是指在会计循环中，会计主体采用的会计凭证、会计账簿、会计报表的种类和格式与记账程序有机结合的方法和步骤。

9.1.3 设计会计核算组织程序的意义

会计核算组织程序是否科学合理，会对整个会计核算工作产生诸多方面的影响。设计科学合理的会计核算组织程序，对于保证准确、及时地提供系统而完整的会计信息，具有十分重要的意义，也是会计部门和会计人员的一项重要工作。

1. 有利于规范会计核算组织工作

会计核算工作是需要会计部门的各类会计人员之间密切配合的有机系统。建立起了科学合理的会计核算组织程序，形成了规范的会计核算工作秩序，会计机构的会计人员在进行会计核算的过程中就能够做到有序可循，按照不同的责任分工，有条不紊地处理好各个环节的会计核算工作内容。

2. 有利于保证会计核算工作质量

在进行会计核算的过程中，保证会计核算工作的质量是对会计工作的基本要求。建立起科学合理的会计核算组织程序，形成加工和整理会计信息的正常机制，是提高会计核算工作质量的重要保障。它有利于提高会计核算工作质量，进而提高会计信息质量。

3. 有利于提高会计核算工作效率

会计核算工作效率的高低，直接关系到提供会计信息的及时性和相关性。按照规范的会计核算组织程序进行会计信息的处理，将大大提高会计核算工作的效率，保证会计信息整理、加工和对外报告的顺利进行，满足会计信息质量的及时性要求。

4. 有利于降低会计核算工作成本

组织会计核算的过程也是对人力、物力和财力的消耗过程，因此，会计核算本身也应讲求经济效益，根据“效益大于成本”原则设计会计核算组织程序。会计核算组织程序安排得科学合理，选用的会计凭证、会计账簿和会计报表种类适当，格式适用，数量适中，在一定程度上也能降低会计核算工作的成本，节约会计核算方面的支出。

5. 有利于发挥会计核算工作的作用

会计核算工作的重要作用是对企业发生的交易和事项进行确认、计量、记录和报告，为会计信息使用者进行经济决策提供有用信息。为此，应切实保证会计核算的正确性、完整性和合理性。在建立规范会计核算组织程序的基础上，保证了会计核算工作质量，提高了会计核算工作效率，就能在为会计信息使用者提供相关信息等方面更好地发挥会计核算工作的作用。

9.1.4 设计会计核算组织程序的原则

1. 应从本会计主体的实际情况出发

充分考虑本会计主体经济活动的性质、经济管理的特点、规模的大小、经济业务的繁简以及会计机构和会计人员的设置等相关因素，使会计核算组织程序与本单位会计核算工作的需要相适应。一般而言，在经济活动内容比较庞杂、规模比较大、经济业务繁多的企业，其会计核算组织程序相对也比较复杂；反之则比较简单。

2. 应以保证会计核算质量为立足点

确定会计核算组织程序的目的是要保证能够准确、及时和完整地提供系统的会计信息资料，以满足会计信息使用者了解会计信息并据以做出经济决策的需要。因而，会计核算组织程序应以保证会计信息质量为根本立足点。

3. 应力求降低会计核算成本

在满足会计核算工作需要、保证会计核算工作质量、提高会计核算工作效率的前提下，力求简化会计核算手续，节省会计核算时间，降低会计核算成本。

4. 应有利于建立会计工作岗位责任制

设计会计核算组织程序，应有利于会计部门和会计人员的分工与合作，有利于明确各会计人员工作岗位的职责，并应有利于不同程序之间的相互牵制，使各个处理环节分工明确、责任清楚、约束力强。

9.2 记账凭证核算组织程序

9.2.1 记账凭证核算组织程序的含义

记账凭证核算组织程序是指根据经济业务发生以后所填制的各种记账凭证直接逐笔登记总分类账，并定期编制会计报表的一种账务处理程序。

记账凭证核算组织程序是一种最基本的核算组织程序，其他核算组织程序都是在此基础上发展演变而形成的。记账凭证核算组织程序的一个鲜明特点是：直接根据各种记账凭证逐笔登记总分类账。

9.2.2 记账凭证核算组织程序的凭证、账簿组织

1. 记账凭证

只设置记账凭证,不设汇总(记账)凭证。记账凭证可以采用通用格式,也可采用专用记账凭证,即设置收款凭证、付款凭证、转账凭证。

2. 账簿

各种账簿一般采用基本账页格式,即:库存现金和银行存款日记账一般采用收入、支出、结余三栏式;总分类账一般采用借方、贷方、余额三栏式;实物资产明细账采用数量金额式,收入、费用、成本明细账一般采用多栏式,其他(不含固定资产)明细账采用借方、贷方、余额三栏式。

9.2.3 记账凭证核算组织程序下账务处理的基本步骤

在记账凭证核算组织程序下对经济业务进行账务处理的程序大体包括以下六个步骤:

(1)经济业务发生以后,根据有关的原始凭证或原始凭证汇总表填制各种专用记账凭证(收款凭证、付款凭证和转账凭证);

(2)根据收款凭证和付款凭证逐笔登记库存现金日记账和银行存款日记账;

(3)根据记账凭证并参考原始凭证或原始凭证汇总表,逐笔登记各种明细分类账;

(4)根据各种记账凭证逐笔登记总分类账;

(5)月末,将日记账、明细分类账的余额与总分类账中相应账户的余额进行核对;

(6)月末,根据总分类账和明细账的记录编制会计报表。

记账凭证核算组织程序的账务处理步骤如图 9—2 所示。

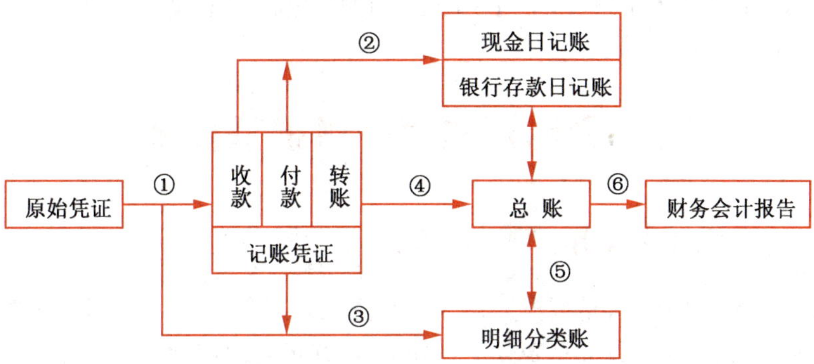

图 9—2 记账凭证财务上理程序

9.2.4 记账凭证核算组织程序的优缺点与适用范围

1. 记账凭证核算组织程序的优点

(1)在记账凭证上能清晰地反映账户之间的对应关系

在记账凭证核算组织程序下,所采用的是专用记账凭证或通用记账凭证,当一笔简单的经济业务发生后,利用一张记账凭证就可以编制出该笔经济业务的完整会计分录;而在比较复杂的经济业务发生后,也可以利用多张凭证为其编制简单分录,或编制涉及两个以上会计科目的复杂分录。因而,在每一张记账凭证上,账户之间的对应关系都能一目了然。

(2)在总分类账上能比较详细地反映经济业务的发生情况

在记账凭证核算组织程序下,不仅对各种日记账和明细分类账采取逐笔登记的方法,对于总分类账的登记方法也是如此。因而,在总分类账上能详细清晰地反映所发生的经济业务的情况。

(3)总分类账登记方法简单,易于掌握

根据记账凭证直接逐笔登记总分类账,是记账凭证核算组织程序的特点。总分类账登记方法与明细账的登记方法是一样的,是一种易于掌握的核算组织程序。

2. 记账凭证核算组织程序的缺点

(1)总分类账登记工作量过大

对发生的每一笔经济业务都要根据记账凭证逐笔在总分类账中进行登记,实际上与日记账和明细分类账的登记内容一致,是一种重复记录,势必增大登记总分类账的工作量,特别是在经济业务量比较多的情况下更是如此。

(2)账页耗用多,预留账页多少难以把握

由于总分类账对发生的所有经济业务要重复登记一遍,势必耗用更多的账页,造成一定的账页浪费。特别是在一个账簿上设置多个账户时,由于登记业务的多少很难预先确定,对于每一个账户应预留多少账页很难把握,预留过多会造成浪费,预留过少又会影响账户登记上的连续性。在预留账页比较多的情况下,由于新的会计年度一般要更换新账簿,所有旧账簿中预留未用的账页也会被停止使用,在一定程度上形成了账页浪费。

3. 记账凭证核算组织程序的适用范围

记账凭证核算组织程序一般只适用于规模较小、经济业务量较少、需要编制记账凭证不是很多的会计主体。如果业务量很小,也可使用通用记账凭证,以避免凭证种类的多样化而造成的凭证购买上的过多支出。

9.3 科目汇总表核算组织程序

9.3.1 科目汇总表核算组织程序的含义

科目汇总表核算组织程序,是指根据各种记账凭证先定期(或月末一次)按会计科目汇总编制科目汇总表,然后根据科目汇总表登记总分类账,并定期编制会计报表的账务处理程序。

科目汇总表核算组织程序是在记账凭证核算组织程序的基础上发展和演变而来的。其主要特点是:定期将本期内所有记账凭证按总分类科目汇总借、贷方金额填制科目汇总表,再以科目汇总表为依据登记总分类账。

9.3.2 科目汇总表核算组织程序的凭证、账簿组织

1. 记账凭证

设置记账凭证和科目汇总表两种凭证。记账凭证可采用通用记账凭证格式,也可采用专用记账凭证格式,即设置收款、付款、转账三种凭证。科目汇总表可采用每次汇总、单独填制、逐次记账格式,也可采用每次汇总数填入一张科目汇总表,月末按各次汇总合计数一次记账的格式。

2. 账簿

各种账簿的账页格式一般与记账凭证核算组织程序相同，即日记账采用三栏式，总分类账采用三栏式，明细分类账分别采用三栏式、数量金额式和多栏式。

9.3.3　科目汇总表核算组织程序下账务处理的基本步骤

科目汇总表核算组织程序下账务处理有七个步骤，其账务处理流程如图 9—3 所示。

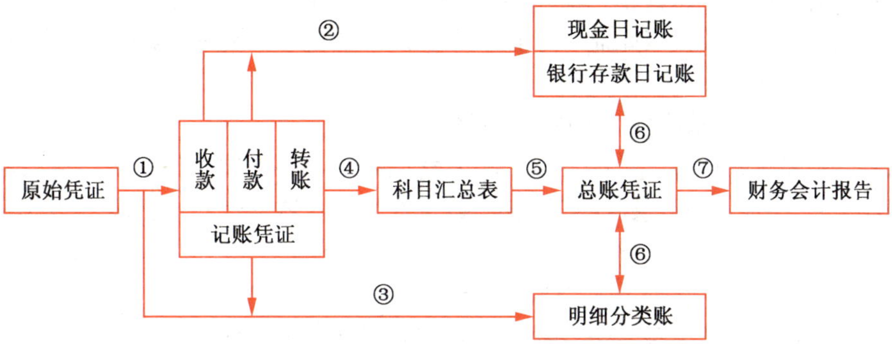

图 9—3　科目汇总表账务处理程序

(1)经济业务发生以后，根据有关的原始凭证或原始凭证汇总表填制各种专用记账凭证(收款凭证、付款凭证和转账凭证)；

(2)根据收款凭证和付款凭证逐笔登记现金日记账和银行存款日记账；

(3)根据记账凭证并参考原始凭证或原始凭证汇总表，逐笔登记各种明细分类账；

(4)根据各种记账凭证汇总编制科目汇总表；

(5)根据科目汇总表汇总数字登记总分类账；

(6)月末，将日记账、明细分类账的余额与总分类账中相应账户的余额进行核对；

(7)月末，根据总分类账和明细账的记录编制会计报表。

9.3.4　科目汇总表核算组织程序的优缺点与适用范围

1. 科目汇总表核算组织程序的优点

(1)可以利用该表的汇总结果进行账户发生额的试算平衡

科目汇总表上的汇总结果体现了一定会计期间所有账户的借方发生额和贷方发生额之间的相等关系。利用这种发生额之间的相等关系，可以进行全部账户记录的试算平衡，借以检验账户发生额的准确性。

(2)在试算平衡的基础上记账能保证总分类账登记的正确性

在科目汇总表核算组织程序下，总分类账是根据科目汇总表上的汇总数字登记的。由于在登记总分类账之前，能够通过科目汇总表的汇总结果检验所填制的记账凭证是否正确，就等于在记账前进行了一次试算平衡，对汇总过程中可能存在的错误也容易发现。在所有账户借、贷方发生额相等的基础上再去记账，在一定程度上能够保证总分类账登记的正确性。

(3)可以大大减轻登记总账的工作量

在科目汇总表核算组织程序下，可根据科目汇总表上有关账户的汇总发生额，在月中定期或月末一次性登记总分类账，可以使登记总分类账的工作量大为减轻。

(4)适用性比较强

与记账凭证核算组织程序和汇总记账凭证核算组织程序相比较，科目汇总表核算组织程序优点较多，任何规模的会计主体都可以采用。

2. 科目汇总表核算组织程序的缺点

(1)编制科目汇总表的工作量比较大

在科目汇总表核算组织程序下，对发生的经济业务首先填制各种专用记账凭证，在此基础上还需要定期对这些专用记账凭证进行汇总，编制作为登记总分类账依据的科目汇总表，增加了编制科目汇总表的工作量。

(2)科目汇总表不能清晰地反映账户之间的对应关系

科目汇总表是按各个会计科目归类汇总其发生额的，在该表中不能清楚地显示各个账户之间的对应关系，不能清晰地反映经济业务的来龙去脉。在这一点上，科目汇总表不及专用记账凭证和汇总记账凭证。

3. 科目汇总表核算组织程序的适用范围

由于科目汇总表核算组织程序下账务处理清楚，又具有能进行账户发生额的试算平衡、减轻总分类账登记的工作量等优点，因此，不论规模大小的会计主体都可以采用。

9.3.5 科目汇总表编制方法

科目汇总表是根据专用记账凭证(或通用记账凭证)汇总编制而成的。基本的编制方法是：根据一定会计期间编制的全部记账凭证，按照相同会计科目进行归类，定期(每 10 天或 15 天，或每月一次)分别汇总每一个账户的借、贷双方的发生额，并将其填列在科目汇总表的相应栏内，借以反映全部账户的借、贷方发生额。根据科目汇总表登记总分类账时，只需要将该表中汇总起来的各科目的本期借、贷方发生额的合计数分次或月末一次记入相应总分类账户的借方或贷方即可。

编制科目汇总表的作用是可以对总分类账进行汇总登记。这样，可以大大简化登记总分类账的工作量，提高账簿登记的准确性。另外，采用科目汇总表时，登记总分类账所依据凭证的编号方法有一定变化，应以“科汇字第×号”字样按月连续编号(见表 9－1)。

表 9－1 **科目汇总表** 科汇字 号

会计科目	本期发生额		总账页数
	借　方	贷　方	
库存现金			
银行存款			

小思考

如何编制科目汇总表？科目汇总表能起到什么作用？

9.4　汇总记账凭证核算组织程序

9.4.1　汇总记账凭证核算组织程序的含义

汇总记账凭证核算组织程序，是指根据各种专用记账凭证定期汇总编制汇总记账凭证，然后根据汇总记账凭证登记总分类账，并定期编制会计报表的一种账务处理程序。其主要特点是依据汇总收款凭证、汇总付款凭证、汇总转账凭证登记总分类账。

9.4.2　汇总记账凭证核算组织程序的凭证、账簿组织

1. 记账凭证

不能设置通用记账凭证，应设置专用记账凭证即收款凭证、付款凭证、转账凭证三种格式，或设置现金收款、银行存款收款、现金付款、银行存款付款、转账五种格式的凭证；还应设置汇总收款凭证、汇总付款凭证、汇总转账凭证。

2. 账簿

账簿格式一般与前述各种核算组织程序相同，即现金日记账、银行存款日记账、总分类账采用三栏式，实物资产明细账采用数量金额式，收入、费用、成本明细账采用多栏式，其他明细账采用三栏式。

9.4.3　汇总记账凭证核算组织程序下账务处理的基本步骤

汇总记账凭证核算组织程序下账务处理大体经过以下七个步骤，其账务处理流程如图9—4所示：

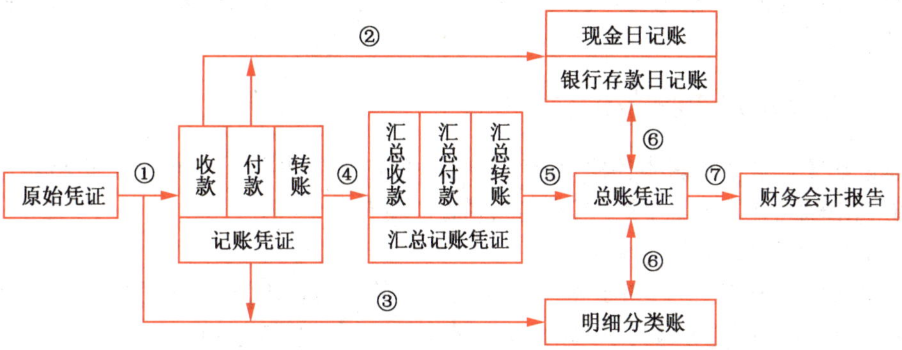

图9—4　汇总记账凭证财务处理

(1)经济业务发生后，根据有关的原始凭证或原始凭证汇总表填制各种专用记账凭证（收款凭证、付款凭证和转账凭证）；

(2)根据收款凭证和付款凭证逐笔登记现金日记账和银行存款日记账；

(3)根据记账凭证并参考原始凭证或原始凭证汇总表，逐笔登记各种明细分类账；

(4)根据各种记账凭证分别编制汇总收款凭证、汇总付款凭证和汇总转账凭证；

(5)根据各种汇总记账凭证汇总登记总分类账；

(6)月末,将日记账、明细分类账的余额与总分类账中相应账户的余额进行核对;

(7)月末,根据总分类账和明细分类账的记录编制会计报表。

9.4.4 汇总记账凭证核算组织程序的优缺点与适用范围

1. 汇总记账凭证核算组织程序的优点

(1)在汇总记账凭证上能清晰地反映账户之间的对应关系

在汇总记账凭证核算组织程序下,所采用的是专用记账凭证和汇总记账凭证。汇总记账凭证是采用按会计科目对应关系进行分类汇总的办法,能清晰地反映有关会计账户之间的对应关系。

(2)可以大大减少登记总分类账的工作量

在汇总记账凭证核算组织程序下,可以根据汇总记账凭证上有关账户的汇总发生额,在月份当中定期或月末一次性登记总分类账,可以使登记总分类账的工作量大为减少。

2. 汇总记账凭证核算组织程序的缺点

(1)定期编制汇总记账凭证的工作量比较大

对发生的经济业务首先要填制专用记账凭证(即收款凭证、付款凭证和转账凭证),在此基础上还需要定期分类对这些专用记账凭证进行汇总,编制作为登记总分类账依据的汇总记账凭证,增加了编制汇总记账凭证的工作量。

(2)难以发现汇总过程中可能存在的错误

编制汇总记账凭证是一项比较复杂的工作,容易产生汇总错误。而且汇总记账凭证本身又不能体现有关数字之间的平衡关系,即使存在汇总错误也很难发现。

3. 汇总记账凭证核算组织程序的适用范围

由于汇总记账凭证核算组织程序具有能清晰地反映账户之间的对应关系和能减轻登记总分类账的工作量等优点,它一般只适用于规模较大、经济业务量比较多、专用记账凭证也比较多的会计主体。

9.4.5 汇总记账凭证的编制方法

汇总记账凭证是在填制的各种专用记账凭证的基础上,按照一定的方法进行汇总编制而成的。汇总记账凭证的种类不同,汇总编制的方法也有所不同。

1. 汇总收款凭证的编制方法

按日常核算中所填制的专用记账凭证中的收款凭证上会计分录的借方科目设置汇总收款凭证,按分录中相应的贷方科目定期(如每 5 天或 10 天等)进行汇总,每月编制一张。计算出每一个贷方科目发生额合计数,填入汇总收款凭证的相应栏次。

编制汇总收款凭证时,首先应确定是以哪一个会计科目为主进行汇总。由于收款凭证上反映的是收款业务,因此必须围绕“库存现金”或“银行存款”进行汇总。在借贷记账法下,这些科目的增加应在借方登记。因而,编制汇总收款凭证时要按借方科目设置,实际上是按“库存现金”或“银行存款”设置汇总记账凭证上的主体科目,以其为主进行汇总。

“按分录中相应的贷方科目汇总”,其中的贷方科目是指收款凭证上会计分录中“库存现金”或“银行存款”的对应科目。尽管在一定的会计期间企业可能发生若干笔收款业务,但由于有些经济业务是重复发生的,就需要填制若干份在会计科目上完全相同的收款凭证。

例如，企业每次销售产品收到货款存入银行，会计分录都是借记“银行存款”，贷记“主营业务收入”和“应交税费”等。这样，就可以根据贷方科目在一定会计期间的若干次发生额定期进行汇总，编制汇总收款凭证（见表 9—2）。

表 9—2　　**汇总收款凭证**

借方科目：　　年　月　　汇收字第　号

贷方科目	金　额			过账（√）
	日至　日	日至　日	日至　日	
合计				
附注：(1)自　日至　日 (2)自　日至　日 (3)自　日至　日				凭证共　张 凭证共　张 凭证共　张

会计主管：　　记账：　　复核：　　制单：

经过上述汇总过程得到的各个贷方科目发生额的合计数，就是这些账户在一定会计期间发生额的总和。此时可以根据各次的汇总数分次登记到有关账户中去，也可以在月末对各次汇总数字进行合计，求得该账户的全月发生额合计，一次性登记有关账户。对以上各账户的发生额合计数进行合计，也就是所汇总的主体科目“库存现金”或“银行存款”在该会计期间的借方发生额总额，可据其分次或月末一次登记“库存现金”账户或“银行存款”账户。

2. 汇总付款凭证的编制方法

汇总付款凭证的编制方法是：按日常核算时填制的专用记账凭证中的付款凭证上会计分录的贷方科目（“库存现金”或“银行存款”等）设置汇总付款凭证，按它们相应的借方科目定期（如每 5 天或 10 天等）进行汇总，每月编制一张。计算出每一个借方科目发生额合计数，填入汇总付款凭证的相应栏次（见表 9—3）。

表 9—3　　**汇总付款凭证**

贷方科目：　　年　月　　汇付字第　号

借方科目	金　额			过账（√）
	日至　日	日至　日	日至　日	
合计				
附注：(1)自　日至　日 (2)自　日至　日 (3)自　日至　日				凭证共　张 凭证共　张 凭证共　张

会计主管：　　记账：　　复核：　　制单：

3. 汇总转账凭证的编制方法

汇总转账凭证的编制方法是：按日常核算中所填制的专用记账凭证中的转账凭证上会计分录的贷方科目（如原材料、固定资产等）设置汇总转账凭证，按它们相应的借方科目定期（如每5天或10天等)进行汇总,每月编制一张。计算出每一个借方科目发生额合计数,填入汇总转账凭证的相应栏次(见表9—4)。

表9—4 **汇总转账凭证**

贷方科目: 年 月 汇转字第 号

<table>
<tr><td rowspan="2">借方科目</td><td colspan="3">金 额</td><td rowspan="2">过账
(√)</td></tr>
<tr><td>日至 日</td><td>日至 日</td><td>日至 日</td></tr>
<tr><td></td><td></td><td></td><td></td><td></td></tr>
<tr><td>合计</td><td></td><td></td><td></td><td></td></tr>
<tr><td colspan="5">附注:(1)自 日至 日 凭证共 张
(2)自 日至 日 凭证共 张
(3)自 日至 日 凭证共 张</td></tr>
</table>

会计主管: 记账: 复核: 制单:

需要提醒的是:虽然各种汇总记账凭证的编制方法不尽相同,但每一种汇总记账凭证都是依据同类专用记账凭证汇总编制而成的,即专用记账凭证有收款凭证、付款凭证和转账凭证三种,经汇总以后形成的汇总记账凭证相应的也有汇总收款凭证、汇总付款凭证和汇总转账凭证三种。此外,采用汇总记账凭证时,凭证的编号方法有一定变化。应在汇总记账凭证种类前加"汇"字,如"汇现收字第×号""汇现付字第×号""汇银收字第×号""汇银付字第×号"和"汇转字第×号"等。

小思考

常用的三种会计核算组织程序之间有何异同?

学习小结

会计核算组织程序也称账务处理程序,是指在会计循环中,会计主体采用的会计凭证、会计账簿、会计报表的种类和格式与记账程序有机结合的方法和步骤。常见的会计核算组织程序主要有以下三种:记账凭证核算组织程序,科目汇总表核算组织程序,汇总记账凭证核算组织程序。每种会计核算组织程序有不同的优缺点和适用范围。记账凭证核算组织程序是最基本、最简单的一种,其他各种都是以其为基础演化、扩展而来的。各种核算组织程序之间最根本的区别是登记总账的依据或方法不同。各经济单位应当根据自身的规模和经济业务特点采用适当的核算程序,才能满足信息使用者的需要并提高会计工作效率,节约会计成本。

【关键词汇】

会计循环 会计核算组织程序 记账凭证核算组织程序 科目汇总表核算组织程序 汇总记账凭证核算组织程序

【综合练习】

一、单项选择题

1. 记账凭证核算组织程序下登记总分类账的根据是(　　)。

A. 记账凭证　B. 汇总记账凭证　C. 科目汇总表　D. 原始凭证

2. 在下列核算组织程序中,被称为最基本的会计核算组织程序的是(　　)。

A. 记账凭证核算组织程序　B. 汇总记账凭证核算组织程序
C. 科目汇总表核算组织程序　D. 日记总账核算组织程序

3. 汇总收款凭证是按(　　)。

A. 收款凭证上的借方科目设置的　B. 收款凭证上的贷方科目设置的
C. 付款凭证上的借方科目设置的　D. 付款凭证上的贷方科目设置的

4. 汇总付款凭证是按(　　)。

A. 收款凭证上的借方科目定期汇总的　B. 收款凭证上的贷方科目定期汇总的
C. 付款凭证上的借方科目定期汇总的　D. 付款凭证上的贷方科目定期汇总的

5. 汇总转账凭证是按(　　)。

A. 收款凭证上的贷方科目设置的　B. 付款凭证上的贷方科目设置的
C. 转账凭证上的贷方科目设置的　D. 转账凭证上的借方科目设置的

6. 汇总记账凭证核算组织程序的特点是(　　)。

A. 根据各种汇总记账凭证直接登记明细分类账
B. 根据各种汇总记账凭证直接登记总分类账
C. 根据各种汇总记账凭证直接登记日记账
D. 根据各种记账凭证直接登记总分类账

7. 科目汇总表的基本编制方法是(　　)。

A. 按照不同会计科目进行归类,定期汇总
B. 按照相同会计科目进行归类,定期汇总
C. 按照借方会计科目进行归类,定期汇总
D. 按照贷方会计科目进行归类,定期汇总

8. 科目汇总表核算组织程序的特点是(　　)。

A. 根据各种记账凭证直接登记总分类账　B. 根据科目汇总表登记总分类账
C. 根据汇总记账凭证登记总分类账　D. 根据科目汇总表登记明细分类账

二、多项选择题

1. 会计循环的主要环节有(　　)。

A. 设置账户　B. 填制会计凭证　C. 成本计算　D. 登记账簿
E. 编制会计报表

2. 在会计循环中,属于会计主体日常会计核算工作内容的有(　　)。

A. 根据原始凭证填制记账凭证　B. 根据编制的记账凭证登记分类账
C. 编制调整分录并予以过账　D. 根据分类账记录编制结账前试算表
E. 编制结账分录并登记入账

3. 在会计循环中,属于会计主体会计期末会计核算工作内容的有(　　)。

A. 编制结账前试算表　　B. 编制调整分录并予以过账

C. 编制结账后试算表　　D. 编制结账分录并登记入账

E. 编制会计报表

4. 记账凭证核算组织程序的优点有(　　)。

A. 在记账凭证上能清晰地反映账户之间的对应关系

B. 在总分类账上能比较详细地反映经济业务的发生情况

C. 总分类账登记方法易于掌握

D. 可以减轻总分类账登记的工作量

E. 账页耗用较少

5. 为便于编制汇总收款凭证,日常编制收款凭证时,分录形式最好是(　　)。

A. 一借一贷　　B. 一借多贷　　C. 多借一贷　　D. 多借多贷

E. 多借两贷

6. 为便于汇总转账凭证的编制,日常编制转账凭证时,分录形式最好是(　　)。

A. 一借一贷　　B. 多贷一借　　C. 一贷多借　　D. 多借多贷

E. 一借两贷

7. 科目汇总表核算组织程序的优点有(　　)。

A. 可以进行账户发生额的试算平衡　　B. 可减轻登记总账的工作量

C. 能保证总分类账登记的正确性　　D. 适用性比较强

E. 可清晰地反映账户之间的对应关系

三、判断题

1. 每一个会计循环一般是在一个特定的会计期间完成的。(　　)
2. 记账凭证核算组织程序是最基本的一种会计核算组织程序。(　　)
3. 汇总记账凭证是根据各种专用记账凭证汇总而成的。(　　)
4. 汇总收款凭证、汇总付款凭证和汇总转账凭证应每月分别编制一张。(　　)
5. 多借多贷的会计分录会使账户之间的对应关系变得模糊不清。(　　)
6. 编制汇总记账凭证的作用是可以对总分类账进行汇总登记。(　　)
7. 可以根据科目汇总表的汇总数字登记相应的总分类账。(　　)
8. 科目汇总表的汇总结果体现了所有账户发生额的平衡相等关系。(　　)
9. 各种核算组织程序下采用的总分类账均为借、贷、余三栏式。(　　)
10. 填制专用记账凭证是各种核算组织程序所共有的账务处理步骤。(　　)

参考答案

一、单项选择题

1. A　2. A　3. A　4. D　5. C　6. B　7. B　8. B

二、多项选择题

1. BDE 2. ABD 3. BCDE 4. ABC 5. AB 6. AC 7. ABCD

三、判断题

1. √ 2. √ 3. √ 4. × 5. √ 6. √ 7. √ 8. √ 9. √ 10. ×

任务十　会计档案的保管

【知识体系】

会计档案｛概念；内容｝

会计档案保管｛会计档案归档；会计档案保管；会计档案销毁｝

【学习目标】

（1）掌握会计档案的概念、内容；

（2）了解会计档案的归档；

（3）掌握会计档案的保管期限；

（4）了解会计档案的查阅和复制程序；

（5）掌握会计档案销毁的步骤。

【情境导入】

某公司会计档案保管员小王在整理会计档案时发现，有大量会计档案年代久远，并占用大量空间。小王认为这些档案不会再有任何用处，在没有领导批准的前提下，私自将这些会计资料全部销毁。小王的做法对吗？会计档案到底应该如何保管呢？

10.1　会计档案概述

10.1.1　会计档案的概念

会计档案是指会计凭证、会计账簿、财务会计报告等会计核算专业资料。它是记录和反映经济业务的重要史料和依据。《会计法》规定各单位对会计凭证、会计账簿、财务会计报告和其他会计资料应当建立档案，妥善保管。会计档案的保管期限和销毁办法由国务院财政部门会同有关部门制定。

10.1.2　会计档案的内容

会计档案的基本内容具体包括以下四大类：

1. 会计凭证类

会计凭证包括原始凭证、记账凭证、汇总凭证和其他会计凭证。

2. 会计账簿类

会计账簿包括总账、明细账、日记账、固定资产卡片账、辅助账簿以及其他会计账簿。

3. 财务会计报告类

财务会计报告包括月度、季度、年度财务会计报告和其他财务会计报告。财务会计报告包括会计报表主表、附表、附注及文字说明。

4. 其他类

其他类主要包括银行存款余额调节表、银行对账单、其他应当保存的会计核算专业资料(如存储在磁性介质上的会计数据和财务数据统计资料等)、会计档案移交清册、会计档案保管清册、会计档案销毁清册等。

预算、计划、制度等文件材料不属于会计档案,应当作为文书档案进行管理。

10.2　会计档案的归档

10.2.1　会计档案归档的含义

根据财政部、国家档案局联合发布的《会计档案管理办法》,各单位对会计档案的归档和保管应做到:

(1)各单位必须加强对会计档案管理工作的领导,建立会计档案的立卷、归档、保管、查阅和销毁等管理制度,保证会计档案妥善保管、有序存放、方便查阅,严防毁损、散失和泄密。

(2)各单位每年形成的会计档案,应当由会计机构按照归档要求,负责整理立卷,装订成册,编制会计档案保管清册。

当年形成的会计档案在会计年度终了后可暂由会计机构保管一年,期满后应当由会计机构编制移交清册,移交本单位档案机构统一保管;未设立档案机构的,应当在会计机构内部指定专人保管。出纳人员不得兼管会计档案。

移交本单位档案机构保管的会计档案,原则上应当保持原卷册的封装。个别需要拆封重新整理的,档案机构应当会同会计机构和经办人员共同拆封整理,以分清责任。

(3)交接会计档案时交接双方应当办理交接手续。

移交会计档案的单位,应当编制会计档案移交清册,列明应当移交的会计档案名称、卷号、册数、起止年度和档案编号、应保管期限、已保管期限等内容。会计档案移交清册格式如表10—1所示。

表 10—1　　**201×年会计档案移交清册**

编号	文件名称	起止卷号	应保管期限	已保管期限	保管地点及其他

移交单位:　　移交人:　　接收单位:　　接受人:

交接会计档案时，交接双方应当按照会计档案移交清册所列内容逐项交接，并由交接双方的单位负责人负责监交。交接完毕后，交接双方经办人和监交人应当在会计档案移交清册上签名或者盖章。

(4)采用电子计算机进行会计核算的单位，应当保存打印出的纸质会计档案。

具备采用磁带、磁盘、光盘、微缩胶片等磁性介质保存会计档案条件的，由国务院业务主管部门统一规定，并报财政部、国家档案局备案。

(5)单位变更后的会计档案应按不同情况进行管理：

①单位因撤销、解散、破产或者其他原因而终止的，在终止和办理注销登记手续之前形成的会计档案，应当由终止单位的业务主管部门或财产所有者代管或移交有关档案馆代管；法律、行政法规另有规定的，从其规定。

②单位分立后原单位存续的，其会计档案应当由分立后的存续方统一保管，其他方可查阅、复制与其业务相关的会计档案；单位分立后原单位解散的，其会计档案应当经各方协商后由其中一方代管或移交档案馆代管，各方可查阅、复制与其业务相关的会计档案。单位分立中未结清的会计事项所涉及的原始凭证，应当单独抽出由业务相关方保存，并按规定办理交接手续。

单位因业务移交其他单位办理所涉及的会计档案，应当由原单位保管，承接业务单位可查阅、复制与其业务相关的会计档案，对其中未结清的会计事项所涉及的原始凭证，应当单独抽出由业务承接单位保存，并按规定办理交接手续。

③单位合并后原各单位解散或一方存续其他方解散的，原各单位的会计档案应当由合并后的单位统一保管；单位合并后原各单位仍存续的，其会计档案应由原各单位保管。

各单位每年形成的会计档案，应由会计机构按照归档的要求，负责整理立卷，装订成册，编制会计档案保管清册。会计档案的整理要求有以下几点：

①分类标准要统一。一般将财务会计资料分成一类会计账簿、二类会计凭证、三类会计报表、四类文字资料及其他会计核算资料。

②档案形成要统一。案册封面、档案卡夹、存放柜和存放序列都要统一。

③管理要求要统一。要建立会计资料档案簿、会计资料档案目录。会计凭证要装订成册，报表和文字资料应分类立卷，其他零星资料要按年度排序并装订成册。

10.2.2 会计档案的保管期限

会计档案的保管期限可分为永久和定期两类。定期保管期限分为10年、30年两类。年度财务会计报告、会计档案保管清册、会计档案销毁清册、会计档案鉴定意见书为永久保管会计档案。会计档案保管期限从会计年度终了后的第一天起算。《企业档案管理办法》规定的会计档案保管期限为最低保管期限，各类会计档案的保管原则上应当按照《企业档案管理办法》附表所列期限执行。

《企业档案管理办法》规定了我国企业和其他组织等会计档案的保管期限，如表10－2所示。

表 10—2　　企业和其他组织等会计档案保管期限

序号	档案名称	保管年限	备注
一	会计凭证		
1	原始凭证	30 年	
2	记账凭证	30 年	
二	会计账簿		
3	总账	30 年	
4	明细账	30 年	
5	日记账	30 年	
6	固定资产卡片		固定资产报废清理后保管 5 年
7	其他辅助性账簿	30 年	
三	财务会计报告		
8	月度、季度、半年度财务会计报告	10 年	
9	年度财务会计报告	永久	
四	其他会计资料		
10	银行存款余额调节表	10 年	
11	银行对账单	10 年	
12	纳税申报表	10 年	
13	会计档案移交清册	30 年	
14	会计档案保管清册	永久	
15	会计档案销毁清册	永久	
16	会计档案鉴定意见书	永久	

10.2.3　会计档案的查阅和复制

各单位应当建立健全会计档案查阅、复制登记制度，严格查阅、复制和收回手续，保证会计档案的安全、完整。

会计档案只为本单位使用，各单位保存的会计档案不得借出。如有特殊需要，经本单位负责人批准，可以提供查阅或者复制，并办理登记手续。

(1)外部查阅或复制会计档案时，应持有单位正式介绍信，经单位负责人批准后，方可办理查阅或复制手续；本单位内部人员查阅或复制会计档案时，也应经单位负责人批准后，才能办理有关手续。

(2)查阅人应认真填写档案查阅、复制登记簿，查阅人姓名、单位、查阅内容、数量和借阅及归还日期等情况都必须填写清楚。

(3)查阅或者复制会计档案的人员，严禁在会计档案上涂画、拆封和抽换。

10.2.4 会计档案的销毁

1.会计档案的销毁程序和办法

单位会计档案保管期满需要销毁的，可以按照以下程序销毁：

(1)本单位档案机构会同会计机构共同鉴定，严格审查，提出销毁意见，编制会计档案销毁清册，列明销毁会计档案的名称、卷号、册数、起止年度和档案编号、应保管期限、销毁时间等内容。

(2)单位负责人在会计档案销毁清册上签署意见。

(3)单位销毁会计档案时，单位档案机构和会计机构应共同派员监销；国家机关销毁会计档案时，应当由同级财政部门和审计部门派员参加监销；财政部门销毁会计档案时，应当由同级审计部门派员参加监销。

(4)监销人在会计档案销毁前，应当按照会计档案销毁清册所列内容清点、核对所要销毁的会计档案；会计档案销毁后，监销人和经办人员应当在会计档案销毁清册上签名、盖章，注明“已销毁”字样和销毁日期，同时将监销情况写出书面报告一式两份：一份报告本单位负责人，另一份归入档案备查。会计档案销毁清册如表10－3所示。

表10－3 会计档案销毁清册

<table>
<tr><td colspan="3">单位名称</td><td colspan="3">年　月　日</td></tr>
<tr><td>档案名称</td><td>卷号</td><td>册数</td><td>起止年数</td><td>应保管期限</td><td>已保管期限</td></tr>
<tr><td></td><td></td><td></td><td></td><td></td><td></td></tr>
<tr><td></td><td></td><td></td><td></td><td></td><td></td></tr>
<tr><td></td><td></td><td></td><td></td><td></td><td></td></tr>
<tr><td colspan="3">主管部门审批：</td><td colspan="3">本单位领导意见：</td></tr>
<tr><td colspan="3">会计机构意见：</td><td colspan="3">档案部门意见：</td></tr>
<tr><td colspan="3">监销人员签名或盖章：</td><td colspan="3">销毁人员签名：</td></tr>
</table>

2. 不得销毁的会计档案

(1)对于保管期满但未结清的债券债务原始凭证和涉及其他未了事项的原始凭证，不得销毁，应单独抽出立卷，由档案部门保管到未了事项完结时为止。单独抽出立卷的会计档案应当在会计档案销毁清册和会计档案保管清册中列明。

(2)正在项目建设期间的建设单位，其会计档案即使保管期满也不得销毁。

学习小结

会计档案是指会计凭证、会计账簿、财务会计报告等会计核算专业资料，是记录和反映经济业务的重要史料和依据。会计档案是国家档案的重要组成部分，也是各单位的重要档案之一。各单位必须加强对会计档案管理工作的领导，建立会计档案的立卷、归档、保管、查阅和销毁等管理制度，保证会计档案妥善保管、有序存放、方便查阅，严防毁损、散失和泄密。

【关键词汇】

会计档案　档案归档　保管期限　档案查阅　档案销毁

【综合练习】

一、单项选择题

1. 下列资料中，属于会计档案的是(　　)。

A. 企业财务计划　　B. 企业生产经营报告

C. 企业财务会计报告　　D. 企业的生产、经营、劳动合同

2. 一般企事业单位会计档案保管期满需要销毁时，应由(　　)监销。

A. 档案部门派员　　B. 会计机构派员

C. 审计机构派员　　D. 单位档案机构和会计机构共同派员

3. 下列会计档案中，不需要永久保存的是(　　)。

A. 会计档案销毁清册　　B. 辅助账簿

C. 年度财务报告　　D. 会计档案保管清册

4. 下列会计档案中，需要保管 15 年的是(　　)。

A. 月、季度财务会计报告　　B. 明细账

C. 会计档案保管清册　　D. 银行对账单

5. 各单位每年形成的会计档案，都应由本单位(　　)负责整理立卷，装订成册，编制会计档案保管清册。

A. 档案部门　　B. 财务会计部门

C. 人事部门　　D. 指定专人

6. 下列说法中正确的是(　　)。

A. 会计档案销毁清册需要保管 15 年

B. 银行存款余额调节表需要保管 10 年

C. 固定资产卡片账应保管 15 年

D. 现金日记账需要保管 15 年

7. 保管期限为 30 年的会计档案是(　　)。

A. 纳税申报表

B. 银行存款余额调节表和银行对账单

C. 现金、银行存款及税收日记账

D. 月度和季度财务会计报告

8. 需要永久保存的会计档案是(　　)。

A. 现金日记账　　B. 原始凭证

C. 会计档案保管清册　　D. 银行对账单

9. 当年形成的会计档案在会计年度结束以后，可暂由会计机构保管(　　)。

A. 半年　　B. 1 年　　C. 2 年　　D. 5 年

10. 国家机关销毁会计档案时，应由(　　)派员参加监销。

A. 同级财政部门　　B. 同级财政部门和审计部门

C. 同级审计部门　　D. 上级财政部门和审计部门

11. 会计档案的保管期限分为(　　)。

A. 10 年、30 年和永久

B. 5 年、10 年、25 年、50 年和永久

C. 3 年、5 年、10 年、25 年和永久

D. 3 年、5 年、10 年、15 年、25 年和永久

12. 各单位保存的会计档案,如有特殊需要,经(　　)批准,可以查阅或复制,并办理登记手续。

A. 单位负责人　　B. 会计机构负责人

C. 档案机构负责人　　D. 会计档案保管人员

13. 下列各项中,会计档案保管期限为 3 年的是(　　)。

A. 总账　　B 月、季度财务报告

C. 明细账　　D. 记账凭证

14.《会计档案管理办法》规定的会计档案保管期限为(　　)。

A. 最高保管期限　　B. 最低保管期限

C. 平均保管期限　　D. 适当保管期限

15. 会计档案的保管期限是从(　　)起算。

A. 会计年度终了后第一天　　B. 审计报告之日

C. 移交档案管理机构之日　　D. 会计资料的整理装订日

二、多项选择题

1. 下列各项中,属于企业会计档案的有(　　)。

A. 会计档案保管清册　　B. 报表附注

C. 辅助账簿　　D. 购货发票

2. 企业的下列会计档案中,保管期限为 15 年的有(　　)。

A. 固定资产总账　　B. 库存商品明细账

C. 现金日记账　　D. 长期股权投资总账

3. 会计档案中的定期档案的保管期限有(　　)年。

A. 5　　B. 10 年　　C. 15 年　　D. 30 年

4. 下列有关会计档案查阅的表述中,正确的有(　　)。

A. 会计档案可以借出

B. 外部人员查阅会计档案需持有单位正式介绍信

C. 单位内部人员查阅会计档案,应经会计主管人员或单位负责人批准

D. 查阅人员可以自行拆散原卷册

5. 下列各项中,属于会计档案内容的有(　　)。

A. 记账凭证　　B. 明细分类账

C. 会计报表　　D. 银行存款余额调节表

6. 下列关于会计档案管理的说法中,正确的有(　　)。

A. 出纳人员不得兼管会计档案

B. 会计档案的保管期限,从会计档案形成后的第一天起算

C. 单位负责人应在会计档案销毁清册上签署意见

D. 采用电子计算机进行会计核算的单位，应保存打印出的纸质会计档案

7. 按照《会计档案管理办法》的规定，下列说法中正确的有(　　)。

A. 会计档案的保管期限分为3年、5年、10年、15年、25年5类

B. 正在建设期间的建设单位，其会计档案不论是否已满保管期限，一律不得销毁

C. 固定资产卡片于固定资产报废清理后保管5年

D. 会计档案为本单位提供查阅利用，不得借出，如有特殊需要，经本单位负责人批准，可以提供查阅或复制

8. 保管期满，不得销毁的会计档案有(　　)。

A. 未结清的债权债务原始凭证

B. 正在建设期间的建设单位的有关会计档案

C. 超过保管期限但尚未报废的固定资产购买凭证

D. 银行存款余额调节表

9. 对移交本单位档案机构保管的会计档案，需要拆封重新整理的，应由(　　)同时参与，以分清责任。

A. 单位负责人　　B. 经办人

C. 原会计机构　　D. 本单位档案机构

10. 会计档案销毁清册中应包括所销毁会计档案的(　　)。

A. 起止年度和档案编号　　B. 已保管期限

C. 销毁时间　　D. 应保管期限

三、判断题

1. 当年形成的会计档案，在会计年度终了后，可暂由本单位会计机构保管一年。(　　)

2. 各单位保存的会计档案原则上不得借出，但如有特殊需要，经本单位负责人批准，可以借出。(　　)

3. 会计账簿类会计档案的保管期限均为15年。(　　)

4. 企业和其他组织的银行存款余额调节表、银行对账单和固定资产报废清理后的固定资产卡片等会计档案保管期限应当为5年。(　　)

5. 对于保管期满但未结清的债权债务原始凭证和涉及其他未了事项的原始凭证，不得销毁，应单独抽出立卷，由档案部门保管到未了事项完结时为止。(　　)

6. 对于保管期满的会计档案可以直接销毁。(　　)

7. 会计档案保管清册要保管15年。(　　)

8. 本单位的会计档案机构为方便保管会计档案，可以根据需要对其拆封重新整理。(　　)

9. 各单位对会计凭证、会计账簿、财务会计报告和其他会计资料应当建立档案，妥善保管。(　　)

10. 单位负责人应在审核无误后的会计档案销毁清册上签署意见。(　　)(　　)

参考答案

一、单项选择题

1. C　2. D　3. B　4. B　5. B　6. B　7. C　8. C　9. B　10. B
11. A　12. A　13. B　14. B　15. A

二、多项选择题

1. ABC　2. ABD　3. BD　4. BC　5. ABCD　6. ACD　7. BCD　8. ABC
9. BCD　10. ABCD

三、判断题

1. √　2. ×　3. ×　4. ×　5. √　6. ×　7. ×　8. ×　9. √　10. √

参考文献

中华人民共和国财政部. 企业会计准则 2006.北京:科学出版社,2006.
中华人民共和国财政部. 企业会计准则——应用指南 2006 . 北京:科学出版社,2006.
财政部会计司编写组. 企业会计准则讲解 2006. 北京:中国财政经济出版社,2007.
沈燕. 实用基础会计. 北京:北京师范大学出版社,2011.
刘建胜、王珍. 会计学原理. 南京:南京大学出版社,2011.
程淮中. 会计职业基础. 北京:高等教育出版社,2015.
会计从业资格无纸化考试教研组. 会计基础. 上海:立信会计出版社,2012.
高文青、张同法. 基础会计——原理·实务·实训. 北京:北京交通大学出版社,2009.
赵红英、孙金平.会计基础与实务. 北京:经济科学出版社,2015.